スマートモビリティ時代の地域とクルマ

社会工学アプローチによる課題解決

大澤義明
<u>編著</u>

川島宏一
笹林徹
鈴木勉
谷口守
藤川昌樹
村上暁信
吉瀬章子
<u>著</u>

学芸出版社

はじめに
——必然性のあるトヨタと社会工学との共同研究

　自動車業界が直面する100年に1度の大変革は、地域の生活に大きな影響を与える。本書の内容は、このターニングポイントを踏まえて2015年度から始まったトヨタ自動車と筑波大学社会工学域との共同研究の成果からなる。

　販売台数で世界首位を誇るトヨタ自動車と、常に新しい社会システムの構築を追求する社会工学域との共同研究には必然性がある。社会工学は、社会課題解決や新産業創出のために、現地・現場の視点を尊重しながら数理やデータなどの客観的手法を組み込み、社会変革の実現を目指す学術分野である。現在、DX・GX、データサイエンス、文理横断・文理融合、産業界連携・地域連携が、大学を取り巻く時代の潮流となっているが、1977年に発足した筑波大学社会工学分野には、これらを先取りした半世紀の実績がある。既存組織の改組とは異なり、筑波大学発足時からすでに新構想大学の目玉として既存の枠組みにとらわれることなくゼロベースで体制を敷けたことに強みを有している。現在でも都市計画、マネジメント、数理最適化、データサイエンス、経済学を専門とする研究者50名以上が所属し、課題解決へ対応できる面的な力を保有している。学問領域の都合ではなく多様化、複雑化する社会ニーズに組織全体で対応策を考え、既成概念に拘ることなく学際により発生する化学反応を大事にしていることも筑波大学社会工学の強みである。

　共同研究開始後、2017年度にはリカレント教育を意識した社会連携講座が筑波大学大学院社会工学学位プログラムに開設された。同時期に産業競争力会議において推進テーマとして「地域社会の次世代自動車交通基盤」が採択され、2019年発足のつくばスマートシティ協議会の立ち上げにも結びついた。共同研究開始後8年を経た現在でも、新しい形の産学連携を常に模索し試行錯誤の連続である。確固たる信頼関係を構築しながらも、常に緊張感のある関係を維持している。

　本書のポイントは少なくとも3点にある。第一は、地方を対象としていることである。地方は移動手段を自動車に依存し、そして人口減少や財政圧迫で疲弊している。一方で、東京圏へエネルギー、食料、さらには人材まで大量に供給してきた。地方あっての東京、そして日本であり、地方の活性化は日本再生の鍵だと考える。本書は医療アクセシビリティ、シェアモビリティ、伝統的建造物群保存地区など地方ならではのテーマを含んでいる。第二に、若い世代との連携である。若い力はイノベーションを引き起こす源泉となる。また、スマートモビリティ社会は若い世代からの支持が基盤となる。執筆者陣に元学生や現役学生を多数含んでいることからも分かるように、Z世代、デジタルネイティブである学生の視点を共同研究に取り入れてきた。第三に、筑波研究学園都市という町の力である。地方でありながら、テクノロジーなど新しい考え方への社会受容性が高く、国際競争を肌で感じられる場所である。本書はつくば市と日常的に関わる執筆者陣による、つくば市とその周辺地域をフィールドとする内容を含んでいる。

　本書は実務から研究まで多岐にわたる30名の執筆者による9個の章と、それらの背景や関連となる16個のコラムから構成される。読者の最も関心の高いトピックスから読んでいただくために、章ごとに完結する形で執筆している。都市計画やまちづくり、地方創生に関する一歩先の知識を習得したい、モビリティ・イノベーションを自分の生活経験と結びつけ未来を想像したい、現実に起こっている地域現象を理論的・分析的思考で理解したい、まちづくりリテラシーを向上させたい、そのような読者の参考となるであろう。

2023年8月　大澤義明

口絵1：新宿副都心（東京都新宿区）、甲州街道とその奥に建つ東京都庁第二本庁舎。地表面の車道や歩道だけでなく地下道や鉄道網が張り巡らされた日本有数の交通結節点［→序章］（2023年4月、小嶋和法撮影）

口絵2：アメ横商店街（東京都台東区）。コロナ禍において、密を避けるために屋外に集まる人で満席の飲食店［→序章］（2022年6月、小渕真已撮影）

口絵3：西新宿ジャンクション（東京都新宿区・渋谷区）。限られた空間で交通流の分岐・合流を行う都市型ジャンクション。何層にも重なる構造物が独特の景観を形成［→序章］（2021年4月、小嶋和法撮影）

口絵4：飛鳥山交差点（東京都北区）。地域の身近な足であり、まちの風景の構成要素にもなっている都電荒川線に、わずかに残る自動車との共存区間［→序章］（2023年5月、笹林徹撮影）

口絵5：港北ニュータウン（神奈川県横浜市）。もともとの自然を活かした緑道や公園が充実したニュータウン。丘陵地ゆえ坂道が多く、今後は高齢化社会へ対応した移動手段も必要［→序章］（2022年6月、小嶋和法撮影）

口絵6：野川（東京都世田谷区）。建物や道路に囲まれた都市空間において河川は貴重なオープンスペース。整備された遊歩道による歩きやすい環境は近隣住民のwell-beingにも貢献［→序章］（2023年4月、小嶋和法撮影）

口絵7：つくば中心地区のペデストリアンデッキ
［→序章 図0・5］（2018年10月、笹林徹撮影）

口絵10：モビリティシェアリングにおいて車両配送を行うス
タッフ ［→2章］（2018年1月、木村雅志・高橋直希撮影）

口絵8：筑波大学主要部 ［→序章］（2020年9月、筑波大学都市計
測実験室提供）

口絵11：トヨタ記念病院に設置されたモビリティシェアリング
のステーション ［→2章］（2018年1月、木村雅志・高橋直希撮影）

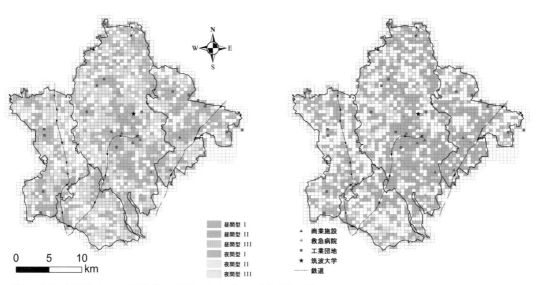

口絵9：人口の日変動パターン類型（左：平日、右：土日）［→1章 図1・1］

口絵12：桜川市真壁（御陣屋前通り）の町並み。真壁の街路は
ほとんどが元来6m程度の幅員を有するため、自動車の進入も
容易である［→3章］（2023年2月、藤川昌樹撮影）

口絵15：金沢市東山ひがし（二番丁）の町並み。多くの観光客
が訪れるこの地区の道路では、9:00〜19:00の間、指定車・許
可車以外の通行が禁じられている［→3章］（2016年11月、藤川
昌樹撮影）

口絵13：桜川市真壁の町家。この町家は正面の建物の右脇から
奥に自動車が入って駐車する形式であり、町並みの景観的秩序
はおおむね守られている［→3章］（2023年2月、藤川昌樹撮影）

口絵16：筑波研究学園都市中心部の景観と熱環境［→4章］

口絵14：橿原市今井町（本町筋）の町並み。今井町
は中世末に計画的に建設されたため、街路は直線状
だが幅員が狭く、主に軽自動車が用いられている
［→3章］（2017年2月、藤川昌樹撮影）

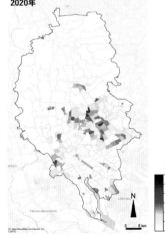

口絵17：つくば市の人口密度の変化［→4章 図4・6］
（出典：国土数値情報 土地利用細分メッシュデータより作成）

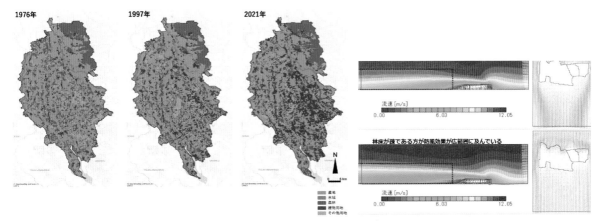

1976年 1997年 2021年

口絵18：つくば市の土地利用変化［→4章 図4・7］
（出典：国土数値情報 土地利用細分メッシュデータより作成）

口絵21：林床の疎密による周辺の風環境への影響
［→4章 図4・18］

林床が疎である方が防風効果が広範囲に及んでいる

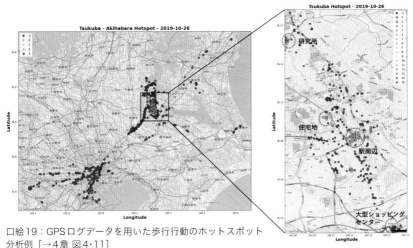

口絵19：GPSログデータを用いた歩行行動のホットスポット
分析例［→4章 図4・11］

口絵22：英国の環境実験都市Sutton BedZedの街
路の様子［→5章］（2005年6月、谷口守撮影）

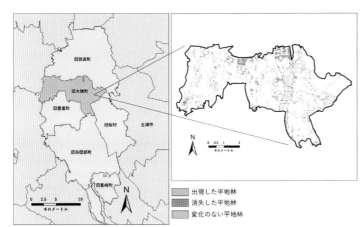

口絵20：つくば市の旧大穂町地区における森林分布の変化（1980-2008）
［→4章 図4・14］

出現した平地林
消失した平地林
変化のない平地林

口絵23：スイス国鉄駅前に並ぶカーシェア車両
［→5章］（2017年6月、谷口守撮影）

口絵24：ポルトガル、ポルトの自転車タクシーサービス［→5章］
（2017年10月、谷口守撮影）

口絵28：筑波大学附属病院付近［→7章 図7・2］（2018年1月、
筑波大学都市計測実験室提供）

口絵25：ドイツ、ハンブルクのターミナルで充電中の電気充電
式バス［→5章］（2018年3月、谷口守撮影）

口絵29：一般道と並行する新交通システム未利用地［→7章
図7・3］（2023年5月、筑波大学都市計測実験室提供）

口絵26：各小ゾーンにおける完全自動運転
＋ライドシェアでの空走による CO_2 排出量
の割合［→5章 図5・20］

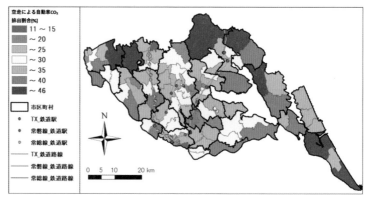

口絵27：つくば市において心肺停止傷病者発
生位置に最も近いAEDを急搬送した場合の所
要時間シミュレーション［→6章 図6・9］

口絵30：病院前を走る自治体またぎ病院バス［→7章 図7・24］（2023年4月、筑波大学都市計測実験室提供）

口絵33：産学連携での学生接点：自動車開発に関するキャリア紹介の一コマ［→コラム トヨタ×社会工学②］（2022年6月、黒須久守提供）

口絵31：病院前を走る自動運転バス［→7章 図7・25］（2023年5月、筑波大学都市計測実験室提供）

口絵34：筑波研究学園都市の緑のネットワークを構成する街路樹［→コラム①］（2023年5月、筑波大学都市計測実験室提供）

口絵32：産学連携ワークショップ［→コラム トヨタ×社会工学①］（2022年9月、小渕真巳撮影）

口絵35：g-RIPS Sendai 発表会（東北大学）［→コラム トヨタ×社会工学③］（2019年7月、小嶋和法撮影）

口絵36：茅葺き古民家。EV、太陽光パネルによるエネルギー
マネージメント（茨城県石岡市八郷）［→コラム②］（2021年5月、
筑波大学 山本幸子研究室提供）

口絵39：つくば霞ヶ浦りんりんロードでの産官学連携実証実験
［→コラム④］（2021年6月、関東鉄道提供）

口絵37：世界を代表するスマートシティ・中国深圳市
［→コラム③、⑥］（2023年5月、筑波大学都市計測実験室提供）

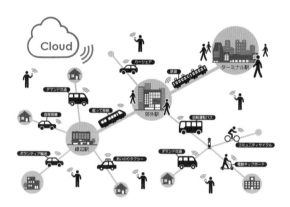

口絵40：人中心のモビリティネットワークへの転換［→コラム
⑤］（出典：東京都市圏交通計画協議会『第6回東京都市圏パーソント
リップ調査報告書　新たなライフスタイルを実現する人中心のモビリ
ティネットワークと生活圏　―転換点を迎えた東京都市圏の都市交通
戦略―』2021年3月）

口絵38：グリーンスローモビリティ、茨城県土浦市上大津での
実証実験［→コラム④］（2022年12月、関東鉄道提供）

口絵41：レゴ模型を観察するつくば市長（つくば市役所）
［→コラム⑦］（2021年6月、筑波大学都市計測実験室提供）

口絵42：高大連携提案が実現化した北海道天塩町自転車観光ツアーの実証実験［→コラム⑧］（2022年8月、天塩町提供）

口絵45：つくばエクスプレスみらい平駅前を走る病院バス［→コラム⑪］（2023年5月、筑波大学都市計測実験室提供）

口絵43：茗溪学園でのデジタル投票［→コラム⑨］（2021年10月、茗溪学園提供）

口絵46：茨城県立カシマサッカースタジアム周辺での自動車渋滞［→コラム⑫］（2019年4月、筑波大学都市計測実験室提供）

口絵44：小山市を走るおーバス。小学校で1、2、3年生を対象に行った、おーバスの乗り方教室の様子［→コラム⑩］（2020年11月、淺見知秀撮影）

口絵47：社会工学研究の一コマ［→コラム トヨタ×社会工学④］（2022年8月、筑波大学都市計測実験室提供）

目次

序章

CASEが変える社会 ············· 14
笹林 徹

第Ⅰ部
地域を変えるモビリティの可能性 ···· 25

第1章

未来のアクセシビリティをデザインする ···· 26
鈴木 勉、嚴 先鏞

第2章

モビリティシェアリングサービスの運用を
最適化する ············· 42
吉瀬 章子、高野 祐一、張 凱

第3章

日本の伝統的都市と自動車は
共存できるか? ············· 62
藤川 昌樹、劉 一辰、李 雪

第4章

郊外化・自動車依存がもたらす
環境の変化とその可視化 ············· 82
村上 暁信、グエン・ヒュー・クワン

第5章

人々の生活行動と脱炭素
——COVID-19およびシェアリングによる
影響分析から ············· 102
谷口 守、武田 陸、香月 秀仁、石橋 澄子

序章
CASE が変える社会

我が国では、地方部から先行して人口減少、少子高齢化が進行、すでに国全体でも人口減少局面を迎えており、今後は大都市部でも急速な高齢化が見込まれている。その結果、総人口における65歳以上の比率（29.1％：2022年9月、総務省統計局データ）は、世界でも最も高いレベルに達している。

急激な少子高齢化と過疎化は産業競争力の低下や労働の担い手不足を引き起こす。特に地方部における農林水産業の担い手不足は、我が国の食糧安全保障を脅かす深刻な事態に直結する。

地方産業の衰退による自治体の財政悪化は、高度成長期に都市の拡大とともに整備された老朽化しつつある社会インフラの更新を困難にし、地域の存立を揺るがす経済・社会課題となりかねない。また、地域経済の疲弊により、地域固有の歴史や文化の継承すら困難となる可能性がある。

さらに、地方部では、モータリゼーションの進展に伴う乗用車保有台数の増加とともに、地域公共交通の地位が低下し、その事業者の経営を脅かす事態となっている。移動の自由は人類の根源的な権利の1つであるにもかかわらず、地域公共交通の衰退は、自動車運転免許を保有しない若年層および免許返納後の高齢層から移動の自由を奪う事態を招くことになる。

2015年9月の国連サミットで加盟国の全会一致で採択された「持続可能な開発のための2030アジェンダ」に記載された、2030年までに持続可能でよりよい世界を目指す国際目標である「持続可能な開発目標（SDGs：Sustainable Development Goals）」は、高齢者にとどまらず、「誰一人取り残さない」持続

可能で多様性と包摂性のある社会の実現を掲げる。

これらの課題への対応が高度な次元で求められる中、政府の総合科学技術・イノベーション会議で検討され、2016年1月に閣議決定された「第5期科学技術基本計画」の中で提唱されたSociety 5.0は、「サイバー空間（仮想空間）とフィジカル空間（現実空間）を高度に融合させたシステムにより、経済発展と社会的課題の解決を両立する、人間中心の社会（Society）」と定義されており、産学官を挙げて、これを実現する動きが盛んになっている。

モビリティは、地域産業と人々の生活を支える重要な要素である。地域経済発展と地域が抱える課題の解決の両立に向け、モビリティイノベーションが果たす役割について考察していきたい。

0.1 未来社会 Society 5.0 での新たなクルマの概念

上記の通り定義されたSociety 5.0は、内閣府のホームページにおいて、さらに以下のように解説されている。

「これまでの情報社会（Society 4.0）では知識や情報が共有されず、分野横断的な連携が不十分であるという問題がありました。人が行う能力に限界があるため、あふれる情報から必要な情報を見つけて分析する作業が負担であったり、年齢や障害などによる労働や行動範囲に制約がありました。また、少子高齢化や地方の過疎化などの課題に対して様々な制約があり、十分に対応することが困難でした。

Society 5.0で実現する社会は、IoT（Internet of Things）ですべての人とモノがつながり、様々な

知識や情報が共有され、今までにない新たな価値を生み出すことで、これらの課題や困難を克服します。また、人工知能（AI）により、必要な情報が必要な時に提供されるようになり、ロボットや自動走行車などの技術で、少子高齢化、地方の過疎化、貧富の格差などの課題が克服されます。社会の変革（イノベーション）を通じて、これまでの閉塞感を打破し、希望の持てる社会、

図0・1　Society 5.0 交通の事例（出典：内閣府ウェブサイト）

世代を超えて互いに尊重し合える社会、一人一人が快適で活躍できる社会となります」

（出典：内閣府ウェブサイト「Society 5.0」https://www8.cao.go.jp/cstp/society5_0/）

　さらに、Society 5.0における交通分野の新たな事例として以下のように解説されている（図0・1）。

　「Society 5.0では、各自動車からのセンサー情報、天気、交通、宿泊、飲食といったリアルタイムの情報、過去の履歴などのデータベースといった様々な情報を含むビッグデータをAIで解析することにより、『好みに合わせた観光ルートの提供や天気や混雑を考慮した最適な計画が提案され、旅行や観光がしやすくなること』『自動走行で渋滞なく、事故なく、快適に移動すること』『カーシェアや公共交通の組み合わせでスムーズに移動すること』『高齢者や障がい者でも自律型車いすで一人で移動すること』といったことができるようになるとともに、社会全体としても交通機関からのCO$_2$排出が削減され、地方の活性化や消費の拡大にもつながることになります」

（出典：内閣府ウェブサイト「Society 5.0　新たな価値の事例（交通）」https://www8.cao.go.jp/cstp/society5_0/transportation.html）

　こういった動きがある中、2018年1月、米国ネバダ州ラスベガスで開催されたデジタル技術見本市CESにおいて、トヨタ自動車株式会社（以下：トヨタ）の豊田章男社長は以下のように述べた。

　「自動車産業は今、電動化、コネクティッド、自動運転などの著しい技術の進歩により、100年に一度の大変革の時代を迎えています。トヨタは、もっといいクルマをつくりたい、すべての人が自由に楽しく移動できるモビリティ社会を実現したいという志を持っています。今回の発表は、これまでのクルマの概念を超えて、お客様にサービスを含めた新たな価値が提供できる未来のモビリティ社会の実現に向けた、大きな一歩だと考えています」

　自動車の製造・販売を中心とした自動車産業という確立されたビジネスモデルから、新しいビジネスモデルである「モビリティカンパニー」へのモデルチェンジ宣言である。

　豊田社長のスピーチに出てくる「もっといいクルマ」の概念は時代とともに広がっていく。一家に1台のファミリーカーが夢見られた時代は、日常での使用に必要十分な性能と安心して乗り続けられる信頼性、それが一般家庭でも手に入る価格で提供されることが重要であった。まだ車種は限られており、それでもクルマを所有することで生活の質は大きく変化した。

　その後、高速道路網の整備やライフスタイルの多様化に伴い、より快適に長距離移動ができるクルマ、運転の楽しさを重視したクルマ、多人数乗車や、レ

ジャー・買物のために多くの荷物の積載が可能なクルマなど、様々なタイプのクルマが商品ラインナップに並び、人々はライフスタイルやステージに応じて、自らに最も適したクルマを選択してきた。

さらに、個人的ニーズに加え、社会的ニーズから、クルマの環境性能、安全性能の進歩も図られてきた結果、個々のクルマの性能は飛躍的に高まった。

そのような中で迎えた高齢化社会、そしてSDGsへの対応、さらにはますます多様化・個別化するニーズを念頭に置いたとき、その多様化・個別化した人流・物流ニーズに対してフレキシブルに対応できるクルマが求められるようになってきている。

そのひとつの方向性として、先に挙げたCESにおいてトヨタから発表されたコンセプトカーが、移動、物流、物販など多目的に活用できるMobility as a Service（MaaS）専用次世代自動運転電気自動車"e-Palette Concept"である。

"○○ as a Service"という言葉は様々な領域で使われるが、その1つであるMaaSは、クルマそのものの性能だけでなく、それが生み出す移動サービスを主眼にとらえる考え方である。

図0・2、図0・3に示す通り、このe-Paletteは、人の移動、物の移動に柔軟に対応できる形態を有しており、移動中に車内で仕事をこなしたり、エンターテインメントを楽しむことが可能で、移動先では店舗として活用できるなど、移動中・移動先での付加価値を高めることを想定したクルマである。

従来のクルマでは対応しきれない移動に対する様々な選択肢（移動中、移動後を含む）に対応するクルマとして実用化が期待される。

e-Paletteが目指す新しいモビリティは、内外装の形状の変化にとどまるわけではない。次の節では、モビリティイノベーションを支える技術について紹介していく。

0.2　CASEによる社会基盤づくり

これまで、クルマの普及によって、人々は移動の自由を手に入れ、全国どこで暮らしていても欲しいものが手に入る生活を手に入れた。

しかし、先に述べたとおり、高齢化の進展による「運転しない（できない）人」の増加、さらに労働人口の減少による公共交通や物流の担い手の減少によって、それらの生活は地方部から脅かされる恐れがある。

それを打破するために期待される技術の代表が自動運転である。ただし、モビリティイノベーションの実現に必要な技術は自動運転だけではない。自動運転を含め、核となる技術はCASEと呼ばれ、Connected（コネクティッド）、Autonomous/Automated（自動化）、Shared（シェアリング）、Electric（電動化）を指す。これらの技術は相互に連携し、モビリティイノベーションの実現を支える。

図0・2　多様な仕様のe-Palette Concept（出典：トヨタ）

図0・3　e-Paletteの実験風景（出典：トヨタ）

CASEの技術は、単なるモビリティのためだけの技術にとどまらず、モビリティイノベーションが都市の構造を変えたり、エネルギー網の一部となるなど、社会基盤の一部として重要な役割を果たすことにつながる。

1 CASEのC：Connected（コネクティッド）

これは、モビリティと連携した社会基盤と同時に、個々のクルマの使い方や所有のあり方にも変化をもたらす非常に重要な技術である。

まずは社会基盤としての側面からみていきたい。CASEのAにあたる自動運転が実現するには、言うまでもなくクルマが地図やリアルタイムの周囲の状況を把握することが不可欠であり、そのような意味でCとAは不可分の技術と言える。ただし、交通状況は、個々のクルマが周囲の状況把握のために受動的に活用するのにとどまらず、信号等の交通制御インフラと連動することによって、交通流全体を最適化するための重要なデータとなる。

人々に移動の自由をもたらすクルマ社会において、生活の安全・安心を高める上で、交通事故の未然防止は非常に重要な課題である。さらに、交通渋滞の解消も、移動抵抗の緩和という観点から重要な課題となっている。また、平時のみならず、災害時等における避難誘導の際にも交通渋滞は避けたい事象である。

交通インフラや公共交通機関のバス等に設置されたカメラから得られた交通データを解析することによって、渋滞構造を解明し、交通渋滞の予兆を把握し、その予防に結び付ける手法を得る。さらに、その解明結果と人工知能を用いた信号制御を組み合わせることによって、渋滞の解消手法も獲得する。例えば深層学習などのAI技術を用いれば、ある時点の交通流データとその後の変化を教師データとして学習させることにより交通流の予測が検討できる。これにより、限られたデータのみの収集で精度の高い予測が可能になる。バスから観測される交通流は局所的な情報であるため、時空間で間欠的な局所情報から大域的な全情報を予測するための学習モデルを構築することが有効である。

なお、筑波大学とトヨタ自動車の共同研究によって開設された筑波大学未来社会工学開発研究センター（通称：F-MIRAI）が主導的役割を担って結成されたつくばスマートシティ協議会は、国土交通省の令和元年度「新モビリティサービス推進事業」に採択された事業の中で、CASEの中のConnectedに関する研究に取り組んだ。

地上での局所情報ではなく、より広域的情報として、試験的に空撮で得られたつくば中心市街地の交通流情報を用いた研究である。個々の車両位置および移動経路を時空間的に把握することによって、都市内道路がもたらす相互作用について解明し、交通渋滞のボトルネックを把握することや、一部の道路を計測することによる交通流の全体把握を試みた。

通過交通には規則性はなく、その予測は困難と想像される。ただ、各交差点間の相関等を活用した機械学習手法により、短期的な予測可能性を検討することが可能である。ここでは、計測された各地点の通過交通量に関して、ある1交差点の通過交通量を、それ以外のすべての交差点と道路の通過交通量から予測する手法を提案し、適用した。このケースは、一時的な空撮情報という限られた情報の分析であり、15秒先というごく短時間における交通量予測ではあるが、AI技術の活用による交通量予測の可能性を、実データに基づいて示すことができた。

この結果は、実データに対する新しいAI技術の原理検証としても重要であるが、交通流実態調査を渋滞予測等にも活用できることを示唆している。このケースで使用したAI技術はごく簡単な手法ではあるが、この技術を洗練させることにより、予測可能時間を延長し、それによる渋滞緩和策の提案が視野に入ることから、社会的意義は大きいと言える。

また、道路交通情報だけでなく、人流情報も、その季節変動などを含めてよりきめ細かに収集・解析することにより、公共交通の運行ダイヤやパーソナ

ルモビリティのシェアリングサービスの配置などを最適化し、移動者のニーズに合った移動サービスの組み合わせを提供することが可能となる。

次に、Connectedがもたらすクルマの所有時の変化について紹介する。クルマの性能更新とメンテナンスに関わるものである。

従来、クルマは購入後、所有者の目的に応じてチューニング等で性能を高める楽しみ方をするユーザーを除けば、時間が経つにつれて、後日発売された新型車両と比べて各種機能・性能が古くなるのが一般的であった。しかし車両性能においてソフトウェアが占める割合が高まる現在のクルマにおいては、スマートフォンのアプリ同様、比較的容易にソフトウェアの更新が可能となってきている。しかもそれがサブスクリプションの仕組の中で最初から料金に含まれていれば、ユーザーは気軽にクルマの性能を更新することが可能となる。

さらに日々の運転では、ユーザーの運転特性によって異なる運転操作情報を収集・解析し、フィードバックすることにより、各ユーザーにとって、より安全で燃費の良い運転を支援することができる。また、それに伴う事故率の低下を自動車保険料に反映させることも可能である。

日々のメンテナンスについても、クルマの使用状況によって異なるエンジンオイルの交換時期などの通知や、車両異常の発見など、常に車両を良好・安全な状態に管理することが可能となる。

2　CASE の A：Autonomous/Automated（自動化）

自動運転は、人為的ミスによる交通事故の低減、さらに最適な交通流制御と連動した道路渋滞の緩和・解消、そして低燃費運転を実現する他、採算が取れず、あるいは運転手不足から鉄道やバスが撤退した地方での公共交通の補完、物流の効率化にもつながる。

また、自動運転車の普及は、都市部における土地利用を変える。個人所有の自家用車は、自宅、または勤務先等の駐車場に駐車された状態が稼働時間に比べて相対的に長く、それを前提とした駐車場整備は都市の土地利用を非効率にしてきた。今後、日常の移動が自動運転車主体になり、車両の自動回送が可能な環境が整うと、1か所に長時間車両を駐車しておく必要性がなくなる。これによって都市部の駐車場スペースを他用途に転用可能な余地が拡大し、都市構造がクルマ中心から人間中心へと変化する後押しとなる。

車両設計の観点からは、ドライバーが運転から解放されることにより、移動する部屋としてのデザインや機能が重視されることになり、娯楽、仕事環境、くつろぎなどの要素を満たすための設計の自由度が増す。

自動運転は、ドライバーの関与度合いと技術レベルによって、レベル1～レベル5まで定義されている。レベル1～レベル2は、車両周辺の監視はドライバーが行う前提、つまりドライバーが行う運転をシステムが支援するものであり、レベル3以上になるとシステムが周辺監視を行うことになる（表0・1）。

これらのレベルの実用化は、すべての交通環境下で一律に進むものではなく、主に物流・移動サービスから先行して始まり、自家用車まで普及するのはその後、それも高速道路から一般道路へ拡張するという流れで、時間を要するものと思われるが、移動の自由の幅を広げ、それに伴い、都市構造を変える重要な技術であることは間違いない。

3　CASE の S：Shared（シェアリング）

自家用車を持たない人々が気軽にクルマで移動する仕組みとして、従来のレンタカーのような店舗を構える必要のないカーシェアリングの利用が広がっている。今後、自動運転による自動回送が可能になると、必ずしも元の場所で返却する必要がなくなり、車両の電動化によって待機中の充電が可能となれば、その利便性は格段に高まる。

目的地で乗り捨て可能という観点では、近年、電

表0・1　自動運転レベルの定義（国土交通省資料より著者作成）

レベル1	運転支援 衝突被害軽減ブレーキ　等
レベル2	高度な運転支援 高速道路での車線維持・自動追尾 高速道路での自動追い越し 高速道路での自動での分合流　等
レベル3	特定条件下における自動運転 当該条件を外れる等、作動継続が困難な場合は、システムの介入要求等に対してドライバーの適切な対応が必要
レベル4	特定条件下における完全自動運転 作動継続が困難な場合もシステム対応
レベル5	完全自動運転

注：「特定条件下」とは、場所（高速道路のみ等）、天候（晴れのみ等）、速度など、自動運転が可能な条件

動アシスト付自転車等のパーソナルモビリティのシェアリングを利用する人々が増えている。好きなところから好きなところへ移動し、目的地で乗り捨て可能なパーソナルモビリティは、公共交通などによる移動と組み合わせて、ファースト・ラストワンマイルに至るまで、人々の移動の自由度を広げる。

　また、歩行に困難を抱える高齢者や障がい者が利用可能な車いす型のパーソナルモビリティによる、建物内外を含めた自律走行が普及すると、これらの人々の外出先における自立的な行動の幅が大きく広がる。

4　CASE の E：Electric（電動化）

　カーボンニュートラルの実現が求められる中、電気自動車への需要が大きく高まりつつある。一般的に電気自動車と言えば、バッテリーとモーターのみで駆動力を生み出すBEV（Battery Electric Vehicle）を指すことが多いが、BEVは充電される電気の発電まで遡れば、化石燃料による発電シェアの高い地域などでは、必ずしもCO_2排出削減に資するとは限らず、現時点では、ハイブリッド車：HEV（Hybrid Electric Vehicle）、プラグインハイブリッド車：PHEV（Plug-in Hybrid Electric Vehicle）、燃料電池自動車：FCEV（Fuel Cell Electric Vehicle）を合わせた電動車両全体を選択肢として考えるのが現実的である。

　そして今後、電源構成における再生可能エネルギーの拡大に合わせつつ、エリア・ルート管理が比較的容易な物流・移動サービス用モビリティから、自由で多様な移動が求められる自家用車まで、その特性に応じた充電設備の整備を図ることによって、BEVの比率が高まっていくことが求められる。

　なお、PHEV、FCEVも含め、大容量のバッテリーや発電機能を有するクルマは、CO_2排出削減だけでなく、分散電源機能を有するため、太陽光や風力などの不安定な再生可能エネルギーの普及を後押しする他、災害時等の非常用電源としての活用可能性もある。そのような意味で、電動化は、モビリティにとどまらず、都市のエネルギーシステムを変える大きな技術である。

0.3　「100年に一度の大変革」に活かされる社会工学

　2018年のモビリティカンパニーへのモデルチェンジ宣言から遡ること約3年、2015年にトヨタは筑波大学と社会工学における共同研究を開始した。

　次世代社会システムとモビリティのあり方として、社会課題の調査・分析を中心に、将来の社会制度や政策の提案を目指した研究、さらには、高度アクセシブル社会実現に向けた基盤研究として、小型アクセシブルモビリティ研究・実証を視野に入れたものである。

　2016年4月には、筑波大学の学際性を活かすため、さらに発展的な形として、大学内に前述の未来社会工学開発研究センターを開設。筑波大学の、国際統合睡眠医科学研究機構やサイバニクス研究センターといった最先端の知見を有する組織との連携により、長期かつ協調領域からの視点でSociety 5.0を実現する地域の未来の社会基盤づくりに向けた研究を行うこととなった。

　愛知県に本社を構えるトヨタがなぜ筑波大学との共同研究を開始したのか、ここでつくば地域および筑波大学の特長を整理したい。

　まず、筑波大学のある筑波研究学園都市は、関係

機関も含めて30を超える国立研究機関と、200を超える民間の研究機関を抱える国内最大級の研究学園都市であり、約2万人の多様な研究者が研究を行う、まさに知が結集する場といえる。

地理的には、安定的地盤の平坦な台地上にあり、東京都心へのアクセスは約45分、成田空港へのアクセスは約1時間と交通の便が良い。また、東京、千葉、埼玉、栃木、茨城の各都県庁所在地を結ぶ半径約50kmの円の中心という首都圏の要所に位置する（図0・4）。

歴史ある農村から、新たな都市開発による市街地までを含む6町村合併による多様な生活圏を擁し、人口増加地区と減少地区、都市と農村、基幹公共交通であるつくばエクスプレスの駅を核とした地域とクルマ中心の公共交通過疎地域など、日本社会の縮図とも言える多様性に富む。

つくば駅を中心とした中心市街地は、高規格道路、長大なペデストリアンデッキ（歩行者専用道路）、高規格な地下共同溝など、恵まれたインフラを持つ（図0・5、口絵7）。

これらのインフラは、都市機能としての高いポテンシャルを意味すると同時に、行政によるその維持・管理の負担をどうするかという各都市が抱える社会課題を合わせ持つ。

筑波大学は、中心市街地の北側に位置し、広大な敷地と、近隣地域に同一生活圏を有する多くの学生・教職員を擁し、自治体に匹敵する規模の組織体である。国内的にも国際的にも「開かれた大学」として、旧来の固定観念に捉われない柔軟な教育・研究組織と、次代の求める新しい大学の仕組みを率先して実現することを基本理念としている（口絵8）。

自動車業界が「100年に一度の大変革の時代」を迎えるにあたり、未来社会を描く研究の支えとなり得る要素が筑波大学にはある。

まずは、学生・教職員・研究者らは同一生活圏を有しており、巨大な合宿所ともいえる。そのような環境で、技術開発がもたらす新しい暮らしを、当事者として享受し、評価することができる。その結果として、デジタル技術と親和性の高い学生や教職員とが協働することで人間らしい付加価値の高い創造が期待できるのみならず、合意形成に必要不可欠な社会的受容性が能動的に醸成される。

さらに、筑波大学は科学技術が集積する筑波研究学園都市の中核であり、大学教員は我が国の典型的な地方都市の都市計画関係委員会に多く参画している。

研究機関が広範囲に散在する筑波研究学園都市は、コンパクトシティへの移行に時間を要する典型的な地方都市であり、モビリティイノベーション導入効果の検証の適地といえる。

また、筑波大学はもともと師範学校を創基とし、東京教育大学を経て現在の形となっていることから、各教員において学生の人材育成への熱意が強い。社会工学においても同様で、企業の研究員が共同研究として参加した際の、学生との距離が近いのが特長である。今後の地域社会を担う学生と、未来志向で議論ができる機会が得られることは、企業側にとっても学ぶことが多く、最終的な成果のみならず、そこ

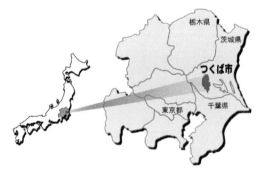

図0・4　つくば市の位置（出典：つくば市HP）

図0・5　つくば中心地区のペデストリアンデッキ［→口絵7］（著者撮影）

に参加するプロセスが人材育成としての意味を持つ。

このような筑波大学との共同研究を開始したトヨタは、企業としてのフィロソフィーの中で、ミッションとして「幸せを量産する」と掲げており、それはもちろん人々の幸せを意味する。

クルマは、単なる機械ではなく、個々の自由な移動を実現する手段であり、非常にパーソナルな空間であることから、他の機械とは異なり、特別な感情を抱いている人が多く、元来、人との関係性が密接な製品といえる。日本では、クルマのことを「愛車」と呼ぶ人が多くいることにもそれは表れており、「幸せを量産する」というミッションには、クルマに対する人々の思いに応えるという意味合いも込められている。

そのような思いを掲げる中、「100年に一度の大変革」に向け、トヨタは2020年1月、あらゆるモノやサービスがつながる実証都市として「Woven City」を静岡県裾野市に建設することを発表した（図0·6）。

技術開発を担う企業として、都市との関係を踏まえながら、モビリティを中心とした技術的な実証実験を行う環境を整える一方、既存の公共インフラと公共サービスのもと、多様な人々が暮らす地域社会においては、技術アプローチのみでは解決できない様々な地域課題が存在する。

先述した「幸せを量産する」を受けて実現すべき未来のビジョンとして、トヨタは「可動性（モビリティ）を社会の可能性に変える」を掲げている。社会から、不便と不可能を1つでも多く取り除くために、モビリティにはできることがまだ多くあるという思いだが、モビリティの語源であるmoveには、人・モノの移動に加え、心が動くという意味があり、モノを超えて人の心・社会を動かすためには、人と社会を学ぶ社会工学が重要な意味を持つことになる。

本書では、そのような意味を持ちながら始まった筑波大学との社会工学の共同研究を通じて、これまで蓄積された知見を、順を追って紹介していく。一

図0·6　Woven Cityのイメージ（出典：トヨタ）

口に「社会工学」と言っても研究者によって着眼点が異なり、それぞれに、この学問のポテンシャルと奥深さが込められた内容である。

第1章　未来のアクセシビリティをデザインする

時々刻々変化する人流データを用いた人々の移動状況の把握や、地域施設へのアクセシビリティの計測を踏まえ、新技術で進化するクルマとそれに基づくMaaSが、どのようにモビリティ改善を実現するかの考察である。

考察の際、医療施設へのアクセシビリティにおけるオンライン診療の効果という移動を伴わないサービスにも触れているほか、MaaSによって公共交通と私的交通の境目がなくなる時代における自治体の境界を超えた広域連携や、消費者ニーズの専門化・多様化に対応した様々なタイプの車両とそのカスタマイズの必要性、そしてコンパクトなまちづくりとその中を動くモビリティシステムという将来の都市構造のあり方など、人中心の考え方をもとに、社会の仕組み、クルマのあり方、都市のあり方へと発展していく社会工学の意義が凝縮された内容である。

第２章　モビリティシェアリングサービスの運用を最適化する

　自家用車の普及に伴う交通渋滞や環境汚染などの負の影響の緩和のため、自家用車と公共交通機関の両方の利点を提供することができるモビリティシェアリングが代替交通手段として注目されている。

　モビリティシェアリングは、主にワンウェイ型（一方通行型）とラウンドトリップ型（往復型）に分類されるが、個々のトリップにおいて一般的にワンウェイが大きな割合を占めることを考えると、利用者にとってワンウェイ型の方が便利である。近年世界的に、ワンウェイ型カーシェアリングの普及が進んでいるが、システム運営者の多くは、システムの企画と運営に大きな課題を抱えている。

　そこで、愛知県豊田市で提供されていたラストマイル移動サービスのHa:mo RIDE豊田の利用実績データに基づく分析を事例に、モビリティシェアリングが地域に定着するための運用方法について、最適化モデルに基づく分析と考察を紹介する。

　分析においては、配回送コストについて、スタッフによる配回送とともに自動配回送についても分析しているほか、需要変動に対応する投資リスクの考慮も行っている。

　実際のデータと、サービス運営における現実的な前提の設定による最適化モデルの応用であり、実践的な内容といえる。

第３章　日本の伝統的都市と自動車は共存できるか？

　近代以前に建設された日本の伝統的都市において自動車がどのように市街地に収容（駐車）されてきたかの検討を通して、伝統的都市と自動車の共存について考察する。

　現在の我々の生活は、伝統的な市街地においても、自動車利用と密接な関係を有していることが調査から明らかになり、「伝統的都市と自動車は共存できるか？」という問いに対しては、必ずしも理想的な共存とはいえない現実も見えるが、今後、自動運転が高度に発達し、自宅前まで無人の自動車が迎えに来るような状況や、自動車の小型化・電動化がもたらす、「伝統的都市と自動車の共存」の良好な変化への期待にも触れている。

　データに基づく社会工学の中でも、地道なフィールドワーク調査に基づくものであり、また、建築学の視点も交えて、歴史的建築物の構造とモビリティの関係について触れている点も、興味深い内容である。

第４章　郊外化・自動車依存がもたらす環境の変化とその可視化

　大都市への通勤を前提とする郊外住宅は、豊かな自然環境を背景とした良好な住環境の中にあり、多くの市民生活が営まれている場所として重要である。急速な郊外化が進んだ例としてつくば市を取り上げ、環境、ライフスタイルの特徴やその変化について考察する。

　具体的には、筑波研究学園都市建設における土地利用と環境計画の特徴、現在とは異なる建設当初の生活環境の解説のほか、データを用いた分析を行っている。

　データ分析による考察は、住民の移動行動の実態と生活のオンライン化進展に伴う拠点形成の課題、伝統的景観要素である防風林の量・質の変化がもたらす周辺の風環境への影響、そして郊外中心部のアスファルト化等の進展によるヒートアイランドがもたらす健康影響（人の深部体温への影響）である。

　郊外の都市化による環境変化は、住宅、オフィス、モビリティ等が便利で快適になるほど、気づきにくくなっているが、そのような環境変化を、災害や健康リスクとともに可視化することは、市民とまちの環境への適応力を維持するために重要な視点である。

第５章　人々の生活行動と脱炭素
COVID-19 およびシェアリングによる影響分析から

　2020年に始まったCOVID-19感染拡大だが、そ

れに伴う緊急事態宣言という社会的インパクトに着目し、宣言中・解除後の交通行動の弾性的変化を、移動手段や都市類型別に「行動弾性図」として示す。その際、交通現象に大きな影響を及ぼした在宅勤務の変化特性にも言及する。

さらに今後の人中心の地域づくり・交通計画を考える上で、行動圏の変化実態と、近年提唱されている郊外を中心とした15分都市圏について解説する。

また、COVID-19感染拡大が自動車利用に及ぼした影響を都市類型別に試算し、自動車CO_2排出量への影響を考察する。

別の視点として、地域での完全な自動運転とシェアリングサービスが実現した場合の、必要運行車両数からみた駐車の時空間への影響や、ライドシェアの先乗者と後乗者の間を結ぶ回走時間および空走時間の発生による自動車のCO_2排出量に与える影響を試算する。

COVID-19の感染拡大を通じて進んだ諸活動のオンライン化だが、実空間の意義・魅力を見直すきっかけにもなっており、今後のサイバー空間と実空間の活用のあり方という今後考察されるべき重要な視点を提起して結びとしている。

第6章　モビリティ・データ活用に向けた　　　データ共有とそのジレンマの解消

世界は交通網やインターネットで便利になった反面、変動が激しく、不確実、複雑かつ曖昧な状況になっている。こうした中、様々なデータを活用し、地域の課題解決につながるサービスを多様な主体が共創する「データ共有によるまちづくり」が日本各地で提案されている。

ただし一般には、アイデアを思いついても、必要なデータの共有をできないケースが多く、その背景として、個人情報漏洩等のリスクという壁がある。そのような負の側面も含めたデータ共有のジレンマを解消するためのフレームワークが求められるが、これらを、データを扱う際に留意すべきデータの特

性を踏まえつつ、事例を交えながら以下のように整理している。

まずは、リスクを抑えてデータを流通させる方法としての「データの限定共有」、そして、効率よくデータを活用する方法としての「あるべき姿の共有（バックキャスティング）」「これまでの問題解決事例のデータ活用の型を真似る」「データ活用優良事例データベースを作る」、さらにはデータの流通量を拡大させる方法としての「自治体オープンデータの推進」である。

今後のデジタル社会において、スマートモビリティを有効に活用するためのデータ共有に向け、理解すべき重要な内容といえる。

第7章　モビリティ向上は合意形成を助けるか？

多くの自治体は、人口減、高齢化、財政逼迫による厳しい地域経済、高度成長期に建設された大量の都市インフラ更新、包摂社会などの時代変化に伴う新しい行政ニーズ、行政の働き方改革や賃金上昇による行政サービスの生産性・付加価値向上などの課題を抱えており、住民サービス維持のため、施設集約化は必然である。

一方、デジタル社会の進展によって、個々の意見を直接表明・把握できるようになると、政策意思決定への民意の反映の仕組みが変わり得る。「社会的最適」と「多数決民意」の齟齬に焦点を当て、多様な意見・利害が絡む複雑な合意形成のために、公共施設配置を題材として、数理モデルの活用を提案する。

医療資源不足による病院再編という事例では、スマートモビリティの発達や医療のデジタル化によって実現する遠隔医療という社会変化も踏まえた考察を行っている。

多様な民意という複雑な事柄に焦点を当て、未来のデジタル社会ならではの社会システムを展望する内容である。

トヨタ×社会工学 ❶

産学連携ワークショップ
小渕 真巳 (トヨタ自動車 (株))

　大学院生を対象にしたワークショップ（WS）「カーボンニュートラル社会の実現」を2022年9月に5日間の日程で実施した（口絵32）。

　気候変動の社会問題化やテレワークの普及による人の移動の量的・質的変化といった社会環境の変化を踏まえ、課題として、2050年のカーボンニュートラルの実現と人々の移動の自由を両立するモビリティ社会の未来予想図を作成することを提起した。特に自動車の利用にこだわらず、社会工学的視点と学生世代の視点を織り交ぜた分析を行ってもらうよう意識した。

　チームワークでは、移動に関する経験や意識の近い4人1組の3チームに分かれ、それぞれで選んだ身近な地域についての検討が行われた。また、各チームにはトヨタ社員がファシリテーターとして参加した。

　報告会では、宇都宮市チームからは、2023年開通予定のLRTの拡張に合わせた生活利便性向上の施策が、大田区チームからは、モビリティを交通だけにとらわれずに、人と人の交流や人と地域のつながりにより羽田空港への通過交通を定着させて地域活性化を目指す施策が、つくば市チームからは、中心市街地部、居住志向地域、農村・集落地域の3エリアの特徴を活かしたペデストリアンデッキ（歩行者専用道路）の活用や自家用車に頼らない移動の施策が提案され、活発な意見交換が行われた。

　WS後には、「EVや自動運転といったこれまで抽象的に将来像として考えていたものを実地に落とすことの困難さを実感した」「車に乗ることそのものに対して価値を感じている人が思ったよりも多いことに驚いた」「自分だけでは絶対に出なかったアイデアもあり非常に刺激になった」などの感想もあり、新たな気づきもあったことは大きな成果であろう。トヨタとしても学生目線の考えを聞ける貴重な機会であった。

トヨタ×社会工学 ❷

産学連携での学生接点
黒須 久守 (トヨタ自動車 (株))

　クルマの運転に興味を持ち自動車会社に入社。車両運動性能開発エンジニアとして30年強携わり、筑波大学との包括的連携共同研究の枠組みの推進役に従事。社会工学類学生から就職を控えた学生向けキャリア紹介の依頼をいただき、異なった学問を専攻しクルマへの関心の薄い学生への紹介に戸惑った。狙いは多角的な視点が必要とされる社会工学を学ぶ学生が社会人の多様なキャリアや日頃何を考えて仕事をしているか等を学びとり将来の職務の参考とするため。学生の考えも学べるよう対話形式・実車展示紹介を取り込んでいただき、2022年6月16日にキャリア紹介を開催した（口絵33）。対話から世代・学問の専攻の違いによる貴重な以下3点を学べ、今後の業務に反映したい。

1) 学生が志望する多様な職種：生活に関わること、都市課題の解決等、他の人・社会に役立つことに興味を持つなど学生の意識が多様化している。
2) 未来のモビリティ企画のマインドセット：クルマは移動手段の1つ。購入・維持費が高額で所有が困難。将来、所有しなくとも不自由を感じず所有しないであろう方もいらした。現代は他に手軽で多様な趣味を持てる。私と同世代はドライブ自体が趣味の方も少なくなく大きなギャップ。異なった価値観を持つ未来のお客様に向けた新たな魅力創出が求められる。
3) モビリティに興味を持っていただく活動：実車紹介では、この部品は何ですか？写真いいですか？座ってもいいですか？等、目をキラキラさせて興味を示していただけた。バーチャルでは得られないリアル体験による紹介活動の必要性。

　ここで出会った学生たちが未来社会を築いていく社会人として活躍されることを心から祈っている。

第 I 部

地域を変える
モビリティの可能性

第1章　未来のアクセシビリティをデザインする

鈴木 勉、嚴 先鏞

本章では、人流データを用いた人々の移動状況の把握や地域施設へのアクセシビリティの計測を通して、新しい技術により進化するクルマが、公共交通とどのように協調してモビリティ改善を実現するかについて論じる。

1.1　アクセシビリティが危ない

わたしたちは身近な地域施設を訪れ、生活に必要なモノやサービスを受け取りながら暮らしている。例えば、病院、福祉施設、日用品や食料品などを販売するスーパーマーケット、郵便局や銀行、学校などは、生活に欠かせない施設の代表である。しかし、必ずしもそれらが身近な場所に用意されているとは限らない。

内閣府の「歩いて暮らせるまちづくりに関する世論調査」（平成21年実施）[1]によると、歩いて行ける範囲は、年齢や性別による差はあるものの概ね500mから1km、時間にしておよそ10〜15分程度であるとの回答が得られたとされている。しかし、「住んでいるまちは歩いて暮らせるまちになっているか」という問いには、「身近な施設に徒歩や自転車で行くことができる」、あるいは、「中心市街地に公共交通機関で行くことができる」と答えた者の割合はいずれも6割強にとどまり、「身近な施設が徒歩や自転車で行ける範囲になく、また、中心市街地にも公共交通機関で行くことができない」と答えた者も2割程度にのぼる。

こうしたアクセシビリティの問題は、高齢者にとって特に重要である。内閣府「高齢者の経済・生活環境に関する調査」（平成28年）[2]による全国の60歳以上の高齢者を対象にした徒歩圏内（自宅から500m圏内）で把握している利用可能な施設について尋ねた結果によれば、大都市では「コンビニエンスストア」や「スーパーや商店など商業施設」が徒歩圏内にある人が8割以上であるが、町村ではこれらの商業施設が徒歩圏内にある人が5割程度となっている。また、日常の買い物について、自分で買いに行くと回答した者に主たる交通手段を尋ねた結果では、大都市では約半数が徒歩と回答した一方、町村では7割近くが「自分で自動車等を運転」と回答している。

このように、徒歩圏内に商業施設のある人が比較的少ない町村などでは、加齢などによって自動車の運転が難しくなると、自力では食料品等の調達が困難になる可能性のある高齢者が少なくないと考えられる。一部の地域では、コミュニティバス、旧小学校校舎での商店開設、NGOなどによる移動販売サービスのような取り組みも広がっているが、まちづくりや地域の支え合いなど高齢者が暮らしやすい生活環境の整備が重要な課題となっている。

では実際に、わたしたちは都市や地域でどのように動いているのだろうか。最近では、スマホの位置情報から人々がどこにいるのかを把握する技術とデータ整備が急速に進んでいる。ここでは、根本ら[3]が、茨城県つくば市およびその周辺地域を対象に、NTTドコモのモバイル空間統計のデータを使って「人の流れ」の日変動を分析した例を紹介しよう。

モバイル空間統計は、携帯電話サービスを行う基地局ごとに、基地局エリア内の携帯電話台数を集計

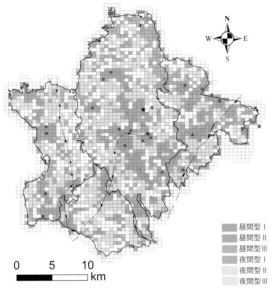

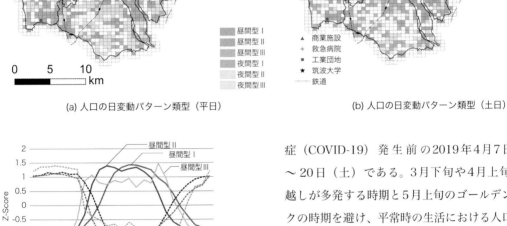

(a) 人口の日変動パターン類型（平日）　　　　　(b) 人口の日変動パターン類型（土日）

凡例:
- 昼間型Ⅰ
- 昼間型Ⅱ
- 昼間型Ⅲ
- 夜間型Ⅰ
- 夜間型Ⅱ
- 夜間型Ⅲ

▲　商業施設
＋　救急病院
■　工業団地
★　筑波大学
──　鉄道

(c) 各クラスタの日変動パターン（クラスタ中心）

図1・1　各クラスタの日変動パターンと空間分布
（(a)、(b) は口絵9参照）

し、地域別・年代別のNTTドコモの携帯電話普及率を加味して統計処理をした1時間ごとの人口流動推計である。対象エリアおよび調査日を任意に集計できること、短期間に集計できること、1日を通した時間帯別の変動を把握可能なことから、短時間で大きく変動する都市の人口分布を把握するのに有用である。

　多様な市街地特性を有し、大規模施設が多く立地する茨城県南部（県南）の4市（つくば市・土浦市・常総市・つくばみらい市）を対象とする。データは2,499個の500mメッシュ（500m四方に区切った区画単位）で1時間単位で整理されている。分析に用いるメッシュの期間は、新型コロナウイルス感染症（COVID-19）発生前の2019年4月7日（日）〜20日（土）である。3月下旬や4月上旬の引っ越しが多発する時期と5月上旬のゴールデンウィークの時期を避け、平常時の生活における人口流動を集計する。

　500mメッシュ内の人口の1日の平均的な変化を相対化し、時系列データに対して用いられるk-Shape法によるクラスタ分析を用いて、平日／土日別に日変動パターンを類型化することにより、主要施設の分布と平常時の人々の動きが小地域別にどのような特徴を持つかを把握している。主要施設の分布については、特に、救急病院、工業団地、商業主要7施設（つくば市のイーアスつくば、イオンモールつくば、LALAガーデンつくば、つくばクレオスクエア、デイズタウン、土浦市のイオンモール土浦、ジョイフル本田荒川沖店）、および筑波大学に着目する。k-Shape法はJ. PaparrizosとL. Gravanoにより提案された時系列データのクラスタリング手法であり、正規化された相互相関を用いて形状間の距離を定義することで、少ない計算量で高い精度のクラスタリングを行うことができる。各メッシュでの平日平均・土日平均それぞれ1時間ごとの滞在人口変動データ

計4,998件を一括でクラスタリングし、エルボー法でクラスタ数k＝12を選択した。その上で、所属メッシュ数が300以上でありkの値を変化させても比較的安定的な、以下の6つのクラスタに着目できることが明らかにされている。1日の人々の動き方で、人口の多い時間帯をもとにクラスタに名称を付けている。主要施設の分布と各クラスタの日変動パターン（クラスタ中心）とその空間分布を図1・1（口絵9）に示す（a：平日、b：土日）。

各クラスタの特徴は以下の通りである。

① 「昼間型I」は、休日に多くみられ、ピークが12〜15時の間と遅めであり、商業施設の周辺に多く分布しており、鉄道駅周辺にも分布しているなど、商業施設を含むメッシュに対応している。

② 「昼間型II」は、平日に多くみられ、ピークが午前と午後の2回ある。工業団地・救急病院の周辺に多く分布しており、つくば市においては、研究施設や筑波大学周辺にも分布している。病院・工場・研究所・大学などを含むメッシュに対応している。

③ 「昼間型III」は、交通量の変化に対応するような形状であり、人が滞在するというよりも、通過交通の影響が支配的な農地・山間地・道路等の割合の高いメッシュに対応している。

④ 「夜間型I」は、休日に多くみられ、日中に人口が減少しており、ボトムが「昼間型I」同様遅めである。商業施設・工業団地・救急病院を避けるように分布しており、住宅街やその周辺のメッシュに対応している。

⑤ 「夜間型II」は、平日に多くみられ、勤務時間帯に人口が減少する。商業施設・工業団地・救急病院を避けるように分布しており、昼間の勤務時間帯に人口が減少する住宅街やその周辺のメッシュに対応する。

⑥ 「夜間型III」は平日・休日で大きな差がなく、まばらに分布しており、その他の住宅地または人がいないメッシュに対応している。

このように、わたしたちの住む都市や地域では、人々がそれぞれの場所を使う時間帯が、その土地や建物の利用状況に応じて時々刻々変化している。「都市は生きている」と表現される所以であり、それをモビリティが支えているのである。しかし、そのモビリティが確保しづらくなり、アクセシビリティが危うい状況になっている。

1.2 地域施設へのアクセシビリティを測る

地域の生活を成立させているのは、生活のためのサービスを提供している地域施設へのアクセシビリティである。

クルマの出現は、人間生活のモビリティを飛躍的に向上させた。しかし、クルマの利用には、車両の確保、免許取得、運転作業、経済的負担、環境負荷などの一定の能力の要求とコスト・規制がかかり、公共交通に頼らざるを得ない人々が生まれる。公共交通は鉄道やバスなどの大量・中量輸送の形態をとり、限られた場所にしかサービスが行き届かないという問題がある。特に、地方部では、公共交通の整備や運用において採算性を確保することが難しく、公共交通によるアクセシビリティは、自家用車のアクセシビリティに圧倒的な差をつけられているのが実情である。

例として、病院へのアクセシビリティを計測した例を紹介しよう。医療サービスへのアクセシビリティは、病院までの近接性、公共交通の利便性、オンライン診療の導入などと密接に関連している。

高齢化が進行し、一般診療所の外来患者数、特に高齢期特有の生活習慣病（高血圧症性疾患、糖尿病、脂質異常症など）によるものが増加している。医療需要の増加が予見される一方で、急性期・回復期・慢性期に応じた医療や介護の適切な分化・連携を進め、身近な地域で受けられる在宅医療・介護サービスを推進することによって医療資源を最適化する目的から、あるいは後期高齢者における通院困難、医

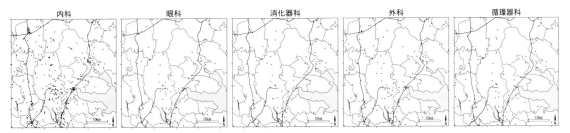

図1・2　つくば地域の病院・診療所の分布

療費削減のための病床廃止、入院時のリロケーショ
ンダメージ（住み慣れた環境から離れることに由来
するストレスや損失）といった懸念から、在宅医療・
介護環境の整備は重要な課題である。そこで、厚生
労働省では、「地域包括ケアシステム」と称し、市
町村各々が「日常生活圏域」として定めた圏域ごと
に、およそ30分以内に医療・介護・生活サービス
等に到達可能な環境を構築する取り組みを進めてい
る。

　今後の医療環境整備において、身近な日常生活の
範囲内でサービスを受けられることは重要なポイン
トとなると言えるだろう。しかしながら、医療資源
は地域間で格差が大きい。つくば市およびその周辺
地域を対象に、現状の病院・診療所の分布（図1・2）
を見てみると、地域間格差が存在すると同時に、診
療科目別にも差が見られることがわかる。内科は数
も多く、あまり偏りなく分布しているが、眼科や消
化器科などは偏在している様子が伺える。図1・3は、
茨城県全域における500mメッシュの中心点から、
最短時間で到達可能な病院・診療所への到達所要時
間別の人口割合を交通手段別に示している。自動車
で移動する際は、ほぼすべての人口において30分
以内に各診療科へ到達可能であったが、公共交通使
用の場合、眼科や消化器科などでは2割近くの人口
で30分以内に到達可能な施設が存在しないことが
わかる。

　もちろん内科は患者数が多いため、その分医療施
設の数も多く、逆に眼科や消化器科などは数が少な
く、到達コストも高くなっていると考えられる。厚
生労働省の患者調査の外来受診や年代別傷病状況等

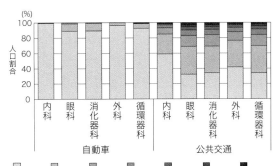

図1・3　病院・診療所までの交通手段別所要時間の人口割合

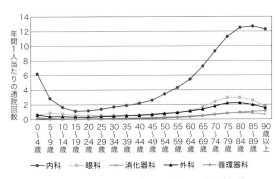

図1・4　年代別の1人あたり診療科目別年間平均通院回数

に関する各種統計表を利用し、年代別の1人あたり
診療科目別年間平均通院回数を求めると、図1・4の
ようになる。内科の通院需要はどの年代においても
大きいが、年齢が高齢になるほど著しく需要が増す
様子が伺える。また、循環器科は高齢者以外におい
ては需要が小さく、高齢者特有の需要を持つと言え
る。また、眼科では小児および高齢者の需要が大き
く、精神科では15歳以上の年齢層から需要が急激
に大きくなることが特徴的である。

　これらに基づいて、500mメッシュごとの年代別
人口分布を反映した診療科目別通院需要の空間分布
を求めることができる。

(1) メッシュ i における診療科 l の推定年間患者数(人)

$$D_{il} = w \sum_{k,m} p_{im} \, R_{km} h_{kl}$$

ただし、

$i \in I$：500mメッシュ

$k \in K$：疾病（糖尿病、高血圧症など）

$l \in L$：診療科（内科、外科、眼科、循環器科など）

$m \in M$：5歳ごと階級区分の年齢層（0~4歳、5~9歳、10~15歳、…、85~90歳、90歳以上）

p_{im}：メッシュ i における年齢層 m の推定人口（人）

R_{km}：疾病 k における年齢層 m の受療率（人口あたりの推計された1日あたり患者の数、平成29年患者調査）

h_{kl}：疾病 k の患者のうち診療科 l で診療を受ける割合（平成11年患者調査）

w：年間の診察日数（＝365・6/7）

である。

　人口減少時代を迎え、茨城県も全体的に人口は減少傾向にあるが、つくばエクスプレス沿線地域を中心に、つくば市、つくばみらい市、牛久市では人口増加が見込まれる地域がある。また、高齢化率は全体的に高まる傾向にあり、これらが通院需要の空間分布を変化させている。

　朱[4]は、2020年の医療施設へのアクセシビリティを2SFCA（two-step floating catchment area）指標を用いて計測している。2SFCA指標とは、重力モデルによるアクセシビリティ評価指標の一種であり、需要量と供給量のバランスを加味した評価を行う際によく使われる。例えば、増山[5]は、青森県弘前市を対象とし、通所介護および訪問介護サービスへのアクセシビリティを、2SFCA指標を用いて測定している。通所介護事業所については施設定員を、訪問介護事業所については従業員数をサービス供給可能量とみなし、65歳以上人口を需要量とした分析の結果、他と比べて極端にアクセシビリティが低いとされる圏域が特定されたとしている。

　必要なデータは、ミーカンパニー（株）「SCUEL DATABASE 1.5」の病院・診療所の科目別受付時間および患者数、2020年の国土数値情報500mメッシュ別将来推計人口データ（平成30年国政局推計）を用いている。また、国土数値情報のバスルートデータ（2011年）とバス停留所データ（2010年）、鉄道データ（2018年）を用いている。徒歩および自動車による移動は、全国デジタル道路地図拡張版道路（2017年1月）に従って移動することにし、所要時間計算時の仮定としては、自動車の移動速度を毎時40kmとし、公共交通は鉄道（毎時60km）、バス（同30km）、徒歩（同4km）を組み合わせて使用可能としている。なお、信号待ちや発車待ちは再現せず、それら込みでの平均移動速度を想定して速度設定をしている。地理情報ソフトウェアArcGISのネットワーク解析を用いて、自動車や公共交通により最短時間経路で60分以内の病院を列挙し、それらを確率的に選択すると仮定している。

　交通手段は、自動車を利用する人（クルマを使える人）と公共交通を利用する人（クルマを使えない人）の両方を考える。自動車分担率は、全国都市交通特性調査（全国パーソントリップ調査）の平日・私事目的の「徒歩＋公共交通」の分担率18.6%、高齢者白書における医療サービスの交通手段の調査結果（大都市23%、中都市9.9%）などの数字を参考に、診療科目ごとに、公共交通で60分以内に到達できる病院が存在する場合は80%（つまり2割の人は公共交通で行く）、もし存在しなければ100%（クルマを使えない人は送迎やタクシーなどで行く）とする。

　以上の設定に基づいて、2SFCA法によるつくば市および周辺地域での2020年における病院・診療所へのアクセシビリティを、自家用車を利用した場合と公共交通を利用した場合のそれぞれについて以下の式で求める。

(2) メッシュ i における診療科 l の交通手段 s によるアクセシビリティ

$$A_{il}^{通常,s} = \sum_j \frac{S_{jl}}{G_{jl}^{通常}} f(c_{ij}^s)$$

ただし、

$$G_{jl}^{通常} = \sum_i \left(D_{il} v_{il} f^{通常}(c_{ij}^{car}) + D_{il}(1-v_{il}) f^{通常}(c_{ij}^{public}) \right)$$

$j \in J$：病院

$s \in S$：交通手段（自動車、公共交通）

c_{ij}^s：メッシュ i と病院 j 間の交通手段 s による移動時間（分）

S_{jl}：供給地点（＝施設）j における診療科 l ごとの週合計受付時間（時間）

$f^{通常}(c_{ij}^s)$

$$= \begin{cases} \dfrac{exp\left(-\frac{1}{2}\left(\frac{c_{ij}^s}{c_0}\right)^2\right) - exp\left(-\frac{1}{2}\right)}{1 - exp\left(-\frac{1}{2}\right)}, & c_{ij}^s \le c_0 \\ 0, & c_{ij}^s > c_0 \end{cases}$$

c_0：60分

v_{il}：メッシュ i における自動車分担率（公共交通で c_0 以内に到達できる診療科 l が存在しない場合100%、さもなくば80%）

アクセシビリティ評価値はその値が大きいほど、相対的なアクセシビリティが良いという意味である。2SFCA法によるアクセシビリティは、需給量のバランスを加味した評価を行うものであり、施設偏在の大きい眼科や消化器科などのアクセシビリティ評価値は、内科のそれよりもむしろ大きくなる。これは、内科に対する通院需要が他診療科の通院需要に比べて著しく大きいことにより、1人あたりのサービス量は相対的に小さく、内科の施設数が多くあることを上回って供給不足の評価がなされるためである。

どの診療科に関しても、自動車を利用できる場合、公共交通利用に比べると最短所要時間の平均値と分散は小さくなる。それゆえ、自動車のアクセシビリティ評価値は、平均は大きく、

分散は小さい。これは、行きやすさの格差が少なく、医療資源がより多くの人に行き渡るようになるため、1人あたりのアクセシビリティ評価値を小さくできることを意味する。逆に、公共交通は、相対的にアクセシビリティ評価値の平均は小さく、分散は大きい。すなわち、公共交通の利便の良い場所はアクセシビリティ評価値が大きな値となるが、そういった場所は限定的であり、大多数の利便性の良くないところでは小さな値となり、場所による格差が激しいことを意味している。公共交通のアクセシビリティは、自動車のアクセシビリティよりも格段に劣るのである。

歳を重ねると病院や診療所に通院する人の割合が増えていくことは前述の通りであるが、その中でも生活習慣病は非常に大きな要因である。生活習慣病は、個人での体調管理に加え、定期的な通院による医師のチェックが欠かせない。通院を放棄したり、薬を飲まなくなったりすると、持病の悪化を招く。

ここでは、生活習慣病の中でも多くの患者のいる糖尿病（全国で300万人以上）と高血圧症（同1,000万人近く）の罹患者のアクセシビリティに着目する。患者調査によると、年齢層別の受療率は図1・5のようになる。生活習慣病の患者は複数の診療科に通院していることが多い。例えば、糖尿病の症状は、内科だけでなく、眼科や外科、泌尿器科に係わる病変も伴うため、これらの診療科目の受診も必要となる場合が多い。図1・6は、疾病別に診療科目

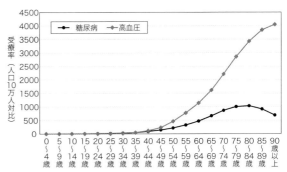

図1・5　年齢層ごとの疾病別受療率（人口10万人あたりの1日患者数、平成29年患者調査）

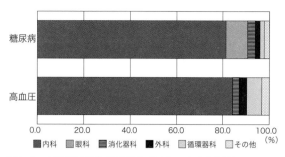

図1・6　疾病別診療科目診療割合（平成11年患者調査）

凡例: ■内科　■眼科　■消化器科　■外科　■循環器科　■その他

診療割合を示したものである。

　これらのデータから、糖尿病や高血圧症の患者のアクセシビリティの空間分布を下記のように求める。

（3）メッシュ i における疾病 k の交通手段 s によるアクセシビリティ（通常）

$$a_{ik}^{通常,s}=\sum_l A_{il}^{通常,s}\, h_{kl}$$

　最近では情報通信機器を用いた受療行為であるオンライン診療が注目されつつあり、通院困難な患者の負担を軽減するとともに、医師が不足している地域での医療の利用可能性を確保する期待がある。地域内で医療機能を完結することが難しい過疎地域もあれば、逆に相対的にアクセシビリティが高く余剰を持っている地域もある。物理的な地理的制約を超えた医療サービスを可能にするオンライン診療は、地域間での医療の偏在を医療資源を再配分して調整する役割が期待されており、既存の需給比に影響を与え、地域や交通手段間のアクセシビリティの不均衡をならす効果があると考えられる。そこで、オンライン診療の導入の効果を、これまで述べた方法で定量的に評価してみよう。

　オンライン診療導入時における診療科目ごとの病院・診療所へのアクセシビリティを以下の式にて計測する。

（4）オンライン診療導入時におけるメッシュ i における診療科 l の交通手段 s によるアクセシビリティ

$$A_{il}^{オンライン,s}=\sum_j \frac{S_{jl}}{(1-r)\,G_{jl}^{通常}+r\cdot G_{jl}^{オンライン}}\Big((1-r)$$
$$\cdot f^{通常}(c_{ij}^s)+r\cdot f^{オンライン}(c_{ij}^s)\Big)$$

ただし、

$$G_{jl}^{オンライン}=\sum_i \Big(D_{il}v_{il}f^{オンライン}(c_{ij}^{car})$$
$$+D_{il}(1-v_{il})\,f^{オンライン}(c_{ij}^{public})\Big)$$

r：オンライン診療率 $\left(=\dfrac{3}{4}\right)$

$$f^{オンライン}(c_{ij}^s)=\begin{cases}1, & c_{ij}^s\le c_0\\ 0, & c_{ij}^s>c_0\end{cases}$$

である。

　オンライン診療といっても、定期的には対面による診療が求められる。そこで、毎週通院している患者が、月1回対面診療のために通院することを想定し、オンライン診療率 $r=\dfrac{3}{4}$ と仮定する。オンライン診療だけを考えると近くの病院である必要はないが、定期的な通院のことを考慮し、60分以内に到達可能な施設であればどこでも利用可能という設定としている。

　糖尿病や高血圧症などの疾病についてのアクセシビリティは以下のようになる。

（5）メッシュ i における疾病 k の交通手段 s によるアクセシビリティ（オンライン）

$$a_{ik}^{オンライン,s}=\sum_l A_{il}^{オンライン,s}\, h_{kl}$$

　糖尿病患者を例に、アクセシビリティを計測した結果を地図で表示したのが図1・7である。まだらに白抜きになっているメッシュは、居住人口が少なくデータのない場所である。交通手段別に見ると、自動車利用者のアクセシビリティは、公共交通利用者のアクセシビリティより大きい値をとっていることがわかる。公共交通利用者のアクセシビリティは、鉄道沿線やバス路線のある一部の地域でやや大きい値をとるが、多くの場所は低い値となっている。

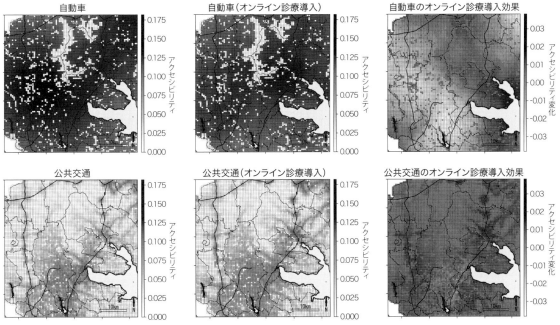

図1・7　糖尿病患者のアクセシビリティ（左：通常ケース、中：オンライン診療導入時、右：両者の差）

　オンライン診療を導入すると、双方のアクセシビリティ評価値は変化する。導入前との差をとった図1・7の右の図を見ると、自動車利用者、公共交通利用者ともに、もともと評価値の大きな病院の立地する都市部のアクセシビリティは少し減少する一方で、病院から離れた周辺地域においてアクセシビリティの増加する場所が見られる。このことを、茨城県全域を対象に、横軸にアクセシビリティ評価値をとり、その人数を縦軸にとって分布によって示したのが図1・8である。交通手段別に見ると、自動車利用者のアクセシビリティ評価値は減少している場所が多い一方、公共交通利用者のアクセシビリティ評価値は増加している場所が多く、両者の差は縮まっていることがわかる。

　つまり、オンライン診療の導入は、病院までの空間的隔たりについても、交通手段間についても、格差を縮めてならす効果がある。普段対象としていない地域の患者も受け入れ可能になるため、大病院志向がある中でオンライン診療を無制限に行うと、一部の病院に患者が集中して非効率が生じ、結果として格差を促進する可能性がある。

　このように、オンライン診療の導入は、全般的にはアクセシビリティの格差を縮小し、アクセシビリティの良くない地域でそれを改善する一定の効果を

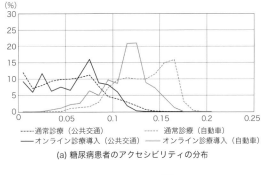

(a) 糖尿病患者のアクセシビリティの分布

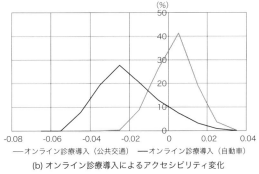

(b) オンライン診療導入によるアクセシビリティ変化

図1・8　糖尿病患者のアクセシビリティの分布とオンライン診療導入による変化

もたらす。しかしながら、自動車利用者と公共交通利用者の差を埋めるに至ってはおらず、限界があると同時に、定期的な対面診療を考慮すると、病院から遠く離れたあまりにも不便な場所には向かない可能性も否めない。

コロナ禍では、三密を避ける目的もあって、オンライン診療を取り入れる病院や診療所が増え、その可能性と効果が一定程度確認された。また、コロナ禍以前から、過疎地や離島などを中心に、看護師が患者の自宅などを訪問し、車両内で遠隔地にいる医師の診察に基づく指示に従って検査や処置を行うと同時に、効率的なルートで患者の自宅などを訪問できるようにするといった移動診療やリモート診療など、医師による診察を遠隔で受けられる様々な取り組みを進めているところもある。しかし、医療のリソースが偏在している中では、こうしたサービスを実施している一部の施設に依存することは、必ずしも全体のアクセシビリティの底上げにはつながらない可能性があることを示唆している。

買い物難民、通院難民などの言葉にもあるように、特にクルマを使えない人々にとっては、生活を送る上でサービスを受けるためのアクセシビリティが重要である。誰一人取り残されることなく享受することのできるアクセシビリティをつくる発想が必要である。

1.3 クルマと公共交通：対立から協調へ

地域を支えてきた公共交通を取り巻く環境は、厳しさを増している。例えば、路線バスは、輸送人員の減少、運転手不足の深刻化に加え、コロナ禍を経て、公衆衛生にも配慮した運行サービスが求められる中、さらなる利用者の減少に直面しており、廃止された路線も少なくない。

図1・9は、病院へのアクセシビリティの計測で用いた茨城県の鉄道とバスの路線（2010年）である。バスの通っていない場所や路線のつながっていない場所が多く見られることがわかるだろう。また、つながっていたとしても便数が少なく、接続が良くないケースも多い。

近年では、鉄道やバスなどの既存の公共交通の枠を超えて、MaaS（Mobility as a Service）や新たなモビリティサービスの実験や社会実装が進んでいる。MaaSとは、あらゆるモビリティサービスを組み合わせて、クルマを所有する生活よりも、より良い生活を実現するサービスを作り出すことである。鉄道やバスなどの既存の公共交通に加えて、タクシー、レンタカー、レンタサイクルなどの既存サービス、さらにICTの進展により生まれた次世代モビリティサービス、例えばライドシェア、カーシェアリング、自転車シェアリング、AIオンデマンド乗合

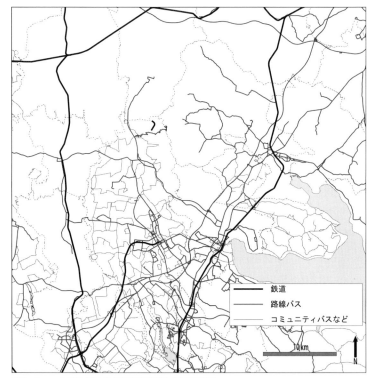

図1・9　つくば地域の公共交通路線網（2010年）

交通、電動キックボードシェアリング、自動走行バスなど、マルチモーダルな交通手段を組み合わせれば、マイカーを所有するより良い暮らしができるのではないかというアイデアに基づいている。

公共交通ではカバーできないサービスや、公共交通を代替・補完可能なサービスを、従来の公共交通の維持・確保の取り組みに組み込めれば、クルマの運転ができなくても移動を諦めなくても良くなるという人は多いのではないだろうか。

そもそも公共交通は自動車の対義語ではないし、自動車と公共交通は二者択一の対象ではない。公共交通かどうかは不特定多数の利用者が利用するかという機能上の問題であり、車両の大きさや種類を問うものではない。

これまでは鉄道などの大量輸送機関を頂点として、バス、タクシー、自家用車といった順で交通手段（モード）ごとの公共性が低下していくと捉えられていた。しかし、国土交通省は、自動運転やMaaSの登場によって公共交通サービスのあり方が変わる可能性をにらみ、公共交通の定義を見直して、新しい技術やサービスを都市計画や交通施設の整備計画へ迅速に反映させるために、バスやタクシーなど個別のモードごとに法令や制度面で対応の方向性を検討している。かつては個別移動手段として公共交通機関と見なされていなかったタクシーも、2006年に施行されたバリアフリー新法により公共交通機関と位置付けられている。

クルマの利便性と快適性を公共交通にも取り入れることができれば、様々な場面でクルマの利用を諦めていた人々のアクセシビリティを向上させることができると考えられる。デマンドタクシーのような乗用車タイプのクルマの公共交通も増えるだろう。長谷川ら[6][7]や榎本ら[8]が示しているように、コミュニティバスなどの既存の公共交通と組み合わせることで、利便性を大幅に補完することが期待できる。

公共交通としてクルマを用いた社会や制度の設計

は都市計画上も大きな意味を持つ。近年では、カーシェアリングの急速な拡大やスマートフォン用アプリを使ったタクシー配車サービスなどが普及している。また、日本では現在は原則認められていないが、ライドシェアサービスも海外では急速に普及しつつある。マイカーは9割以上の時間は駐車場に置かれたままであり、無駄が大きい。一方、高度なセンサーやAIを搭載する自動運転車は高価であり、ライドシェアとの組み合わせが普及を促し、車両削減に貢献することが期待される。自動運転ライドシェアにより、マイカーの有効利用が進めば、駐車場スペースの削減にもつながることが期待できる。

例えば、台湾の高雄では、MaaSの導入とともにシェアサイクル専用の駐輪場や自転車専用道路が整備され、地下鉄駅にはシェアサイクルの駐輪場やバス乗り場などへの案内板が設置されるなど、MaaS利用に適したまちづくりが進められている。MaaSが広がって、より多くの市民が公共交通機関を使うことにつながれば、マイカー利用が減少し、CO_2排出と渋滞の減少が期待でき、環境負荷、都市交通への負荷の軽減につながる。

自動運転技術の進化で可能性はさらに広がる。自動運転で走るバスやタクシーをMaaSのシステムに組み込むことができれば、例えば、無駄のない効率的な運行が可能になることにより、過疎地で公共交通機関の維持管理が安価になる可能性がある。また、高齢者の移動のドア・トゥー・ドア性が確保されやすくなる。さらには、高齢者の外出機会が増えることにより、健康増進に正の効果をもたらすことで、医療費の減少と地域の活性化に役立つことなども期待できる。

クルマと公共交通が新しい技術により協調し、小回りのきく特性を兼ね備えた新たな公共交通を構築すれば、新しいアクセシビリティをつくることができると同時に、多くの波及効果も期待されると言えよう。

前述の通り、地域公共交通は、特に相対的に人口

密度の低い地方部において維持することが困難になってきている。路線バスの廃止などにより、公共交通は自治体により再編されて運行されるケースが多くなっている。自治体によって運行計画が作成されると、自ずと自治体内の移動が優先され、自治体の外の施設とを結ぶ交通手段がなくなるという問題がある。一方、クルマでの移動は、自治体の境界を気にすることなく可能である。したがって、自治体という空間単位の存在も、クルマと公共交通の格差を生む要因となる。

都市計画においてコンパクトシティを目指す施策がとられるケースが多くなったが、空間の範囲をどのように区切るかは悩ましい問題である。市街地は、行政単位できれいに分割されているわけではなく、

高度成長期に急速に進んだ開発により連坦していたり、旧来の区割りとは異なる市街地開発が行われたり、新しい道路などが開通したりしている。その結果、行政界を越えた日常生活圏が形成されている場所も至る所にみられる。

交通手段の発達により、人々の生活圏は広域化が進展し、各種の地域施設の利用圏も広がりを見せている。例えば、平成24年東京都市圏交通計画協議会の報告書では、すべての目的でのトリップの長さは増加傾向であり、中でも自宅–私事目的のトリップの長さは1998年の3.0kmから2008年には3.6kmに増加し、2030年には4.0kmまで増加すると予測されている。

一方、都市や地域の計画は一定の空間的範囲を区切って考えざるを得ない側面がある。それゆえ、往々にして人々の行動範囲はその区切りを跨ぐことがある。例えば、スーパーマーケットは大型化・郊外化が進み、自治体の範囲を越えた商圏形成が全国的に見られる。また、総合病院等の大規模病院は、整理統廃合や高機能化とともに、広域的な機能を持つことが想定されている。しかし、

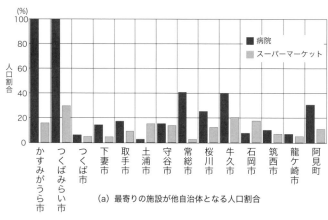

(a) 最寄りの施設が他自治体となる人口割合

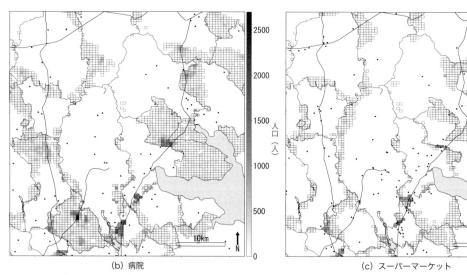

(b) 病院   (c) スーパーマーケット

図1・10　最寄りの施設が他自治体となる人口の分布

行政界を越えた施設利用が有効な場所であっても、行政による施設計画、拠点形成計画、地域公共交通網、道路整備等の計画策定において、境界を越えた連携や広域での整合性の検討が十分ではない場合が見られる。

居住機能や医療・福祉・商業、公共交通等の様々な都市機能とその空間構造を適正な状態へと誘導するための立地適正化計画でも、計画の策定には隣接自治体との協調・連携が重要である。このことは、2020年度以降、都道府県等が広域的な調整を図ることが想定される複数自治体による計画作成も国の補助対象となった他、連携中枢都市圏等を組み合わせた形での事業も進められるようになったことからもわかる。

佐野ら[9] [10]は、日本全国の自治体を対象として、まず、自治体の境界を越えた施設の越境利用から隣接自治体間の依存関係を分析している。図1・10は、つくば市周辺の500mメッシュの中心からみて、自動車を利用したときの最寄りの病院（ここでは診療科は考慮しない）やスーパーマーケットが、メッシュの所属する自治体と異なる場所に立地しているメッシュの人口密度を示している。これを見ると、自治体の境界近くにも人口密度の比較的高い場所が一定程度存在することがわかる。病院の場合は、自治体内に病院が存在しない市町もあり、その場合は100％他の自治体に依存するが、自治体内に病院があっても市街地が縁辺部にあったり、自治体内の病院の分布が偏っていたりする場合には、域外の病院に行った方が近いことがわかる。スーパーマーケットのない自治体はほとんどないが、それでも隣の自治体にあるスーパーの方が近いケースはそこかしこに見られる。

これを全国でみると、最寄りの施設を利用した場合、人口の1割程度の人々が越境している計算となり、距離の差分は7％前後であることが明らかになっている。越境が優位な場所では差分が3割程度の場所も確認され、この割合は施設の種類にかかわらずほぼ一定である。つまり、自治体にとらわれないモビリティを確保することは十分大きな意味を持つ。

施設の数が充実しているかどうかや、自治体内の施設配置が人口分布と整合しているかどうかは、自治体によって様々である。施設数が少なく、また、施設配置があまり良くないところでは、越境によって近くで用が足せることの有効性が大きい。このメリットを享受できるのは、クルマを利用できる人々である。

地方部では越境の方向がある程度絞られる一方、大都市周辺においては越境先が分散していて、より多くの自治体との関係が存在するケースが多い。しかし、地域公共交通の面でこうした連携はあまりとられていないのが通常である。クルマを活用した公共交通の仕組みづくりは、行政の垣根を越えた近隣連携のパッチワークを促進する可能性を持っている。

目的地を自治体境界を越えて自由に選択できることのメリットは大きい。もちろん、既存のバス路線やデマンド交通のような公共交通網形成においても広域連携は有効であり、越境による生活圏の拡大が有効な住民のアクセシビリティを向上させるという意味で重要である。クルマを活用した公共交通の進化は、境界を気にしないで済むまちづくりをさらに加速させる可能性がある。

1.4　進化するクルマが未来のアクセシビリティを支える

ICT、AI技術を活かして、インフラ・サービスを効率的・効果的に運用し、生活の質を高め、持続可能な経済発展のための（テクノロジーが前面に出ず、テクノロジーに支配されない）人中心のスマート社会につなげるためには、クルマ自体も、その大きさや形、兼ね備える機能やデザイン、性能などにおいて、公共交通に使われることも考えて進化することが重要である。

いうまでもなく、クルマの基本機能は、人を乗せて動くことである。したがって、これまで動くため

の技術、すなわち速度や走行性能、さらには運転時の快適性において、時代ごとに目覚ましい進歩が実現されてきている。

そしてこれからは、動くための技術に加えて、クルマを「賢く使う」ための技術が重要となると思われる。「賢く使う」の言葉には様々な意味が含まれているが、安全に使う技術、環境に負荷をかけずに使う技術、そしてみんなで使う技術などが含まれる。

日本における近年の交通事故による死者数は大きく減少してきているものの、高齢者による重大事故には心痛を禁じ得ない事例が多い。車の安全技術は日々進化し、運転しやすいシートや車内のレイアウト、踏み間違いを防ぐペダルレイアウト、安全確保のための窓の配置など、基本設計も見直されている。また、自動ブレーキ等の運転支援のための先進安全技術の市販車への搭載が進んでおり、高齢運転者による交通事故の防止や被害の軽減が期待される。ドライバーが急病になっても安全に走行を維持・停止させる技術なども必要とされている。先進安全技術はまだ進化の途上にあると同時に、自動運転を実現するために必要な要素技術であり、AIや通信技術の活用により安心して自由に移動できる社会の実現を目指して、性能の向上と普及の促進の両面に取り組むことが必要である。

環境性能の向上も目覚ましく、省燃費により燃料消費量とCO_2や環境汚染物質の排出量も減少している。また、ハイブリッド車、プラグインハイブリッド車、電気自動車、燃料電池自動車、クリーンディーゼル乗用車などの次世代自動車の開発と普及も、政府による補助金や優遇税制などの普及促進策による後押しもあって、進んできている。自動車業界においてもゼロエミッションやカーボンニュートラルに向けた取り組みが精力的に進められている。

今後は、乗用車タイプのクルマだけでなく、多くの人をまとめて運ぶ技術やシェアして使う技術ともいえるような、様々な人が共有して利用するのに適した車両や、輸送需要とマッチしたサイズの乗合型

の車両の開発も重要になってくるであろう。超小型モビリティやパーソナルモビリティなどはいくつかのタイプが提案されているが、連節編成しやすい車両、バスやBRT、AIデマンド交通などに使える車両、車両サイズの最適化など、マイカーの概念を超える「新しいクルマ」の概念の具体化が望まれる。

未来のクルマはコネクティッドであり、単なる移動手段ではなく、IoTのひとつとして、生活を支えるツールやデバイスのひとつとなることが予期されている。物流・人流のデジタル化やマーケティングと連動して、自動車メーカーとIT・通信産業の協力関係はますます進むだろうと思われる。クルマは、情報端末としてだけでなく、他の機能との融合も進むことが期待される。

価値観やライフスタイルの多様化や業務利用に対応したマルチユースへのニーズは、クルマのカスタマイズ化を容易にする付加価値をつけるための複合・多目的化をもたらすであろう。事故をなくすためのセンシング技術も搭載され、安全性の向上とともに、自動車の多機能化も進むことになる。カメラ、GPS、センサー、レーダーなどの測る機能は、交通制御や道理管理、災害対応にも活かされるであろう。EVシフトなどによるクルマの電動化は、移動以外の様々な機能をクルマに併せ持たせる可能性を持っている。日常時の家庭用電源としてだけでなく、非常用電源、避難手段、移動できる避難空間、水陸両用などの防災活用にもつながる。キッチンカーやトイレカーは災害時に機動性を大いに発揮する。

そして、みんなで使うための技術として、ICT技術により効率的に動くことだけでなく、シェアリング対応、中量輸送対応、既存公共交通との連動、MaaS連携、パーソナルモビリティや小型車両の持ち込みなどの機能が期待される。こうした機能を持つクルマが公共交通に使われることにより、アクセシビリティ改善に大きく寄与することになるであろう。

また、クルマの多様化と使い方の進化だけでなく、

道路空間利用の再定義により、器となる道路側の使い方の進化も求められることになろう。電動キックボード、電動スクーター、ライドシェア、カーシェアリング、自転車シェアリング、オンデマンド乗合交通（DRT）などの交通手段も含めた道路空間の再定義とリ・デザイン、道路空間のモード別シェアリング（再配分）についても、新しい知恵が必要となる。

スマートシティでよく引用される北欧諸国でも、デンマークでは自転車・歩行者優先のグリーンモビリティの施策、ノルウェーでは電気自動車や充電ステーションなどのインフラ整備、フィンランドでは公共交通手段の整備というようにそれぞれの強みを活かした特徴が見られる。日本や国内の各地域の特徴を活かした道路側の整備方針が求められるであろう。自転車を活かすのであれば、自転車道の拡張、車道の縮小、自転車専用橋の設置、自転車ハイウェイの敷設、自転車専用信号機の設置、駐輪場の充実などが考えられるし、利用者の利便性向上と交通事業者のサービス改善のためのMaaS推進であれば、シームレスな移動サービス、個別の事業者ごとのサービスからマルチモーダルにつながるサービスへ転換していくための設備が重要となるだろう。

本格的なサブスク・シェアリングの時代になれば、クルマは図書館の本と同じように共有が当然のものとなり、もはや公共交通とクルマの区分はほとんど意味を持たなくなるかもしれない。ICTとクルマの進化が"異次元の公共交通対策"となりうる。

大事なことをまとめておくと、第一に、様々なタイプの車両開発と、消費者ニーズの専門化・多様化に対応したカスタマイズ技術である。自動車メーカーの視点から見れば、一見、プラットフォーム共通化によるコストダウンとは逆行するように見えるが、建築でいうスケルトン・アンド・インフィルのように、躯体と内装・設備の分離は工夫次第である。

第二に、クルマのIoT化とコネクティッド技術による公共交通へのクルマの導入である。長らくクルマの欠点であった安全性と環境負荷を克服し、マイカーの良いとこ取りをした新たな公共交通を実現する。MaaSをベースに、公共交通でもICT技術、データ連携・利活用の利点を活かして、シームレスな移動の実現とサービス改善に結び付ける。

第三に、ICT運用スキルを有した交通事業者の育成と柔軟な運行ルールのための規制緩和である。民間活力やベンチャー創出のための人材育成、交通サービス工学やデータサイエンティスト・AI教育プログラムの充実なども重要になる。

第四に、行政サポートの広域化である。時空間的な不連続をなくし、都市空間を効率的に移動して生活のためのサービスにアクセスできるように、広域連携による支援と運用を行えるようにする。

クルマの進化は、公共交通に自動車並みの利便性を与え、新技術とシェアリングやサブスクの浸透によって、公共交通と私的交通の境目がなくなる時代に、用途に適した車両の開発を通して、新しい形の交通手段を可能にする。そして、クルマの進化が他のデバイスとの融合と協調により、未来の生活の多様化を支える存在となる。

就学期の児童生徒から免許を返納した高齢者まで、誰一人取り残すことなくクルマの持つアクセシビリティを享受できる社会をつくることによって、明るい未来社会の実現が成就する。どのようなクルマをつくり、どのような場所を用意すれば、望ましい生活が実現できるかについて、皆で話し合える場づくりも重要となっていくであろう。

さて、クルマの利便性を取り入れた公共交通を十分に活用できるようにするためには、将来の都市構造をどのように誘導すればよいだろうか。以下はそのための試論である。

まず、コンパクトな市街地と判断できる基準密度を設定しよう。この基準密度に達した市街地では拠点は設定せず、維持に適した密度で施設が配置されるようにする。基準密度の設定は難しいが、都心3区を除く東京区部の平均人口密度は15,000人/km^2

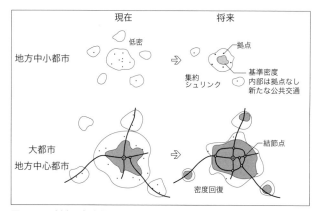

図1・11　将来の都市構造の誘導方向

程度であるので、これを参考に 10,000 人/km^2 を基準密度に設定することとして、これを上回る地域では、徒歩や新たな小型モビリティなどで移動できる環境を整備することとする。自動車技術の進歩により、パーソナルでパブリックな移動手段のコストが下がれば、十分な密度を持つ市街地では拠点は必ずしも必要ない。

　この基準密度を満たす町丁目は、全国で面積ベースでは 0.6 ％程度であり、そこに人口のおよそ 3 割が居住している。現状では、基準密度を満たす地域が面的に広がるのは、三大都市と政令指定都市レベルの都市に留まり、それ以外の市町村ではあってもごく一部の場所に過ぎない。

　そこで、図1・11 に示すような将来の都市構造の誘導方向を考えてみよう。

　地方中小都市では、都心部でも基準密度に達する場所は極めて限られるので、防災上の安全性などを考慮した上で問題がなければ、当面はそこに拠点を設定して、クルマのシェアリングで不要となっていく駐車場スペースの合理的利用や空き家・空き地のインフィル促進などによる密度向上を図る。同時に、郊外の市街地拡散を抑制し、一定の水準を満たす集積地に拠点を設定し、近辺の市街地形成を促す。

　一方、大都市や地方中心都市では、鉄道・バスなどの公共交通が存在するのが一般的であり、基準密度に達している市街地への集約と集積促進を図るとともに、都市間公共交通の沿線を中心とした市街地形成を連携して推進する。基準密度に達しているエリアは拠点形成よりも新しいモビリティによる移動環境を整える。道路空間のリ・デザイン、再配分により、車道を減らし、歩道や自転車道、公共交通スペースを増やす。ターミナルは歩行者・自転車優先である。

　こうしたコンパクトなまちづくりと連動して、自由な発想でクルマを使うことのできる環境づくりが、未来の生活を支えるアクセシビリティをデザインする前提となる。

　未来のアクセシビリティを支えるのは、コンパクトなまちづくりとその中を動くモビリティシステムである。その中心的存在は、新しい技術により進化するクルマである。進化したクルマが、公共交通と協調しながらモビリティ改善を実現することにより、未来のアクセシビリティを支える重要なキーファクターとなるのである。

■出典・参考文献

1) 内閣府（2009）「歩いて暮らせるまちづくりに関する世論調査」世論調査報告書、平成21年7月調査
2) 内閣府（2017）『平成29年版 高齢社会白書（概要版）』
3) 根本裕都、藤井さやか、佐野雅人、鈴木勉、雨宮護、大澤義明（2021）「COVID-19による外出制限が人口流動に及ぼす影響－2020年4月の緊急事態宣言期間中のつくば市の事例分析－」『都市計画論文集』56（3）、pp.1207-1214
4) 朱黙儒（2021）「生活習慣病に着目した医療サービスへのアクセシビリティ評価」筑波大学理工学群社会工学類令和2年度卒業研究論文
5) 増山篤（2015）「青森県弘前市における介護サービスへのアクセシビリティ計測の試み」『都市計画論文集』50（2）、pp.210-220
6) 長谷川大輔、鈴木勉（2019）「路線網形状を考慮したバス・デマンド型交通併用効果の分析」『GIS－理論と応用－』27（1）、pp.1-11
7) 長谷川大輔、鈴木勉（2017）「需要密度・移動距離に着目した多様な公共交通システムの優位性に関する理論的考察」『都市計画論文集』52（3）、pp.1284-1289
8) 榎本俊祐、嚴先鏞、鈴木勉（2022）「人口密度分布に対応した都市拠点と公共交通路線の同時最適配置モデル分析」『都市計画論文集』57（2）、pp.337-344
9) 佐野雅人、嚴先鏞、鈴木勉（2020）「都市拠点設計への応用のための全国自治体の地域施設配置比較評価」『都市計画論文集』55（3）、pp.1086-1091
10) 佐野雅人、嚴先鏞、鈴木勉（2022）「越境施設利用からみた隣接自治体依存構造の空間分析」『都市計画論文集』57（3）、pp.1453-1460

column❶

スーパーシティの街路樹問題

雨宮 護

街路樹の風景は都市のアイデンティティとなる。歩道の街路樹は緑陰を提供し、歩行を促す。歩車を分ける街路樹は交通安全に寄与し、災害時には火災による延焼防止や沿道家屋の倒壊から道路を守ることに役立つ（口絵34）。

一方、街路樹は都市の脅威にもなる。大径木化した街路樹は歩車の見通しを遮り、路面に根上がりが生じると通行に支障をきたす。樹勢が衰えると倒木の危険性が高まる。少ない管理費用の中で剪定回数が減らされると強剪定がなされ、景観が悪化する。高木化した街路樹の管理には高所作業車を必要とし、多額の費用がかかる。

AIやビッグデータ等の未来技術を活用する「スーパーシティ」の導入に際しても、街路樹との競合が起こりうる。各種センサーが導入されたスマート街路灯や5Gアンテナの設置は、歩道の狭いスペースを街路樹と奪い合う。自動運転のための高精度測位に

は、道路を覆う街路樹が障害になるかもしれない。

こうしたジレンマに対し、ニュータウンであり、街路樹の整備水準も極めて高いスーパーシティ、筑波研究学園都市で行われた2つの実践は参考になる。1つは、市道への街灯設置と街路樹の保全である。この例では、照度、通行量、市民意識の調査などから街灯設置箇所を絞り込むとともに、緑の専門家を交えた樹木調査が行われた。その結果、街路樹を保全しつつ、必要な場所に街灯が設置された。もう1つは、県道での街路樹の「2本立て植栽」の見直しである。この例では、街路樹を2本ペアにして1本の樹形とする従来の方針を見直し、1本を正常な樹形に誘導することで、樹木本来の姿による景観形成と、維持管理費用の削減を両立しようとしている。

街路樹は市民の愛着の対象であり、スーパーシティや維持管理費用を理由とする削減だけでは市民の同意を得られない。残す残さないの単純な二元論ではなく、街路樹に期待される役割を見据えつつ、メリハリのある維持・管理を行うことが求められる。

第2章 モビリティシェアリングサービスの運用を最適化する

吉瀬 章子、高野 祐一、張 凱

シェアリングエコノミーやサブスクリプションなどの新しいサービスの普及は、自動車（モビリティ）と地域にも新しい関係性をもたらしている。この章では、モビリティシェアリングに着目して、これらのサービスが地域に定着するための運用方法について、特に最適化モデルに基づく分析とその考察に関する最近の研究成果を紹介する。具体的な運用分析例として、2012年にサービスが開始され、2021年に終了した、Ha:mo RIDE豊田を取り上げ、基本となるモデルから様々な応用分析まで、その考え方と計算機実験による結果と考察を与える。なお本章で述べる分析内容の詳細については、文献1〜4を参照されたい。

2.1 モビリティシェアリングの変遷

都市化と経済成長に伴い、自家用車の継続的な増加は、交通渋滞、環境汚染、時間の浪費、駐車スペースの不足など、深刻な負の影響をもたらしている。一方で、これらの負の影響は、交通におけるイノベーションを促進する重要な要因にもなっている。交通機関は、より効率的で柔軟性のある持続可能なサービスを提供するために、新たな技術を活用して交通システムを合理的に設計・運用する必要がある(図2·1)。

近年、モビリティの概念は、ますます注目度を高め、従来の交通を徐々に再構築している。モビリティサービスは、移動者のニーズ、習慣、嗜好に対応するために、高度な柔軟性を備えた、よりユーザ中心の交通手段を提供することを目的としており、カ

図2·1 モビリティサービスの理想的なユースケース（文献5より作成）

ーシェアリング、ライドシェアリング、自律走行車の共有、MaaS（Mobility as a Service）など、注目すべきモビリティサービスが提供されている。図2·1は、様々なモビリティサービスの理想的な移動距離と利用柔軟性を示したものである[5]。各サービスは、特定の移動状況に適しており、ユーザは移動に適した手段を選択することができる。

特にこの10年間で、自律走行車の開発は急速に進んだ。センサー、ワイヤレス接続、人工知能など、様々な技術により実現されている。自動車技術会（SAE）の自動運転システム規格J3016によると、自動車の自律性は、運転自動化なし（レベル0）から完全運転自動化（レベル5）までの6段階に分類される。広大な市場のために、多くの伝統的な自動車会社（トヨタ、ホンダ、General Motorsなど）に加え、巨大IT企業（Apple、Google、Tesla）まで、自律走行車のプロトタイプを研究・開発している。開発された自律走行車は、モビリティ、ロジスティクス、製品販売など、様々な目的で使用されること

が予想される。

　カーシェアリングは、公共交通機関の変化とは別に、持続可能な交通を促進するための新たなモビリティサービスである。従来のマルチモーダルな公共交通機関は、ほとんどの移動需要を満たすことができるが、特に公共交通機関の駅から離れた場所に住んでいる人々は、より便利な自家用車を好む傾向がある。図2・1を見ると、自家用車は長距離の移動に適しており、他のモビリティサービスよりも高い柔軟性を提供できることがわかる。しかし、自動車を所有するためのコストや駐車場の確保が難しいという課題がある。近年、自家用車と公共交通機関の両方の利点を提供することができるカーシェアリングが代替交通手段として注目されている。カーシェアリングは、多くの都市にとって新しいモビリティサービスであり、革新的であると考えられているが、最初のカーシェアリングプロジェクトは、1948年のスイスのチューリッヒまで遡ることができる。初期のカーシェアリングは経済的な理由で長続きしないことが多かったが、情報収集システムとモバイルサービスの統合がより一般的になった2000年代には成功するケースが現れた。現在では、世界中で多くのカーシェアリングが提供されている。

　既存のカーシェアリングシステムは、主にワンウェイ型（一方通行型）とラウンドトリップ型（往復型）に分類される。ワンウェイ型の場合、利用者は異なる場所で車を受け取り、返却することができる。ラウンドトリップ型のシステムでは、ユーザはレンタカーを受け取った場所に返却しなければならない。全移動の中でワンウェイの行程が大きな割合を占めることを考えると、利用者にとってはラウンドトリップ型よりワンウェイ型の方が便利である。さらに駐車場の制限という観点から、カーシェアリングシステムはステーション型とフリーフローティング型に区別することができる。特定の駐車ステーションに返却する必要があるステーション型に対し、フリーフローティング型は営業エリア内であればどこにでも返却できることを前提としている。近年世界的に、ワンウェイ型カーシェアリングの普及が進んでいるが、システム運営者の多くは、システムの設計と運営に大きな課題を抱えている。

　次節以降では、2012年にサービスが開始され2021年に終了した、Ha:mo RIDE豊田を例として取り上げ、運営者が抱える課題解決に向けた数理モデルの立案と分析を行う。

2.2　ワンウェイステーション型カーシェアリングの課題

　Ha:mo RIDE豊田はトヨタ自動車株式会社が運営し、ラストマイル移動の足として2012年にサービスが開始された。公共交通機関の駅やバス停、ショッピングモール、オフィス、自宅など、個人の移動先に近い場所に車両を駐車させることを想定しており、一般的に利用時間が短い。Ha:mo RIDE豊田の利用実績データでも、バスやタクシーの利用と同様に、寄り道することなく移動し終えたらすぐに利用を終了する傾向が強いことが確認されている。

　他のカーシェアリングと同様に出発時に車両を予約するが、短距離しか利用しないにもかかわらず、行先での駐車場探しに時間がかかってはサービスの意味はない。そこで出発ステーションでの車両に加えて、行先ステーションの駐車枠も予約する。これは短距離ラストマイル・モビリティサービスの最大の特徴であり、この予約により、移動先で駐車は可能になるが、車両があっても移動先の駐車枠の空きがないために利用できない事態がしばしば起きる（図2・2）。円滑なサービスを提供するためには、空き車両と空き駐車枠の双方のリソースを注意深く管理する必要がある。

　需要と供給のアンバランスを解消するため、うまく車両配置や配回送のスタッフシフトを決める必要があるが、勘や経験に基づいて決めているのが実態であった。配回送オペレーションも、ステーションごとに配回送する車両台数の閾値など決められては

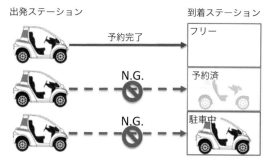

出発ステーション　　　　到着ステーション

予約完了　　　　フリー

N.G.　　　予約済

N.G.　　　駐車中

図2・2　駐車枠がフリーでなければ予約できない[1]

いるが、実際は現場のスタッフの判断に委ねられている。短距離ラストマイル・モビリティサービスの実態に即したモデル化を行い、厳密に計算を行うことで、最適な車両配置・配回送シフトにより、どれだけ多くの利用が可能となり、収益を増やすことができるのか、検証を行う必要がある。

2.3　Ha:mo RIDE 豊田のモデル化と分析

　本節では、短距離ラストマイル・モビリティサービスにおける車両配置・配回送最適化モデルの構築について考察する。Ha:mo RIDE豊田の基本運用モデルでは、以下の条件が考慮されている[1]。

1）ステーション（場所）と期間（時刻）の組を頂点とする時空間ネットワークを用いている。既存研究では1期間を15分としているものもあるが、ラストマイル・モビリティの利用時間は比較的短いことから1期間を5分としている。

2）利用需要について、実際は30分前からしか知りえないが、最適な運営方法の分析を目的とすることから、1日分の利用需要を所与としている。予約と出発は同時に行われるとしキャンセルは考慮していない。

3）前述したように、短距離ラストマイル・モビリティならではの条件として、出発地の車両だけではなく移動先の空き駐車枠も確保する。

4）利用時間について、「α（定数)」を貸出・返却時の手間として移動距離によらない一定時間と

し、「利用時間＝移動時間＋α（定数)」とした。ほんの数分の「α（定数)」が無視できない点も短距離ラストマイル・モビリティの特徴である。

5）移動時間は、時間帯ごとの交通状況を踏まえたパラメータとして与えている。このため同じステーション間でも、時間帯や移動の向きが異なれば移動時間は異なる。

6）すべての移動あるいは配回送は少なくとも1期間を要する。

7）ネットワーク上の各頂点はステーションjと期間tの組（j, t）で与えられ、各頂点の状態は、駐車している車両数、予約済の駐車枠数、配回送スタッフの人数で与えられる。

8）各車両の状態は、「フリー」または「予約済」のいずれか1つである。「予約済」にはユーザの乗車やスタッフの配回送の状態も含まれる。

9）各駐車枠の状態は、「フリー」（利用可）、「予約済み」（利用不可）、「駐車中」（利用不可）のいずれか1つである。

10）各配回送スタッフの状態は、「待機」「移動」「配回送」のいずれか1つである。

11）開始時刻と終了時刻で記述される複数の勤務シフトが与えられており、配回送スタッフはその1つに従い勤務する。マネージャーは所定のシフトで必ず勤務するが、他のスタッフは配回送が不要であればそのシフトには勤務しない。

12）配回送スタッフ複数人で1チームを構成し、スタッフカーで移動する（図2・3）。

13）車両の駆動バッテリの充電状態（SOC）は考

スタッフカーによる移動　　　スタッフカーによる配回送

ステーションj　　　ステーションl

図2・3　スタッフカーによる移動と配回送[1]

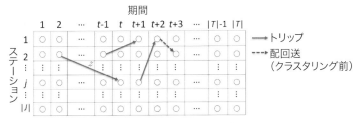

図2・4　時空間ネットワークと車両の動きを表す矢印[1]

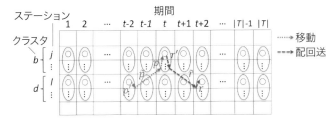

図2・5　ステーションのクラスタを用いた時空間ネットワーク上での移動と配回送[1]

慮しない。走行距離が短いため、SOC低下で利用不可になることは少ない。

14) 車両の最大数、ステーションの配置（駐車枠数）による最適解の影響を調べるため、これらを可変なパラメータとして与える。

仮定3〜5、9、12はラストマイル・モビリティならではの仮定である。図2・4は、このモデルで使用している時空間ネットワークであり、矢印は移動と配回送を表している。

以上の制約を混合整数計画問題としてそのまま定式化すると、変数の数が非常に大きくなり現実的な時間で解くことができなくなるが、近接するステーションを1つにまとめるクラスタリングによってこの困難を回避することができる[1]。図2・5は、ステーションのクラスタを用いた時空間ネットワーク上での移動と配回送の矢印を示したものである。

1　基本運用モデルによる分析：配回送をしないことが最適解？

前述のようにモデル化を行った上で、トヨタ自動車株式会社から提供を受けた、2016年4月1日から2017年3月3日までのHa:mo RIDE豊田のデータを基に、車両初期配置と配回送スタッフシフトの

オペレーションレベルの最適化を行った[1]。具体的には、需要が満たされる（ユーザの移動が実現できる）ことで得られる収益と、配回送スタッフの人件費、およびクラスタ間での再配送ならびに移動コスト（スタッフカーの燃料費）を含む1日総利益を最大にする最適化モデル（基本運用モデル）を提案し、その計算機実験を行っている。

全ステーション数は55、全駐車枠数は266、最大車両数は90台である。最適化した時間帯は、需要レベルが高く、すべてのステーションが稼働している、午前6時から深夜12時に限定した。実際の利用データには、機会損失した潜在需要は現れない。何度も最適化を行うことを想定して、ポアソン分布を用いて利用履歴から潜在需要を確率的に生成した[1]。

配回送スタッフの総数は5名、スタッフの人件費は任意のシフトに対して900円/時であり、最大人件費は2万7,000円、1日あたりのべ30時間分に設定した。スタッフのシフトは、マネージャー用の7：00〜17：00と、夜間の高需要時間16：00〜21：30の配置とした。移動運賃（カーシェアの利用料）は、実際の運賃（初乗り10分200円、以降毎分20円）を用いて計算している。配回送・移動コストは、コンパクトカーの平均時速20km、燃費30km/ℓ、燃料費100円/ℓで算出した。

各ステーション間の各期間における移動時間はすべてGoogle Maps Distance Matrix APIを使用して推定した。

また需要を出発地、出発時間、移動先、到着時間の4つ組（トリップ）のデータとして与え、これをトリップ需要と呼ぶ。各トリップ需要の出発時間に車両が、到着時間に移動先のステーションが、それぞれ確保できた場合、そのトリップ需要を満足でき

たとする。

計算機実験は、Intel Xeon E5-1630 v3 (3.70GHz)、64GBのPCと、OS Windows 8.1 Pro、ソルバーGurobi Optimizer 7.0.2. を使用した。クラスタ数を少なくすれば計算時間は短くなるが、ステーション間の距離の誤差が大きくなる。各クラスタ数に対してアルゴリズムを1000回試行した平均から、ス

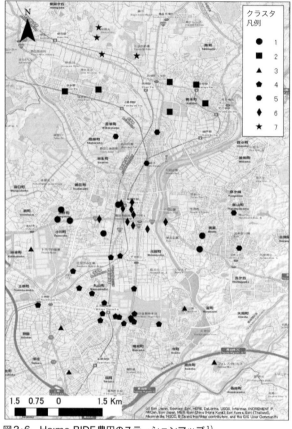

図2・6　Ha:mo RIDE豊田のステーションマップ[1]

表2・1　基本運用モデルの最適化結果と利用実績の比較[2]

	シフト#1	シフト#2	1.5×需要	利用実績
需要充足率 [%]	83.5	81.3	105.9	100.0
就労スタッフ数	1.0	1.0	1.0	5.0
使用車両数	56.1	55.3	69.8	90.0
配回送数	4.4	2.0	2.2	21.8
利益率	1.97	2.54	3.53	1.0
収益率	0.84	0.82	1.12	1.0
労務費率	0.37	0.10	0.10	1.0
配回送・移動費率	0.37	0.15	0.19	1.0

テーション間の距離の誤差が急激に大きくなるのはクラスタ数5であることが確かめられたため、この実験ではクラスタ数として7を採用した。図2・6はこの結果得られたクラスタを頂点の形で区別して地図上に示したものである。

以上の入力を与え、基本運用モデルで50回（50日）の数値実験を行った結果が表2・1中の「シフト#1」列である（需要充足率、利益は実際の利用実績との比で表している）。

利用実績に基づく需要を与えたにもかかわらず、需要充足率は83.5％に過ぎない。実際のオペレーションでは配回送スタッフのべ5名で積極的に配回送するのに対し、最適解ではマネージャー1名のみで（マネージャー1名は必ず勤務する制約条件がある）、積極的に配回送を行わず（配回送は4.4回で実際の約1/5）、人件費の抑制により利益を最大化した結果となっている。

そこで、多人数による配回送に見合う需要の高い時間に限ったシフト（7：00～10：00と18：00～21：00に配置）「スタッフシフト#2」と、さらに需要を一様に1.5倍したケースの追加実験を行った。結果は表2・1の「シフト#2」と「1.5×需要」列に示されている。しかし、いずれのケースでも最適解の配回送スタッフは1名のままで変わらず、配回送の回数も増加しなかった。

利益の最大化を目的とした場合、スタッフによる配回送を行わないことが最適解となった。つまり、域内・短距離のラストマイル・モビリティでは、1回あたりの利用時間が短いため配回送の人件費に見合う売上増が見込めず、空き駐車枠が足らなくならないよう少ない車両を投入して成り行きに任せるのが最適なオペレーションとなる。それでも事業者が人件費をかけて配回送を行うのは、需要充

足率の低下が客離れを招いて長期的な収入低下につながるのを防ぐ必要に迫られて、やむを得ず実施していると考えられる。

2　自動配回送サービスが導入できれば？

上述のように、現状のサービスでは、配回送による売上の増加より、配回送コストの増加が上回るため、運用の最適化を行うと配回送が行われない結果となった。本項ではさらに、配回送を行って需要充足率が高くなる可能性が見込まれる、以下2つの新規事業の可能性を検討する[1]。

1) 配回送コストの増加をカバーするようプレミアム料金を付加した「プレミアム・サービス」の導入

2) 配回送コスト低減のため車両を自律的に配回送する「配回送自動運転」の導入

いわゆる「ロボットタクシー」をはじめ、自動運転の実現には越えなければならない様々な（技術的、法的、社会的な）課題があるが、ここでは無人（乗客を乗せない・付き添わない）で配回送のみを行うケースを想定している[1]。

自動配回送では乗客を乗せないためそれほど高い速度で走る必要はなく、安全性や社会受容性を考慮すると、車道や歩道に設けた専用ないしは優先レーンを低速で走行するのがより実現性が高いと考えられる。自動操舵の上限速度10km/h（ただし、自動車基準調和世界フォーラム（WP29）で緩和が議論されている）や歩行速度6km/h（日本では内閣府令により歩行補助車（歩道を走行）の速度は時速6km未満とされる）を鑑みると、自動配回送はスタッフによる配回送の5〜6倍程度の移動時間がかかるとするのが妥当と考えられる。

そこで自動配回送にかかる移動時間をコンパクトカー（平均時速20km）の5倍（歩行速度に相当）、50倍（ほふく前進速度に相当）の2水準とした[1]。実際には自動運転が可能なルートや時間帯は限定される可能性が高いが、ここでは特に制限を設けず全

表2・2　配回送自動運転導入モデル（移動時間5倍）での最適化結果[2]

総需要	×1.2	×1.5	×2.0
需要充足率 [%]	99.8	99.7	99.4
使用車両数	69.4	78.4	88.5
配回送数	33.9	53.1	83.6
配回送数/車両数	0.49	0.68	0.94
（駐車枠数+2×配回送数）/車両数	4.81	4.75	4.89
利益率（対基本運用モデル）	1.6	1.6	1.7
収益率	1.2	1.3	1.4
配回送・移動費率	6.0	9.1	13.8

表2・3　配回送自動運転導入モデル（移動時間50倍）での最適化結果[2]

総需要	×1.2	×1.5	×2.0
需要充足率 [%]	94.6	90.7	83.6
使用車両数	73.9	85.5	89.9
配回送数	24.5	34.8	46.6
配回送数/車両数	0.33	0.41	0.52
（駐車枠数+2×配回送数）/車両数	4.26	3.93	4.00
利益率（対基本運用モデル）	1.6	1.5	1.5
収益率	1.2	1.2	1.2
配回送・移動費率	3.9	5.2	6.5

ステーション間で自動配回送が行われると仮定し、さらに、自動配回送により受け入れ可能な需要が増加すると仮定し、現状の需要（＝利用数）を一律1.2、1.5、2.0倍したケースで実験を行った。

移動時間5倍、50倍それぞれについて、50回（50日）の数値実験を行った結果の平均値を表2・2、2・3に示す。需要充足率、利益率等は、別途計算した各需要数相当の現状サービスの結果との比で表現している。

移動時間5倍のケースでは、需要2.0倍でも需要充足率は99%以上を維持、移動時間50倍では、需要1.5倍で需要充足率90%、需要2.0倍で84%まで低下するが、現状サービスの最適解（需要充足率83.5%）と同程度を維持、約2倍の需要に応えられている。事業者の利益についても、配回送コストが増加するものの売上の数十分の1に過ぎないため、基本運用モデルに対し利益が5割前後増加する結果が得られた。

需要の増加に伴い、稼働車両数、配回送数とも増

加し、需要2.0倍ではほぼ全車両を投入、車両1台あたりの配回送数も需要とともに増加している。これは、駐車枠数の上限があり車両を増加させるだけでは駐車枠数が不足する恐れがあるため、車両を高頻度に配回送することで効率的に運用していると考えられる。また移動時間5倍のケースでは、車両数と駐車枠数の比を、（車両数）：（駐車枠数＋2×配回送数）と読み替えると、おおむね一定（1:5弱）に保たれていることが確認できた。これは、1回の配回送で配回送元と配回送先の双方のステーションで駐車枠が増える効果があるためと考えられる（配回送元では空き駐車枠が増え、回送先でも回送中は駐車枠が増える）。

移動時間50倍のケースでは、投入車両数の増加に比べて配回送数の増加は鈍い。これは、配回送時間が長いため、需要の増加に配回送が追いつかないためと考えられる（通常15分の道のりを12.5時間（15分×50＝750分）かけて移動する）。さらに、ステーションクラスタリングにより近接したステーション間の配回送がクラスタ間の最も長い配回送に置き換えられるため、相当数の配回送がクラスタリングにより実施されなくなっている可能性がある。

ステーションクラスタリングがどのように結果に影響を与えるかを調べるために、ステーションクラスタリングのない低速自動配回送モデルも作成し実験を行った[1]。配回送スタッフ用の変数が不要になるため、クラスタリングがないモデルは、元のモデルに比べ計算コストが低く、クラスタリングを行わなくても高速に最適解を求めることができる。

移動時間50倍では、クラスタリングされていない場合、クラスタリングされた場合よりも配回送の回数が多くなる。これは、ステーションクラスタリングが隣接ステーション間の配回送を妨げていることを示唆している。超低速の場合であっても、ステーションクラスタリングを行わないことで、移動時間5倍の場合と同様に、車両が有効利用され、需要充足率はほぼ99％に改善された。また、車両数：

（駐車枠数＋2×配回送数）の比率が同じレベルまで上昇したことは、自律的移動により駐車容量を十分に拡大できたことを示唆している。適切なスピードで自動配回送を行うことは、駐車枠数の少なさも補うため、小規模（駐車枠数の少ない）ステーションが多い地域内ラストマイル・モビリティには適していると考えられる。

3　自転車による配回送サービスの効果の分析

前項では、自動配回送サービスが導入できれば、ラストマイル・モビリティのサービスでも収益が得られる可能性があることを示したが、2023年現在においても自動配回送サービスはまだ現実味を帯びていない。より現実的な運用改善の施策として、本項ではHa:mo RIDE豊田でも実際に導入されていた、自転車を利用した配回送による効果の分析を行う[3]。

Ha:mo RIDE豊田では、スタッフカーよりきめ細かな配回送手段として、小型の折り畳み自転車が活用されていた（図2・7）。配回送の際には自転車を折り畳み、車両の荷台に収納する（図2・8）。

以下は、自転車による配回送をモデル化するために新たに加えた条件である。

1) 各スタッフは自転車を1台所持しており、移動距離が2km以内のステーションへ移動する際は自転車を用いることができる。
2) 豊田市には自転車で走行できない歩道が存在するが、スタッフは自転車または徒歩で移動するとし、徒歩の際にも自転車を所持する（自転車を押して歩く）。
3) スタッフカーによる移動と、車両の配回送の際、自転車は折り畳んでスタッフカー・車両に収納する。そのため、移動・配回送後も自転車を用いて移動することができる。
4) 自転車で移動する際の移動コストは発生しないが、人件費は発生する。

以上を基に、2.3節冒頭で紹介した時空間ネット

ワークを作成し、計算時間短縮のために近接するステーションのクラスタリングを行った上で、混合整数計画問題として定式化を行った。

　計算機実験では、2.3節1で述べたものと同じデータを用いている。ステーション間の各期間における移動時間はすべてGoogle Maps Distance Matrix APIを使用して推定しているが、特に自転車による移動時間はtravel mode optionをbicyclingに設定して算出している。この方法では、自転車で走行できる歩道の有無の関係で、同じOD区間でもO→DとD→Oでルートが異なり、移動距離、移動時間が一致しないことがある。また、自転車で走行できない歩道については、歩行による移動時間を設定した。

　表2・4は、需要増加倍率1.5倍（50％の損失需要）を想定した際の、スタッフカーのみでスタッフが移動する場合（自転車利用無）とスタッフの移動に自転車を用いた場合（自転車利用有）との計算機実験結果の比較である。実行時間5000秒で打ち切った、50回の計算機実験結果の平均値を示しており、利益、収益、人件費、車両コストは、Ha:mo RIDE豊田での実際のオペレーションによる結果を1としたときの比率を示している。

　表2・4より、移動・配回送に自転車を利用したモデルでは、自転車を利用しない最適化モデルと比較して、充足したトリップ需要の割合が約6ポイント増加し、利益も約0.3ポイント増加したことが確認できる。これは、配回送数が大幅に増加したことが要因と考えられる。自転車を利用しない最適化モデルでは、移動はすべてスタッフカーを用いて行われるため、移動のたびに車両コストがかかってしまう。また、最適なオペレーションでは、人件費を削減しようとするため、スタッフは1人で移動・配回送を行うことが多く、配回送のルートを上手く決めてスタッフ移動用車両のあるステーションまで戻っている。結果、自転車を利用しない最適化モデルでは、配回送でユーザを増やして利益を増加させることが困難となり、なるべく移動を減らしてコストを削減する、配回送数が少ない解を導出する傾向がある。一方、自転車を利用した移動にはコストが発生しない。また、配回送の際に車両に自転車を収納することができるため、スタッフカーの場合のように、配回送ルートにおける次の移動のための制約もない。

図2・7　スタッフの自転車による配回送（自転車による移動）[3]

図2・8　スタッフの自転車による配回送（自転車の収納）[3]

表2・4　自転車による配回送の有無による結果の比較[3]

自転車利用	無	有
需要充足率 [%]	72.41	78.90
スタッフ数	1.00	1.00
使用された車両数	72.52	74.04
配回送数	5.54	16.68
利益（比率）	2.98	3.23
収益（比率）	1.14	1.22
人件費（比率）	0.367	0.374
車両コスト（比率）	0.29	1.01
計算時間 [秒]	447.22	313.80
変数数	126332.74	126366.70

コストと制約の少ない配回送が可能となり、配回送数と利益が増加したと考えられる。

図2・9から確認できるように、自転車による移動の範囲はトヨタ本社周辺に集中している。自転車での移動は2km以内と制限されているため、トリップ需要が集中しているトヨタ本社周辺での移動・配回送が需要充足率に影響を与えたためと考えられる。

4 需要の不確実性を考慮したシナリオモデルによる分析

これまでの最適化モデルは事前にすべてのトリップ需要が既知と仮定して初期配置と配回送のルートを求めていたが、実際のサービスは30分前にならないとトリップ需要は判明しない。本項では、複数のトリップ需要データ（以下、シナリオ）を導入した最適化モデルを構築することで、トリップ需要の不確実性を考慮し、計算機実験によってオペレーションの変化を比較する[3]。

具体的には、これまでの分析でポアソン分布を用いて生成した1つのトリップ需要データを1つのシナリオと考え、1回の計算機実験で複数のシナリオを与え、目的関数を全シナリオの利益の期待値として最大化している。

2.3節3の自転車を利用したモデルにシナリオを導入した最適化モデルの考え方は以下のとおりである。

1) これまでは変数として各トリップ需要を充足するか否かに対応する0-1変数を用意していたが、この変数を拡張して、各シナリオの各トリップ需要に対する0-1変数を用意する。

2) モビリティの初期配置、スタッフのシフト、スタッフの移動・配回送といったオペレーションに関する変数はシナリオに依存させないことで、シナリオの確率的な変動に影響されにくいオペレーションの導出を目指す。

3) 以上の仮定の下、これまでと同じ考え方でシナリオごとの時空間ネットワークを構築し、全シナリオの利益の期待値を最大化する解を求める。

図2・10は、文献3で示された、シナリオ数1（トリップ需要を固定）、10、20、30、40、50、60、70に対する変数の数と計算時間を示している。シナリオ数60までは変数の数に対して計算時間は緩やかな指数関数的に増加しているが、シナリオ数70になると、計算時間は急激に増加している。この結果から、文献3ではシナリオ数の最大値を60としている。

表2・5は、シナリオ数1、20、40、60の場合の計算機実験結果である。需要増加倍率1.5倍、自転車で移動できる範囲は2km以内、スタッフカー1台、スタッフは最大5人として実験を行った。

表2・5より、トリップ需要が確定している

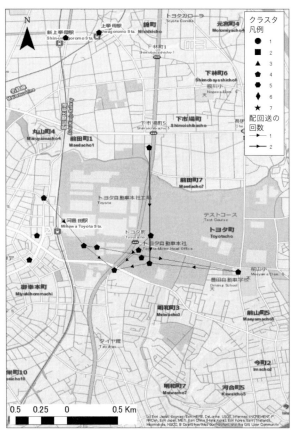

図2・9　自転車を利用した移動の可視化[3]

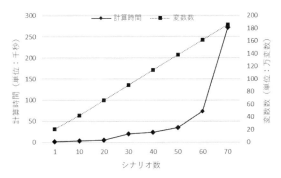

図2·10　シナリオ数の違いによる変数数・計算時間[3]

表2·5　シナリオ数の違いによる結果の比較[3]

シナリオ数	1	20	40	60
需要充足率 [%]	78.57	65.38	66.48	65.38
スタッフ数	1	1	1	1
使用された車両数	74	90	90	90
配回送数	16	14	14	14
利益（比率）	3.09	2.48	2.50	2.47
収益（比率）	1.26	1.09	1.08	1.07
人件費（比率）	0.37	0.37	0.37	0.37
車両コスト（比率）	0.90	0.86	0.86	0.86

場合（シナリオ数＝1）は、実際のサービスの利益と比較して3倍以上の利益を上げている一方で、トリップ需要の不確実性を考慮した場合でも2.5倍程度まで利益を伸ばしていることが確認できる。また、トリップ需要が確定している場合と比較し、不確実性を考慮した場合の方が配回送の回数が減少しており、必要最低限の配回送数で車両コストの削減を図っていることがわかる。さらに、トリップ需要が確定している場合は必要最低限の車両を投入しているが、不確実性を考慮した場合は、すべての車両を投入して不確実性に対応していることがわかる。

　利益率や収益率には、シナリオ数の増加に伴う大きな変化は確認できなかった。これは、Ha:mo RIDE豊田の利用データにおいて、午前は豊田市駅からトヨタ本社周辺へのトリップ需要、午後はトヨタ本社周辺から豊田市駅へのトリップ需要が圧倒的に多いという特殊性に起因すると考えられる。シナリオは実利用データを基に作成されており、シナリオを増やしても、この需要の圧倒的大きさにさほどの変化はなく、オペレーションも大きく変化しなかったものと考えられる。

　図2·11から図2·14は、それぞれシナリオ数1、20、40、60の各シナリオモデルで得られた配回送を可視化した図である。図2·11の楕円で囲まれた配回送がなくなるなど、図2·12、図2·13、図2·14の方が限定されたエリア、特にトリップ需要が非常に多いトヨタ本社周辺での配回送が多い。これは、

トリップ需要が不確実であるがゆえに、ほぼ確実にトリップ需要が発生するトヨタ本社周辺に集中して配回送を行っているためと考えられる。現地でのヒアリング調査でも同様の配回送を実施しているとの回答を得ており、トリップ需要の不確実性を考慮したシナリオモデルの最適オペレーション結果は、実際の運営に近い。

　図2·15から図2·18は、シナリオ数1、20、40、60の各シナリオモデルで得られた初期配置を可視化した図で、円の大きさは初期配置台数の多さを表している。図2·15に比べて、図2·16、図2·17、図2·18の方が初期配置台数が分散していることが確認できる。トリップ需要が不確実なため、どのようなトリップ需要が発生してもある程度対応可能とするために分散していると考えられるが、実際にこのように配置することは必ずしも容易ではない。サービス期間を1日ごとに考えるのではなく、一定期間連続してサービスを行うモデルを考えることで、より配置しやすい初期配置を考える必要がある。表2·5と同様に、シナリオ数の違いによる配回送・初期配置の大きな差は確認できなかったが、これもHa:mo RIDE豊田のデータの特殊性に起因した結果と考えられる。

　文献3ではさらに、シナリオモデルで得られた最適オペレーションの有効性の評価も行っている。図2·19は評価の手順を示している。

　まず、トリップ需要データのx種類（xは整数）

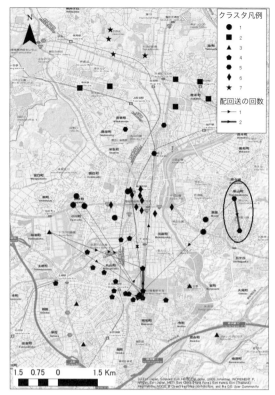

図2・11　シナリオ数＝1での配回送 [3]

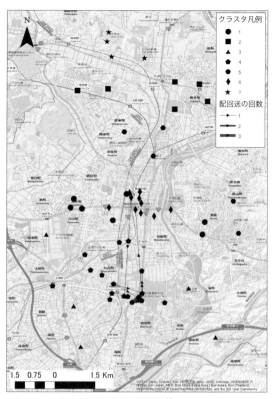

図2・13　シナリオ数＝40での配回送 [3]

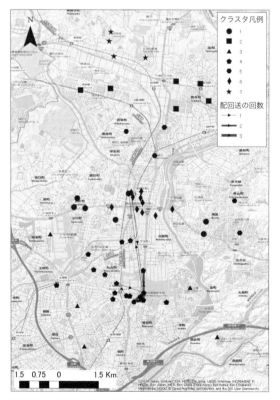

図2・12　シナリオ数＝20での配回送 [3]

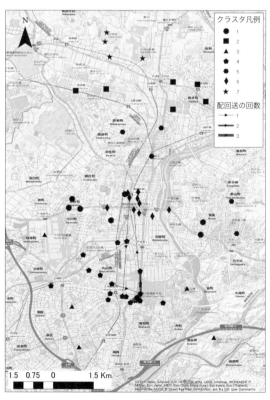

図2・14　シナリオ数＝60での配回送 [3]

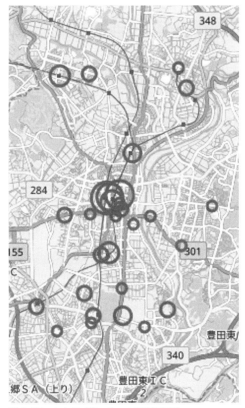

図2・15　シナリオ数＝1での初期配置[3]

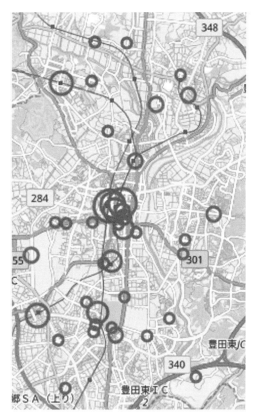

図2・17　シナリオ数＝40での初期配置[3]

図2・16　シナリオ数＝20での初期配置[3]

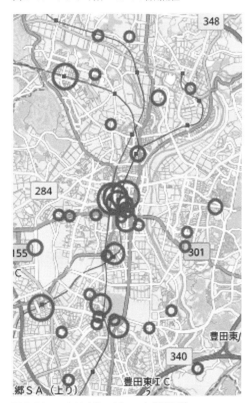

図2・18　シナリオ数＝60での初期配置[3]

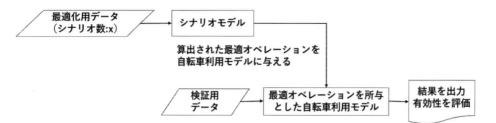

図2·19　シナリオモデルの評価手順[3]

のシナリオを最適化用データとして上述のシナリオ
モデルに与える。得られた初期配置や配回送などの
最適オペレーションが他のデータに対してどの程度
有効であるかを調べるため、2.3節3の自転車利用
モデルで得られた最適オペレーションを所与として
固定した最適化モデル（最適オペレーションを所与
とした自転車利用モデル）を考える。最適化用デー
タに含まれていない新たなトリップ需要データを検
証用データとしてこのモデルに与え、最適化するこ
とで、最適オペレーションの検証用データに対する
有効性を評価する。

　表2·6と表2·7は、シナリオ数1、20、40、60の
それぞれに対して、検証用データ10パターンを用
いて最適化モデルで計算機実験を行った際の、得ら
れた利益の現実のオペレーション結果を1としたと
きの比率と比率の分散（表2·6）、充足したトリッ
プ需要率（表2·7）を示している。

　表2·6より、シナリオ数40、60の最適オペレー
ションは、シナリオ数20の最適オペレーションよ

り多くの利益を上げていることが確認できる。一方、
シナリオ数40と60を比較すると、検証用データ2、
4、8では同じ値で、検証用データ3、6、9ではそ
の差は0.01ポイントに留まっている。検証用デー
タ3、6、9に関して、充足したトリップ需要率（表
2·7）を確認すると、検証用データ3ではシナリオ
数40と60で0.55ポイント（約1トリップ）差、検
証用データ6では0.49ポイント（0.87トリップ）差、
検証用データ9では差はない。つまり、シナリオ数
40と60の最適オペレーションの差は小さく、シナ
リオ数40で比較的満足なオペレーション結果を得ら
れることがわかる。

　シナリオ数1とシナリオ数20、40、60の結果を
比較する。シナリオ数1の利益（比率）の結果は、
検証用データ数10のうち3つが実行不能となった。
実行可能であった7つに関して、シナリオ数20、
40、60と比較すると、どの検証用データでも下回
っていることが確認できる。充足したトリップ需要
率でも同様の結果が確認できた。また、表2·6の

表2·6　シナリオ数の違いによる利益（比率）の比較[3]

シナリオ数	1	20	40	60
データ1	2.36	2.48	2.50	2.47
データ2	実行不能	2.80	2.82	2.82
データ3	実行不能	2.81	2.90	2.91
データ4	2.49	2.61	2.75	2.75
データ5	2.28	2.62	2.74	2.77
データ6	2.58	3.05	3.07	3.08
データ7	2.66	2.93	3.02	2.98
データ8	実行不能	2.28	2.31	2.31
データ9	2.35	2.80	2.92	2.91
データ10	2.66	2.85	2.87	2.90
分散	0.140	0.046	0.048	0.051

表2·7　シナリオ数の違いによるトリップ需要率の比較[3]

シナリオ数	1	20	40	60
データ1	62.09	65.38	66.48	65.38
データ2	実行不能	66.12	66.12	66.12
データ3	実行不能	71.82	72.93	73.48
データ4	60.94	62.50	65.10	64.58
データ5	60.67	66.29	68.54	70.22
データ6	54.90	62.25	61.76	62.25
データ7	65.17	69.66	71.35	70.79
データ8	実行不能	70.86	71.52	71.52
データ9	57.67	65.61	67.72	67.72
データ10	71.02	73.86	75.00	75.57

分散からシナリオ数1の分散値が突出して大きいことがわかる。以上の結果から、シナリオ数20、40、60で得られた最適オペレーションは、シナリオ数1で得られた最適オペレーションより汎用性に優れることが確認できた。

5　リスクを考慮した CVaR モデル（リスク回避モデル）による分析

これまでは、Ha:mo RIDE 豊田におけるステーションの位置やステーション容量、車両サイズ等は所与として、モビリティの初期配置や配回送等の運用で、どのように収益を上げることができるかについて論じてきたが、文献4では、システム運用者の立場からワンウェイステーション型カーシェアリングシステムの戦略設計を検討している。

2.3節4では、モビリティを使用する30分前まで予約が確定しない Ha:mo RIDE 豊田のサービスの特徴に対応するため、需要が確定的ではない＝確率的に変動することを考慮した、シナリオモデルによるモビリティの初期配置や配回送の算出方法について紹介した。ステーションの位置やステーション容量、車両サイズ等についても同様のモデルを考えることは可能であるが、モビリティの初期配置や配回送と比べてステーションの位置やステーション容量等の変更には莫大なコストがかかる。単なるシナリオモデルを超えて、より慎重に、リスクを考慮したモデルで検討することが望ましい。

金融工学の分野では、このようなリスクを考慮したモデルが盛んに研究されてきた。投資家は、株価の変動というリスクを考慮しつつ、最大の利益を確保する株式や債券の組み合わせ（ポートフォリオ）を求めたい。この問題はポートフォリオ最適化問題と呼ばれ、特にリスクをどのように評価するかで様々なモデルが提案されてきた。ある期間における投資の損失が確率分布で与えられているとする。よく知られたリスク尺度は、バリュー・アット・リスク（VaR）であり、ポートフォリオの損失が α 以下

である確率が β 以上となるときの、最小の α として定義される[6]。例えば、あるポートフォリオについて「95％の VaR が100万円である」ことは、「100万円以上の損失が出る確率が5％ある」ことを意味する。VaR は実務において広く使われているが、数学的には扱いにくい特徴をもつ。これに対して、条件付バリュー・アット・リスク（CVaR）は、劣加法性や凸性といった数学的に好ましい性質を有しており、広く研究が行われている[7]。CVaR はあるポートフォリオの損失が VaR を上回る場合の損失の期待値であり、VaR の上界を与える。VaR の計算は困難であるが、CVaR をリスク尺度とするポートフォリオ最適化問題は、適当な仮定のもとで、線形計画問題として近似的に定式化できることが示されており[7]、実用的にも優れている。

本項では、このリスク尺度 CVaR に着目した、ワンウェイステーション型カーシェアリングサービス運用のための戦略的意思決定モデルを紹介する[4]。具体的には、ステーション位置、ステーション容量、車両数を含む変数に対する、収益を最大化しつつリスク（CVaR）を最小化する確率的非線形混合整数計画モデル（MINLP）を示した。このモデルは有償の最適化ソルバーである Gurobi などを用いて解くことが可能であるが、精度を上げるためシナリオ数を増やすと問題の規模が大きくなり、解を求められなくなってしまう。そこで最適解を求めるための独自のアルゴリズムを使用し、Ha:mo RIDE 豊田の履歴データから生成された40通りのシナリオデータを用いて計算機実験を行い、求められた解の有効性を検証する[4]。

リスク尺度 CVaR を用いた戦略的意思決定モデルで用いられている条件は以下の通りである[4]。

1) 2.3節の条件1と同様に、1期間の幅は5分である。
2) 各トリップは、出発地、目的地、出発時刻、到着時刻の4要素で構成され、シナリオに用いるトリップ需要データは、事前に入手可能または予測可能とする。生起確率は各シナリオで同じ

である。

3）2.3節の条件3と同様に、トリップ需要を満たすためには、出発地での車両と、目的地での空き駐車枠を確保する必要がある。

4）すべてのステーションは少なくとも1つの駐車枠を持ち、地域の条件に依存した容量を持つ。ステーションコストは、土地コスト、建設コスト、充電パイルコストから構成される。土地単価は場所によって異なるが、建設単価と充電パイル単価は一定である。

5）ステーションと車両のコストが高すぎると採算がとれないため、このモデルでは、収益還元は走行収入と運用コストにのみ依存する。また、ステーションや車両のコストは、予算制約で制限される。

6）2.3節の条件13でも述べたように、EVの電池の充電状態（SOC）は、この分析では無視する。

7）システム運用者は戦略的意思決定を行う際に、2.3節1から2.3節4で取り上げてきた運用活動（配回送やスタッフの配置など）を考慮しない。

これらの条件のもと、以下の目的関数と制約を考慮する。

1）目的関数は、期待損失（期待利得にマイナス1を掛けたもの）とリスク尺度（CVaR）のパラメータ $\lambda \in [0,1]$ による加重和（$\lambda = 0$ のときCVaRのみ、$\lambda = 1$ のとき期待損失のみ）であり、これを最小化する。

2）駐車枠の設置費用と車の購入費用は利用可能な予算内である。

3）各ステーション立地候補地における車両の収容数には上限がある。

4）各期間における各ステーションにおいて車両の流量保存則が成り立つ。

5）各期間と各ステーションで提供されるトリップに対して十分な車両を確保する。

6）各期間において、ステーションに到着する車両数はそのステーションで利用可能な駐車枠数以下である。

以上を2段階のリスク回避型確率的混合整数計画モデルとして定式化した[4]。

この問題の最適解は、最適化ソルバーを用いて求めることもできるが、変数や制約が多く、シナリオ数が多くなると難しくなる。そこで、この問題の近似解を効率的に求めるための、独自の分枝カット法とシナリオ分解法という2つの解法を提案し、既存手法とも比較しながらその有効性を検証した[4]。

各種パラメータの値は、2.3節1で使用した値と同じものを使用し、2.3節4と同様の方法でシナリオデータを作成した。このモデルで新たに必要となるパラメータは、ほとんどがコストに関するものである。

ステーションコストの他に、ステーションや車両の運用コスト、車両の購入コストなど、一定のコストが必要となる。ステーションコストには土地代が含まれており、土地代は地域によって異なるため、豊田市の土地代データを全国地価マップから収集した。また車両購入費を87万9,000円、利用可能な予算を2億円とした。

この戦略的意思決定モデルをGurobiで直接解いたところ、図2・20〜図2・22に示すように、90%、95%、99%の信頼水準 β に対して、異なる重み値を用いて効率的なフロンティアが生成された。この図には、目的関数の重み値を変えた場合の駐車場総数、利用車両数、需要充足率などの最適結果も示されている。効率的フロンティアから、高い平均利得を得るためには、高いリスクを伴うことが明らかである。より高い平均利得を得るためには、駐車場の枠数や車両の数を増やし、需要充足率を向上させる方法が重要であることが読み取れる。図中の軸の変化を観察すると、信頼水準が高いほど、より深刻なリスクを定量化し、平均利得を一定程度減少させるという、これらのフロンティアの一般的な傾向が得られている。さらに駐車スペースや車両を一定以上増やすと平均利得は増えずに、リスクが増えるので、

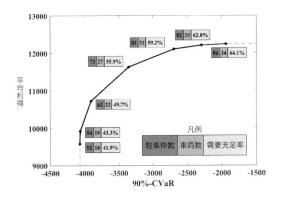

図2・20　β＝90％の平均利得とCVaRの効率的フロンティア[4]

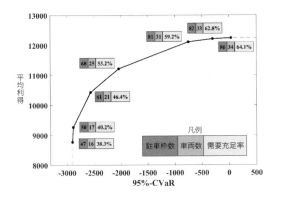

図2・21　β＝95％の平均利得とCVaRの効率的フロンティア[4]

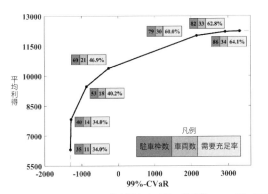

図2・22　β＝99％の平均利得とCVaRの効率的フロンティア[4]

このカーシェアリングシステムでは、図2・20〜図2・22に示すように駐車枠数86台と車両34台を購入すれば十分であると思われる。

図2・23〜図2・25は信頼水準β＝95％の場合の、加重和パラメータλの値の変化による最適なステーションの位置と収容力を示したものである。三角形の大きさはステーションの車両台数を表している。

各図では、右上に最適なステーション数、駐車枠数、必要な車両数が示されている。一般に、駐車枠数が多いステーションは、トヨタ工場や駅など、需要の高い場所に配置されている。またこれら需要の高い場所は加重和パラメータλの値に影響を受けやすく、期待利得に注目する（λを大きくする）と駐車枠数が増える傾向が見られる（三角で示されたステーション）。一方駐車枠数が少ない小規模なステーションは加重和パラメータλの値に影響を受けにくく、実際小さな星印で示されている13の小さなステーションでは、加重和パラメータλの値によらず、ステーションの位置と収容力が同じである。

さらに、機械学習で用いられる学習・評価手法と同様の評価手法を開発し、このようにリスクを導入することでメリットがあるのか、すなわちリスク回避モデルによる戦略的判断が優れているかどうかを検証した。評価プロセスは、2.3節4のシナリオモデルの評価で行ったスキーム図2・19と同じであり、図2・26で与えられる。

最初の訓練パートでは、戦略モデルに異なる加重和パラメータλの値を設定し、対応するリスク回避モデルで最適化し戦略的意思決定を求める。2番目の検証パートでは、これらの決定をリスク回避モデルにおける追加制約として与え、一方で検証用データを、戦略的意思決定を所与としたリスク回避モデルに入力する。このモデルを最適化した後、目的関数の平均利得を比較し、リスク回避モデルの有効性を検証する。

リスク項の導入が戦略的意思決定に与える影響を調べるため、効率的フロンティアの生成に用いる加重和パラメータλの値を、λ＝0（リスクのみを考慮）、0<λ<1（利得とリスクの両方を考慮）、λ＝1（利得のみを考慮）の3つに分類した。所与の信頼度βと所与のλに対する戦略的意思決定を求め、多様な検証用データに対する平均利得の指標で評価を行うため、ポアソン分布に従う10セットの検証用データを作成した。表2・8〜表2・10は、それぞれ

図2・23　β＝95%、λ＝0の場合の、最適なステーションの位置と収容量[4]

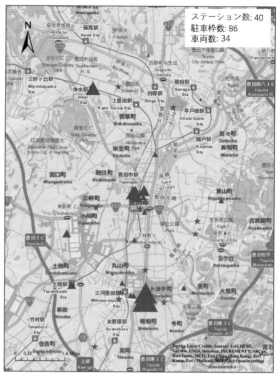

図2・25　β＝95%、λ＝1の場合の、最適なステーションの位置と収容量[4]

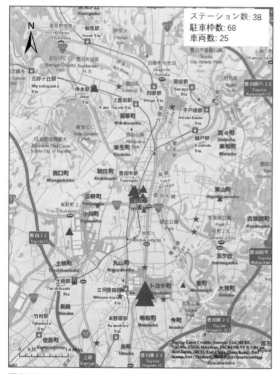

図2・24　β＝95%、λ＝0.5の場合の、最適なステーションの位置と収容量[4]

信頼度β＝90%、95%、99%の検証結果である。

　各検証用データに対する、最大利得を太字で表記している。ほとんどの検証用データにおいて、0<λ<1のときに最大利得が得られている。需要に不確実性がある場合、単一基準での戦略的判断はパフォーマンスを低下させる可能性が高く、リスク項の導入が有効であることがわかる。リスクに対する利得をうまく重み付けすることにより、カーシェアリングサービス運営者はより高い利得を得る可能性がある。また、現時点の需要データで利得が低下している場合には、リスクに適切に配慮する（すなわち、非常に小さいλを選択する）必要があることもわかる。表2・9の検証用データ1と10に注目すると、検証用データ10ではλ＝0.1のときに、検証用データ1ではλ＝0.999または1のときに、それぞれ最大利得が得られ、いずれのλに対しても、検証用データ10からの利得は検証用データ1からの利得を下回っていることがわかる。

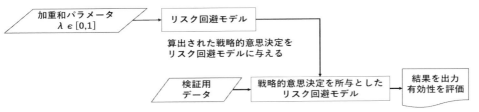

図2·26　リスク回避モデルの評価手順（文献4より作成）

表2·8　β＝90%の場合の様々なλに対する、検証用データによる平均利得[4]

	λ=0	0<λ<1							λ=1
		0.001	0.1	0.3	0.5	0.7	0.9	0.999	
データ1	5335	9506	9830	10628	11485	11920	11990	12022	12022
データ2	4140	8593	8853	9511	10135	10388	10397	10340	10340
データ3	3980	8296	8514	9033	9566	9790	9734	9708	9708
データ4	3190	7956	8210	8681	9122	9217	9154	9138	9138
データ5	3191	7530	7759	8236	8524	8567	8490	8350	8350
データ6	3065	6845	7011	7331	7394	7328	7142	7019	7019
データ7	3139	6692	6794	7038	7155	6944	6720	6583	6583
データ8	3589	6396	6494	6670	6684	6476	6238	6078	6078
データ9	2659	5399	5460	5532	5178	4709	4403	4207	4207
データ10	2792	4411	4461	4359	3815	3161	2764	2459	2459
平均	3508	7162	7339	7702	7906	7850	7703	7590	7590

表2·9　β＝95%の場合の様々なλに対する、検証用データによる平均利得[4]

	λ=0	0<λ<1							λ=1
		0.001	0.1	0.3	0.5	0.7	0.9	0.999	
データ1	3881	8762	9200	10310	11088	11920	11990	12022	12022
データ2	2889	7887	8336	9303	9890	10388	10397	10340	10340
データ3	3604	7632	8048	8795	9322	9790	9734	9708	9708
データ4	2655	7365	7735	8509	8938	9217	9154	9138	9138
データ5	2759	6871	7313	8026	8408	8567	8490	8350	8350
データ6	2790	6272	6646	7213	7377	7328	7142	7019	7019
データ7	2727	6172	6531	6971	7079	6944	6720	6583	6583
データ8	2805	5913	6241	6630	6660	6476	6238	6078	6078
データ9	2598	5071	5321	5537	5376	4709	4403	4207	4207
データ10	2215	4163	4375	4374	4063	3161	2764	2459	2459
平均	2892	6611	6975	7567	7820	7850	7703	7590	7590

表2·10　β＝99%の場合の様々なλに対する、検証用データによる平均利得[4]

	λ=0	0<λ<1							λ=1
		0.001	0.1	0.3	0.5	0.7	0.9	0.999	
データ1	1757	6254	7755	9391	10289	11849	11990	12022	12022
データ2	1937	5702	7041	8519	9206	10330	10397	10340	10340
データ3	2844	5569	6919	8166	8806	9766	9734	9708	9708
データ4	1747	5372	6656	7875	8438	9220	9154	9138	9138
データ5	1754	5065	6144	7476	7985	8542	8490	8350	8350
データ6	1033	4716	5716	6791	7218	7334	7142	7019	7019
データ7	388	4660	5574	6537	6962	7010	6720	6583	6583
データ8	1738	4441	5341	6242	6589	6474	6238	6078	6078
データ9	1036	3892	4547	5345	5457	4776	4403	4207	4207
データ10	1612	3343	3785	4384	4309	3263	2764	2459	2459
平均	1585	4901	5948	7073	7526	7856	7703	7590	7590

2.4 地域に定着するサービスを設計 するために

　本章では、文献1から4に示されている成果を基に、豊田市で提供されていた地域ワンウェイ型シェアリングサービスHa:mo RIDE豊田を例として、地域内ラストマイル・モビリティのシェアリング事業の運営に関する、最適化モデルに基づく分析を行った。

　地域内ラストマイル・モビリティのシェアリングにおいては、予約時に車両と行先の駐車枠の双方を予約する必要があり、需要充足率を上げるためにはスタッフによる配回送作業が必要になるが、2.3節1の基本となる最適化モデルに基づく分析では、収益率を上げるための最適戦略ではスタッフによる配回送を回避しようとする傾向があることが確かめられた。

　2.3節2では、自動運転による自律的な配回送を組み合わせることで、利用者便益と事業者利益を両立できる可能性があることを示した。

　また2.3節3では、より現実的な車両の初期配置や配回送のオペレーションを導出するため、自転車を利用した配回送を加えた最適化モデルを提案し、自転車を利用することにより、全体的に利益率が高くなることが確認できた。

　さらに2.3節4では、自転車を利用したモデルに対して、需要の不確実性を考慮したシナリオモデルを提案した。シナリオモデルを考えることで、より不確実性に対応可能なオペレーションを算出することが可能になった。

　最後の2.3節5では、不確実な需要の下で、安定したシェアリングサービス事業の運営を実現するため、事業の戦略的意思決定を導出することを目的として、CVaRと呼ばれるリスク尺度を用いた、リスク回避型の最適化モデルを提案した。このモデルを用いることで、運営者は、最適なステーションの位置、駐車枠の容量、車両数等を同時に決定でき、さ

らに収益とリスクのトレードオフを検討できるようになった。過去の需要データを用いて、ポアソン分布に従うシナリオ需要を生成し、計算機実験を行った結果、収益とCVaRの間に正の相関があることが明らかになった。効率的フロンティアの分析からは、ステーションや車両を増やすことは、収益と需要充足率を向上させるが、より大きなリスクをもたらすことが判明した。また、駐車枠を増設するステーションは、トヨタ工場や駅など、需要の高い場所に設置されやすいこともわかった。さらに、目的関数においてリターンとリスクの両方を考慮した方が、戦略的な意思決定により高い利得が得られる可能性があることも示された。

　以上の結果は、自動運転などが常態化されていない2023年時点で、ラストマイル・モビリティのシェアリング事業におけるステーションの位置や駐車枠数や車両数を、最初に適当に決めてしまうと、その後の運用の工夫によって収益をあげることが、いかに難しいかを示している。シェアリングサービスを始めたい地域の特性をよく調べ、収益とリスクのトレードオフを考慮しながら、長期の運営に耐え、地域に定着するサービスの設計を行うことが重要である。

■出典・参考文献

1) Masaki Yamada, Masashi Kimura, Naoki Takahashi, and Akiko Yoshise (2018), 'Optimization-based analysis of last-mile one-way mobility sharing', *Department of Policy and Planning Sciences Discussion Paper Series*, 1353.

2) 山田匡規、木村雅志、高橋直希、吉瀬章子（2018）「ラストマイル・モビリティシェアリング最適化モデルによる運用分析」『オペレーションズ・リサーチ：経営の科学』63（7）、pp.386-393

3) 高橋直希、高野祐一、吉瀬章子（2019）「ラストマイル・モビリティシェアリング：シナリオモデルに基づく運用計画案の作成（特集 Society5.0におけるモビリティサービス：「つくばモデル」実現に向けて）」『オペレーションズ・リサーチ：経営の科学』64（8）、pp.453-459

4) Kai Zhang, Yuichi Takano, Yuzhu Wang, and Akiko Yoshise (2021), 'Optimizing the strategic decisions for one-way station-based carsharing systems: A mean-CVaR approach', *IEEE Access*, 9:79816-79828.

5) Adela Spulber, Eric P. Dennis, Richard Wallace, and Michael Schultz (2016), 'The impact of new mobility services on the automotive industry', *Center for Automotive Research*, pp.1-56.

6) Duffie, Darrell, and Jun Pan (1997), 'An overview of value at risk', *The Journal of Derivatives*, 4.3, pp.7-49.

7) Ralph T. Rockafellar and Stanislav Uryasev (2000), 'Optimization of conditional value-at-risk', *Journal of Risk*, 2, pp.21-42.

トヨタ×社会工学 ❸

g-RIPS Sendai への参加を通じて

小嶋 和法（トヨタ自動車（株））

トヨタ自動車と筑波大学との共同研究ではモビリティサービスの最適化を主要なテーマのひとつとして取り組んできた。このコラムでは筑波大学に加え、研究機関・国を越えて取り組んだ事例としてg-RIPS Sendaiを紹介したい（口絵35）。

g-RIPS SendaiはUCLAのIPAM（カリフォルニア大学 純粋応用数学研究所）と東北大学AIMR（材料科学高等研究所）が共同で開催する、日米の学生が企業や研究機関が提供する課題に取り組むユニークな国際インターンシッププログラムである。

私は筑波大学とトヨタ自動車が共同で設立した未来社会工学開発研究センターの非常勤研究員として2018年から参加し、純粋数学だけでなく経済学、社会工学など様々な専門性を持つ学生とモビリティサービスの最適化に関する課題に取り組んだ。具体的な課題設定や解決手法、結論などは参加学生の自主性を最大限に尊重し、最終報告ではシェア型モビリティサービスの最適配置と運行計画だけでなく、シェアモビリティを活用した新たなサービスなど自由な発想による提案がなされた。

成果のひとつである人流データに基づくバスダイヤの最適化手法は、つくばスマートシティ協議会が実施した新モビリティ推進事業の実証実験で応用された。

本プログラムは、弊社内だけでは経験できない先端的な数理の応用だけでなく、国を超えた人材交流、新たな産学連携の実践など学びの多い場であった。参加した学生にとって、母国語だけでなく専攻も異なるメンバーが信頼関係を築き、各人の専門性を発揮し、協働して結論を導いた貴重な経験を、今後の研究者やエンジニア人生で活かしてほしい。

最後に、本プログラムを企画・運営いただいたご関係の皆様に御礼申し上げるとともに、一民間企業のエンジニアとして関わることができたことに感謝したい。

第3章

日本の伝統的都市と自動車は共存できるか？

藤川 昌樹、劉 一辰、李 雪

3.1　日本の伝統的都市に侵入した自動車

　自動車が普及する直接のきっかけとなったT型フォードが1908年に誕生してから、すでに1世紀以上の時間が経過した。急速な自動車の増加に対応するべく、日本でも20世紀中盤以降に新しく作られた都市は、最初から自動車交通に対応するように計画・建設されたし、それ以前から存在していた伝統的な都市も自動車の円滑な通行と収容、すなわち共存を可能にするように改造が施された。具体的に言えば、通行のためには街路が拡幅されるとともに歩車分離が行われ、収容のためには各種の駐車場が用意された。

　ヨーロッパの伝統的都市でも同様に自動車が都市の中心部に流入し、交通渋滞や環境悪化を引き起こすという事態が発生した。ヨーロッパでは自動車の前に馬車が一般化しており、その時点で馬車の利用に対応した都市改造が進んでおり、問題は相対的に小さかったとも言われている。しかし、環境意識の高まりを背景に、20世紀の終わり頃からトラム（LRT・路面電車）が見直されるとともに、自転車の通行を重視した各種の政策が実施されている。フランスのように多くの都市で自動車の都心部への乗り入れ規制が強化された国もある。ただし、全く自動車が都心部から排除されたわけではなく、都心の広場の地下を大規模な地下駐車場にしたり、街区周囲がアパートで囲まれている場合には、街区中央部の空地を駐車場にしたりするなどの方法で伝統的都市と自動車の共存も図られている。

　本章では、近代以前に建設された日本の伝統的都市において自動車への対応がいかになされたか、特に自動車がどのように市街地に収容（駐車）されてきたかについて検討することを通して、伝統的都市と自動車がいかに共存できるかを考察しようとするものである。検討の直接の対象は重要伝統的建造物群保存地区（以下、重伝建地区）とし、その中でも共存が容易でないと想定される地区、すなわち伝統的都市住宅の形式である町家建築が建ち並ぶ地区を取り上げ[1]、悉皆的なフィールドワークにより上述の問題に迫ろうとするものである。

　ここでいう「共存」とは、ただ単に伝統的都市の内部に自動車が入り込んで存在しているだけではなく、それぞれにとって、好ましい状態が成立している状態を指している。伝統的都市の側からいえば、都市が従来から有していた空間的・景観的秩序が維持されることが望ましいし、自動車の側からすると円滑な通行・収容が可能な状態が確保される必要がある。ただし、それぞれ一方の要請だけを重視するわけにはいかず、矛盾が生じる場合には双方である程度の妥協をしつつ一致点をみつける必要が生じるであろう。

　検討の対象として重伝建地区を取り上げるのは、この矛盾をみるのに適切だと考えられるからである。同地区内では一定範囲の伝統的建築物の面的かつ積極的な保存が制度に従って行われているため、建築物の変更に対する各種の規制が多い。このため自動車の導入とは多くの矛盾が生じていると推定されるのである。これに対し、一般的な日本の伝統的都市には、第2次世界大戦で戦災を経験したものが少な

くないし、戦災を経験しなかった場合でも伝統的な建造物が高度経済成長下のスクラップ・アンド・ビルドで取り壊されることが多く、市街地内部の伝統的木造建築は激減していた。したがって、自動車の都市内部への導入に対応して都市を改造するに際しても、これらの建築物の保存に直面することは多くはなかったのである。戦災にあわず、面的に建築を保存するまちづくりを行っている重伝建地区の状況をみることにより、日本の伝統的町並みと自動車の関係をより鮮明に捉えることができるであろう。

さて、都市における駐車場についての研究は枚挙にいとまがないが、岸井ら[2]が密度・配置・デザイン・運営管理の視点から都市の駐車場問題を総括的に論じ、日本・欧米・アジアの事例紹介も行っているほか、伝統的な町並み空間を対象とした研究として、竹橋ら[3]が金沢市の旧市街地を対象として、個別敷地の現地踏査から実態分析を行い、駐車場化のプロセスを明らかにしている。また、重伝建地区を対象としたものには、種崎ら[4]による香取市佐原を事例として、駐車場空間の再配置により、歩きやすい街の創出を目指す方法論の構築を行った研究、湯浅ら[5]による24の重伝建地区（商家町）を対象に駐車場の経年変化を分析した研究がある。湯浅らの研究は、24地区のうち半数の12地区で駐車場が増加していること、歴史的建造物の保存を中心に考えられた重伝建地区の制度自体に限界があることを明らかにしており、以下での考察にも参考になるものである。

このように、都市内部の駐車場については、伝統的市街地も含めて少なからぬ研究がすでに行われている。しかし、重伝建地区をはじめとする伝統的な町並みを対象として、個々の住宅敷地の中にどのように自動車が収容されているかについて、住宅建築との関係までを視野に入れた詳細なものは見当たらない。

以下では、まずこの重伝建地区の制度と現状について簡単に説明したあと、駐車場の立地パターンについて類型化を行い、そのうえで実在する3パターンについて詳しくみていくこととしたい。なお、本論でいう駐車場とは、複数の主体が使用する公共・民間の駐車スペースだけでなく、各住宅等に設けられた専用の「車庫」を含むものとする[6]。

3.2 保存地区では矛盾が表面化しやすい
駐車場と重伝建地区の関係の4類型

重伝建地区とは、1975（昭和50）年の文化財保護法改正で新たに制定された、いわゆる「町並み保存」が制度的に行われている地区であり、2023年8月末時点で全国で126地区を数える[7]。言うまでもなく、これらの地区には住民が住み続け、住み続けることによって伝統的な町並み景観が維持されている。かつて日本に存在した都市や村落の数に比べれば、その数がごく少数に限られているのは間違いないが、保存対象となっているのは、本章で扱うような町家建築が建ち並ぶ狭義の町並み（旧城下町の町人地、宿場町、在郷町など）のみならず、武家屋敷の残る武家町や、農山漁村、幕末以降に作られた外国人の洋風住宅が残る地区など、多種多様である。また、保存されている地区の範囲も都市の一部だけに限定されているものもあれば、旧市街地の全体を保存対象としているもの、さらにその周辺の山林や海までを保存しているものなど様々であり、地区の面積にも広狭がある。地区内では、特定物件と呼ばれる住民が保存に同意した伝統的な建造物は恒久的に保存されることになり、これらの建物の外観を伝統的な様式で修理する場合には、補助金が交付される。一方、地区内のそれ以外の建造物の外観を伝統的な様式で改修したり、新たに伝統的な様式で新築したりする行為は修景と呼ばれ、これに対しても補助金が交付される。

一般的にこれらの地区では街路拡幅は行われていないか、行われた場合でも、既存の建物を数m曳き家するなどして道を拡げたり（若桜・金沢寺町台

ほか）、地区内の一部の道路が拡幅されたりする程度であった。だからこそ、伝統的な建造物が現代に残されたのである。

これに対し、自動車の駐車場は現在重伝建地区となっている範囲の中にも数多く取り入れられていった。建物が建てられていなかった空き地はもちろんのこと、建物の内部にも、また建物が壊されて新たに生じた空き地にも駐車場は作られた。モータリゼーションが進展した1960年代以降に駐車場の増加も進んだとみられるが、当然ながら地区による差も大きい。また、いつの時点で重伝建地区に選定されたかも現在の駐車場の規模（面積や駐車台数）には影響がある。

さて、これらの駐車場には、住民自身の自動車を収容するもの、地区外から訪れる自動車を収容するものの2種があることが明らかである。後者には、地区内の公共施設や店舗に付随したものもあるが、以下では重伝建地区を訪れる観光客用の駐車場に着目する。そして、旧市街地の一部が重伝建地区に選定されているようなケースを念頭に置いた場合、住民用・観光用駐車場と旧市街地・重伝建地区の範囲との空間的関係は、図3・1のような4類型に分類して把握することが可能である。

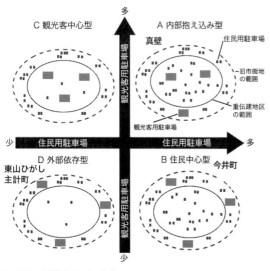

図3・1　伝建地区のタイプ

A-内部抱え込み型は、住民用と観光客用双方の駐車場の多くが重伝建地区の内部にとり込まれているケースである。B-住民中心型は、重伝建地区内に主として住民用駐車場が存在し、観光客用は外部に設けられているケースである。C-観光客中心型は住民用駐車場が重伝建地区の外部に押し出され、内部には観光客用のみが存在するケースであり、D-外部依存型については、住民用と観光客用の両方の多くが重伝建地区の外部に存在しているケースである。

個別の地区の検討に入る前にそれぞれのタイプについての筆者らの考えを述べておきたい。まず、Aは、自動車を利用する立場からは最も便利なものであることは言うまでもないだろう。住民にとっては、自宅や自宅の近くに自らの自動車があって使いやすく、観光客にとっても重伝建地区の内部まで自動車で立ち入って、あまり歩かずに観光を始めることができるからである。しかし、このことは重伝建地区内部の交通量が増えることを意味するから、地区内部を人が歩く際には危険を伴うことになる。内部の街路は概して街路幅が狭く、歩道も整備されていないことが多いからである。また、駐車場自体やそこに駐車する自動車が伝統的な景観の連続性と美観を損なうという負の側面も見逃せない。このようにAタイプは重伝建地区としてはもちろん、一般の市街地としてみても、あまり望ましいタイプとは言えないだろう。

これに対し、Bタイプは住民自身の利便性が確保される一方で、観光客の自動車が内部に流入しないという点で、Aタイプよりも望ましいと判断される。しかし、地区内の住民用駐車場の設け方次第では、建築物が望ましくない改造を加えられる可能性があり、伝統的な景観を阻害することも起こりうる。

以上のA・Bが重伝建地区の主要タイプであると推定される。これに対し、C・Dタイプは実在するかどうか、慎重に見ていく必要がある。まず、現時点ではCタイプは存在していないものと思われる。

確かに地区内に観光客用の駐車場だけが備えられ、住民用の駐車場がほとんど存在しないというケースは一般に考えにくい。重伝建地区内に住民が居住している以上、住民の利便性を犠牲にしながら観光客だけには利便性を提供するようなまちづくりが行われることはないと推定されるからである。しかし、今後、観光地化が著しく進んだ重伝建地区で、住民が地区の外部に移転して夜間人口がほとんどいなくなるような事態となれば、このタイプが出現する可能性も否定はできない。ただし、重伝建地区としては望ましくないことは言うまでもない。

一方、Dタイプは少ないながらも存在しているものと思われる。地区内の街路幅員が著しく狭かったり、階段状になっていたりして、物理的に自動車が入っていけないような地区や観光客が多く訪れる地区が想定される。住民も観光客も、自動車の通行を気にすることなく地区内を自由に歩き回ることができるという点では最も理想的だが、住民にとっては生活する上での不便さも感じられるものと考えられる。

以上は調査以前から想定されていた各タイプの位置付けである。しかし、各タイプで具体的にどのように駐車場が確保されているか、その形態や分布状況、密度はどの程度なのか、結果として伝統的都市が有していた空間的・景観的な秩序が損なわれているのかどうか等はいまだ明らかではない。以下では、Aタイプとして桜川市真壁を、Bタイプとして橿原市今井町と金沢市卯辰山麓を、Dタイプとして金沢市東山ひがしと主計町をそれぞれ取り上げ、どのように駐車場が保存地区の中に取り込まれているのかを検討していくこととする[8]。

3.3 駐車場の出現が町並みの秩序に影響を与える
A- 内部抱え込み型（桜川市真壁）

1 真壁の概要

Aタイプの重伝建地区として取り上げるのは、真壁である。真壁は茨城県西の桜川市に位置する伝統的都市であり、戦国期の城下町を起源とする。町の東側には北から南まで円弧を描くように筑波山系の山々が位置し、町全体は東から西へと緩やかに下がる傾斜地の上に展開している。町の北と南にはそれぞれ田中川と山口川が流れ、西で桜川に流れ込んでいる。江戸時代には陣屋町・市町として、明治時代に入っても周辺地域の商業的中心として、また町役場所在地として高度成長期頃までは賑やかな町であり続けた。しかし、多くの日本の地方都市同様、その後人口が減少するとともに、商業も衰退して現在に至っている。真壁の場合、1987（昭和62）年に、筑波鉄道筑波線が廃止されたことが、その後の交通の便に大きな影響を与えた。この鉄道は、1918（大正7）年に開通した土浦—岩瀬間を結ぶもので、現在のJR常磐線・水戸線をつなぐネットワークを形成していたが、廃線により真壁は「陸の孤島」となったのである。

以上のような苦況ともいえる状況を背景に、真壁では歴史を活かしたまちづくりが模索され、1994年の真壁城の史跡指定、1999年以降の多数の歴史的建造物の登録文化財化を経て、2010年に「在郷町」として重伝建地区に選定された。

近世の真壁の市街地は、町屋村・飯塚村・古城村の3村の連続する市街地からなり、町屋村がそれらの中心であった。重伝建地区として選定されたのは、この旧町屋村の一部である。旧町屋村は笠間藩の陣屋を中心に上宿町・下宿町・高上町・中町・新宿町の5町からなり、東西4本、南北2本の街路を中心に構成されていた。いずれの街路も5〜6m程度の幅員を保っていたため、自動車がすれ違うことができ、現在まで拡張が行われることもなかった（口絵12）。もともと自動車が内部に侵入しやすい性質を町が持っていたと言うことができるだろう。また、敷地は短冊型の形態を基調とするものの、間口が10m以上（おおむね5間半以上）のものが多く[9]、城下町などでみられる一般的な町家の屋敷地と比べると広い点に特徴がある。建てられている建物は、

切妻・平入り・瓦葺の屋根を持つ2階建ての江戸型の町家のほか、寄棟・妻入り・瓦葺の屋根の町家、街路からセットバックして主屋が建つ農家風の建物など多様であり、これは北関東の在郷町の特色と言えるであろう。ただし、全体的に伝統的な建造物の残存率は高くなく、戦後に建て替えられたか、空地となっているものが目立つ。

さて、当該地区の重伝建地区選定は、自動車利用が増加し、すでに駐車場を内部に多数抱えた後とみなすことができる。また、2011年3月11日の東日本大震災による被害を受け、特定物件を含めて取り壊された建物も若干はあるものの、総じて選定から日が浅く、地区選定による駐車場の増減への影響は軽微であると判断される。

以上のような理解のもと、筆者らは真壁の重伝建地区だけでなく、より広く旧町屋村の範囲を対象として駐車場の悉皆調査を行った[10]。また、自動車が普及する以前の建物の状態を確認するため、1902（明治35）年に作られた「家屋台帳」を使用した。「家屋台帳」には、敷地ごとに建物の用途、建築材料、屋根葺き材の種類に加え、敷地内の建物の配置平面図が添付されている。当該史料の性格やその価値についてはすでに別途検討を行っているが[11]、ここでは特に敷地内の建物の配置に着目し、明治35年と現在とを比較して、自動車の普及に従い駐車場が敷地内のどこに設置されたかを把握する。

2　駐車場の分布・台数および建物との関係

表3・1に種類ごとの駐車場の数および収容台数を、図3・2にそれらの分布を示す。駐車場は調査対象地区全体（30.1ha）で366か所にのぼり、1,634台～1,733台分駐車が可能であると確認できた。この

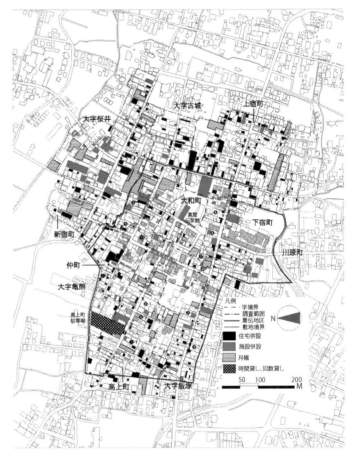

図3・2　真壁における駐車場の分布

表3・1　真壁の駐車場の種類

			住宅併設	施設併設	月極	回数・時間貸し	計	密度（台／ha）
桜川市真壁	重伝建地区内 (17.6)	個所数	114	70	23	1	208	—
		台数	296～313	352～387	223～236	65	936～1001	53～57
	重伝建地区外 (12.5)	個所数	118	19	23	0	160	—
		台数	328～358	103～106	267～268	0	698～732	56～59
	対象地全体 (30.1)	個所数	232	89	44*	1	366*	—
		台数	624～671	455～493	490～504	65	1634～1733	54～58

※個所数が地区内外の合計と異なるのは、内外に連続する駐車場が2つ含まれており、それぞれを地区の内・外でダブルカウントしているためである。

うち重伝建地区内（約17.6ha）では208か所（936～1,001台）の駐車場が、地区外（約12.5ha）では160か所（698～732台）の駐車場がそれぞれ確認された。密度をみると、重伝建地区内が約53～57台/haであり、地区外が56～59台/haであるので、重伝建地区内外ではほとんど差がないことになる。

しかし、駐車場の種類の構成比は地区の内外で異なる。重伝建地区が真壁の町の中心部にあたるためか、真壁伝承館（公民館）や銀行・医院・飲食店等、公共・商業施設に併設されている駐車場の比率は地区内の方が多いが、逆に住宅（集合住宅を含む）に併設されている駐車場や月極（独立）駐車場の比率は地区外の方が多かった。

観光客用の駐車場としては、2か所が確認される。1つは高上町に位置する有料の高上町駐車場[12]で重伝建地区に選定される以前に駐車場化されたものであり、65台の駐車が可能な規模が非常に大きいものである。もう1つは真壁伝承館に併設されている駐車場で、無料で駐車できるため、観光客にはよく利用されている。こちらも重伝建地区に選定される前に計画されていたもので、規模も大きく、建物の東西に分かれて設置されており、東側で36台、

西側で24台の駐車が可能である。したがって、当該地区では観光客用の大規模駐車場を重伝建地区内に抱えていることとなるが、現時点で真壁は来訪客の多い観光地とは言えないため、大きな問題とは認識されていない。ただし、雛祭り期間中の週末や祇園祭りの際には、例外的に多数の観光客が一度に訪れるため、これらの駐車場の利用は制限され、町の外側に臨時駐車場が設けられている。

次に、駐車場と建物の位置関係を見てみよう。図3・3に各種駐車場と建物の関係のモデルを、表3・2にその割合を示した。

図3・3の①は建物の前面、道路に接して駐車場を設けるタイプであり、対象地区全体で479～509台分の区画を確認できた。このタイプは全体の28.1～30.6％を占め、真壁では2番目に多いものである。②は建物の1階部分にピロティを設けて、駐車場として使用しているものである。49～52台分が確認され、2.8～3.2％を占める。③は建物の側面に駐車場を設けるタイプであるが、223～255台分と3番目に多く、13.1～15.3％を占める。4番目に多いのは④の建物の後方に駐車スペースを設ける場合である。249～253台分を確認すること

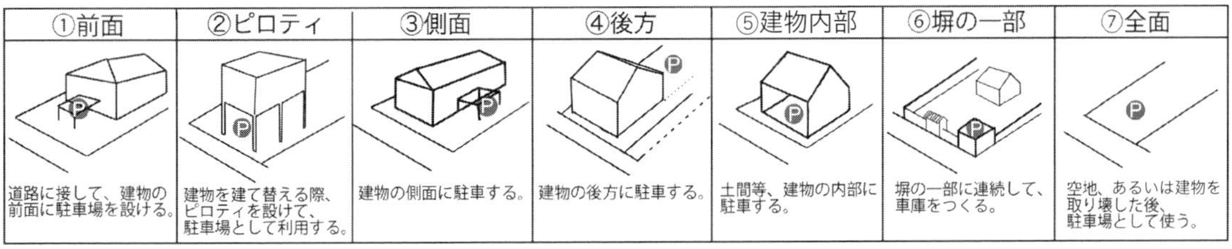

図3・3　駐車場のタイプ

表3・2　真壁の駐車場と建物の関係

			①前面	②ピロティ	③側面	④後方	⑤建物内部	⑥塀の一部	⑦全面	その他	合計
桜川市真壁	重伝建地区内	台数	244～258	25～28	128～154	128～129	28～29	7～8	336～355	40～40	936～1001
		%*	24.7～27.2	2.5～3.0	13.1～16.0	12.8～13.8	2.8～3.0	0.7～0.7	34.2～35.2	4.0～4.3	
	重伝建地区外	台数	235～251	24～24	95～101	121～124	11～11	3～4	204～212	5～5	698～732
		%*	32.8～35.2	3.3～3.4	13.1～14.3	16.6～17.7	1.5～1.6	0.4～0.6	28.2～30.0	0.7～0.7	
	対象地全体	台数	479～509	49～52	223～255	249～253	39～40	10～12	540～567	45～45	1634～1733
		%*	28.1～30.6	2.8～3.2	13.1～15.3	14.4～15.4	2.3～2.4	0.6～0.7	31.7～34.1	2.6～2.8	

＊①～⑦の各欄の台数及び合計の台数に幅があるため、％の数字にも幅が生じている。このため下限値・上限値だけを足し合わせても100にはならない。

ができ、14.4～15.4％を占める。⑤は建物の内部の土間部分に自動車を駐めるタイプであり、39～40台分が確認され、2.3～2.4％を占める。⑥は敷地全体が塀で囲まれており、その塀の一部を開いて車庫を設けるケースである。わずかではあるが、10～12台分（0.6～0.7％）を確認できた。⑦は空き地、あるいは建物が解体された後に駐車場として利用されているケースである。540～567台分を確認でき、全体の31.7～34.1％とこれが最も多かった。以上の他にも、道路沿いの建物の軒下に駐車する場合[13]や、薬医門形式の表門の下に自動車を止める場合等が確認できた。これらは全体で45台分、2.6～2.8％を占める。

　前述の通り①建物の前面に駐車場を設けるタイプは全体の約30％を占めており、2番目に多い設置方法である。言うまでもなく、道路に接することで車の出し入れが最も簡単であるため、選択されやすかったのだと考えられる。家屋台帳と比べることにより、これには町家を建て替える際にセットバックして駐車場を設けた場合と屋敷型の前面の空地に設けられた場合の両者が存在することが判明した（図3・4-1、図3・4-2）。後者の場合は建物を建て替えていたとしても、屋敷内の空間利用の大枠は維持されたことになる。しかし、前者の場合はいわば駐車場が住宅と道路の間に挿入されることとなり、住宅と前面道路の関係が希薄になったと解釈できる。したがって、従来の空間的・景観的秩序を大きく変更した

ことになるといえよう。

　この点では数が限られるものの、②ピロティも同様である。建物を取り壊さなければ出現しないことは言うまでもないが、1階に駐車場が入り込み、住宅等として利用する部分が空中に持ち上げられることにより、前面道路との空間的関係や景観が変化したという意味では①と変わらないからである。

　最も数が多く、また影響が大きいのは⑦全面駐車場である。家屋台帳の記された明治35年の段階では、数例の例外を除けば、基本的に空き地はほとんど存在せず、各敷地には何らかの建物が建てられていた。しかし、現在では重伝建地区内部でも建物の建てられていない敷地が発生し、その多くが駐車場と化しているのである。これらの中には大規模なものもある。先述のように、当該地区には観光客用の大規模な駐車場が2つある。1つは、近世に陣屋が存在し、明治35年には小学校・高等小学校・役場だった場所の跡地に建てられた真壁伝承館に併設されている駐車場である。もう1つは図3・4-3に示すように、明治35年には住宅兼酒蔵として使用されていた敷地である。その後廃業となり、一時はスー

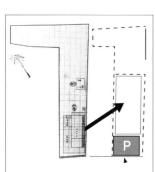

図3・4-1　町家の建て替え時にセットバックして駐車場が設けられた例

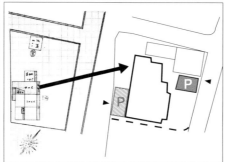

図3・4-2　屋敷型敷地で主屋前面（および背面）に駐車場が設けられた例

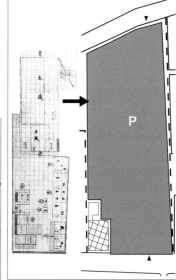

図3・4-3　酒蔵の廃業・取壊しにより大規模な駐車場が出現した例

パーマーケットとして使われたが、それも営業が終わったことにより駐車場化されたものである。後者は明治35年において、すでに敷地の規模が間口11間余・奥行き40間余と大きく、蔵を含めて、多くの建物が建っていたことがわかる。しかし、現在では隣の敷地の一部をも統合し、より大規模な駐車場として整備されている。このようにもともと敷地面積が大きかった施設の跡地が大規模駐車場に転用されており、地区内の大きな空白を作り出していることになる。

一方、③側面と④後方も合わせると30％近くになり、高い割合を占めた。これは真壁のような北関東の在郷町の特色と言えるかもしれない。一般に北関東の在郷町の場合、隣り合う町家の建物どうしが接することはほとんどない。間口に余裕があるため、隣家との間に駐車場自体か裏側への車路を設けるスペースを確保できたものと推測される（口絵13）。いずれも大きな土地利用方法の変更を伴わないので、従来の空間的・景観的秩序への影響は少なかったとみることができる。

また、2％強を占める⑤建物内部も、外観上の大きな影響はないといえよう。ただし、3.4節3で後述するように建物の内部空間が大きな影響を受ける可能性はある。

以上、真壁の駐車場を個別にみてきた。ここで紹介した駐車場と建物の関係は、構成比は異なるであろうが、町家の建つ短冊型の敷地においては、おそらく全国どこでも確認される一般的なものであろうと思われる。

ただし、真壁の場合、全面駐車場が多いことに加え、建物の前面やピロティに駐車場を設けることで、歴史的な都市空間の中に、多数の駐車場が分散して出現している点に特徴と問題がある。このような駐車場は、重伝建地区となった現在では新たな設置が認められていないので、基本的に選定以前に成立したものと考えられる。真壁での保存への取り組みが比較的遅く、駐車場の出現が進んでから重伝建地区

に選定されたことが、事態が進行した背景にはあると言えるだろう。

3　A-内部抱え込み型の重伝建地区の評価

先にみたように、真壁の重伝建地区の駐車密度は、約53〜57台/haであった。地区内には公共施設や商業施設、住宅等が含まれているが、この密度は一般的な商業地や住宅地と比べてどの程度のものと位置付けられるのだろうか。前掲の岸井らによると、1haあたり約50〜60台の駐車密度を持つ都市として、横浜都心部、渋谷、横須賀、小田原、新宿、立川があり、ドイツのフランクフルトやイギリスのケンブリッジも同程度であるという。これらは中層・高層の建物が多数建てられている都市であり、多くの交通需要が発生する場であるだけでなく、駐車場自体が複数階にわたることもある場所でもある。そのような都市の駐車場の密度と真壁が同等であることに、まずは驚かされる。真壁では公共交通機関が極めて貧弱なため、住民の生活が自家用車に強く依存している。このことが駐車台数の密度に反映されていると言えるだろう。地区内に居住する各世帯は自動車を複数台所有していることが多いし、周辺から地区内の各種の施設を訪れるにも自動車が使用されることが多いからである。

ただし、つくばニュータウンや千葉ニュータウンでは、約100台/haであるというから、郊外型の都市と比べると少ないとも言える。確かに、一例をあげると近年つくば市で景観協定が認められた「並木2丁目7番地」の住宅街[14]は、全体の面積が約2.02haであり、内部の86の住宅敷地に2台ずつの駐車場が設けられている。計算すると、その密度は約85台/haとなる。公共施設や商業施設が含まれていないため大規模な駐車場はないが、それでもこのように高い密度である。

真壁はもともと個々の屋敷地面積が広い在郷町だったうえに、モータリゼーションがかなり進んだ段階で重伝建地区に選定されたため、駐車台数の密度

は重伝建地区の中では高くなったと推定される。し
かし、それでも駐車場の密度は、郊外型というより
は旧来の都市型のものだと言えるだろう。

　筆者らがこれまで確認した範囲では、A-内部抱
え込み型の重伝建地区として、大田市温泉津や朝倉
市秋月があげられる。前者は地区内に温泉旅館が複
数存在するため、これらの宿泊客用の駐車場が数多
く設けられていた。また、後者は地区内の秋月城趾
が観光名所であるため、観光客用の駐車場が多く生
まれていた。3.2節で述べたように地区内の観光客
用駐車場が増えることは、地区内の交通が多くなる
ことを意味するし、空間的・景観的秩序が失われる
ので、本来望ましいことではない。このことは真壁
だけでなく、温泉津や秋月に関しても指摘できるこ
とであろう。

　以上のようにAタイプが多くの問題を抱えている
ことは明らかだが、次に取り上げるBタイプ（住民
中心型）の事例は、伝統的町並みも自動車との適切
な共存が可能なのではないかとの希望を抱かせるも
のである。

3.4　駐車場が住民用中心ならば　　　共存できるか？
B- 住民中心型（橿原市今井町）

1　今井町の概要

　今井町は真宗の寺内町として天文年間（1532～
34）頃から存在が確認される、建設が中世に遡る
小都市である[15]。奈良盆地の南部、旧藤原京の跡
地の一部の平坦な地に位置しており、町の東西に飛
鳥川・高取川が北流している。また、市街地の北に
は東西にJR桜井線が走る。市街地はやや不規則な
格子状の街路網を有し、内部には真宗寺院である称
念寺等の寺社が配置され、周囲は土塁・環濠で囲ま
れていた。江戸時代には、6ヶ町（東町・西町・南
町・北町・新町・今町）が東西6本、南北9本から
なる街区に展開していた。ただし、それぞれの街路
の幅員は狭く、ほとんどが4m未満である（口絵14）。

敷地は今井町も短冊型の形態を基調とする。間口
は5間（京間のため約9.75m）程度を標準とし[16]、
先の真壁よりは間口が狭いが、3間程度の間口を標
準とした京町家と比べるとこれでもかなり広いこと
になる。このため、家持層が暮らす典型的な町家は
間口方向に2室（奥行き方向は3室）が並ぶ形式を
取った。建物は、切妻・平入り・瓦葺の屋根を持つ
ものがほとんどである。

　今井町は1993年に種別＝寺内町として重伝建地
区に選定された。歴史的建造物の数が多く、また
17世紀に遡るような古い時期のものも多く含まれ
ているのが特徴である。今井町の重伝建地区はかつ
ての寺内町の全域で、その面積は17.4haの規模を
有し、伝統的建造物の残存密度も高い。

　今井町が重伝建地区に選定された1993年は、伝
建地区制度が始まってすでに18年を経ており、選
定された時期としては決して早くはない。前節で取
り上げた真壁の選定は2010年であるので、今井町
の選定はそれより17年早いことになるが、自動車
の利用が増加し、すでに駐車場を内部に抱えた後で
あることは間違いないであろう。ただし、1950年
代以来の度重なる調査により今井町は注目され続け
る存在であったし、何より地元の住民による町家の
保存・活用を中心に据えたまちづくりが継続してお
り、一貫して日本の伝統的な町並みの代表的な存在
であり続けている。

　今井町の最寄りの鉄道駅はJR畝傍駅と近鉄八木
西口駅であり、それぞれ今井町まで徒歩10分と5
分である。今井町は真壁とは異なり、公共交通の便
利な場所に立地しているのである。また、伝統的建
造物の残存密度が高いことも考えあわせると、重伝
建地区内部の駐車場の密度はそれほど高くないので
はないかとも調査前に筆者らは推測していた。

　この今井町についても真壁と同様のフィールド調
査を行った。ここでも伝建地区内部だけでなく、そ
の周辺までを調査範囲とした[17]。

2　駐車場の分布・台数および建物との関係

　図3·5に調査範囲の駐車場の分布を、表3·3に種類ごとの駐車場の数および収容台数を示した。駐車場は調査対象地全体で458か所であり、2,046台～2,055台分駐車が可能であると確認できた。

　ヘクタールあたりの駐車可能台数を見てみると重伝建地区内外の相違は歴然としている。調査範囲は35.2haであり、全体の駐車可能台数の密度は約59台/haである。そのうちの約17.4haが重伝建地区で、その密度は約41台/haであるが、重伝建地区外の面積は約17.8ha、密度は約76台/haであった。重伝建地区外の駐車可能台数の密度は重伝建地区内の約2倍に相当することになる。

　重伝建地区内の駐車台数の密度を比べてみると、真壁では約53～57台/haであったから、今井町はその72～77％の台数に限られていることがわかる。しかし、今井町の歴史的建造物の多さから考えると、意外に台数が多いようにも考えられる。

　駐車場の種別をみてみると、まず重伝建地区内で住宅に併設されている駐車場は184か所であり、313～314台が駐車可能であった。飲食店等、公共・商業施設に併設されている駐車場は21か所、99～107台であり、月極（独

立）駐車場は28か所で、273台駐車可能である。時間貸し・回数貸しの駐車場は見当たらなかった。全体の台数では月極（独立）駐車場（39.3～39.8％）と住宅併設（45.1～45.6％）をあわせて約85％を

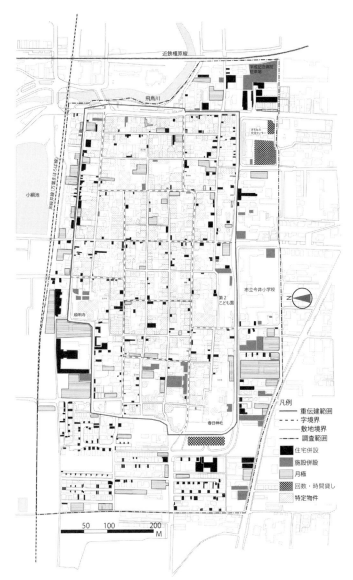

図3·5　今井町における駐車場の分布

表3·3　今井町の駐車場の種類

			面積(ha)		住宅併設	施設併設	月極	回数・時間貸し	計	密度（台／ha）
橿原市今井町	重伝建地区内	17.4		個所数	184	21	28	0	233	—
				台数	313～314	99～107	273	0	685～694	41
	重伝建地区外	17.8		個所数	168	23	33	3	227	—
				台数	411	241	637	72	1361	76
	対象地全体	35.2		個所数	350	44	61	3	458	—
				台数	724～725	344～352	910	72	2046～2055	59

占め、施設併設は約15%に過ぎなかった。これは真壁と比べて対照的であり、重伝建地区の外部から内部に入って駐車できる自動車が限られていることを示している。月極駐車場もほとんどは地区内の住民が利用していると推定されるからである。一方、地区外では住宅に併設されている駐車場は168か所、411台が駐車可能であった。飲食店等、公共・商業施設に併設されている駐車場は23か所、241台であり、月極（独立）駐車場は33か所で、637台が駐車可能である。月極駐車場が多いのが目立つが、これは図3・5から明らかなように、重伝建地区の周囲に大規模な月極駐車場が数多く位置していることから頷けるものである。おそらく重伝建地区内では駐車場を十分に確保できない住民が、地区外の月極駐車場を借りているのであろう。

観光客用の駐車場については3か所ある。1つは、重伝建地区外（西側）の環濠を復元した位置に整備された「今井西環濠広場駐車場」で、20台の駐車が可能である。また、やはり地区外（南側東端）の「まちなみ交流センター」の裏側に整備された「今井まちなみ広場駐車場」（普通自動車48台が駐車可能）と、交流センターの側面に設けられた観光バス用駐車場（3台駐車可能）もある。

表3・4に今井町の駐車場と建物の関係を示した。⑦全面駐車場の台数が1番多く、①前面駐車場がそれに続くのは、重伝建地区の内外でも同じであり、真壁とも同様である。ただし、地区の内外で比率は異なっているものもある。まず、全面駐車場が地区

外で64.5%を占めているのは、先にみた大規模な月極駐車場が存在しているからである。次に、ピロティに駐車するケースは地区外でも少なく1.3%であるが、地区内ではさらに少なくてわずか0.4%に留まっている。重伝建地区内では建て替えによるピロティの建設は基本的には行われてこなかったことがわかる。また、側面に駐車するケースについては、重伝建地区外では10.9%であるのに対し、地区内では7.6～7.7%である。これは地区内では敷地の間口が狭く、隣棟間隔も狭いため、側面にスペースを取りにくいことを反映している。逆に、建物の内部に駐車するケースは、地区外では0.4%しかないが、地区内では9.1～9.2%に達している。重伝建地区内では建物の密度が高く、建物の内部に自動車を駐車せざるを得ないからであろう。真壁では、建物内部にスペースを設けている率は2.8～3.0%に過ぎなかったから、真壁と比べても意外に駐車台数が多かった理由のひとつは、このパターンが多かったからと考えられる。

3 自動車の住宅内部への格納

今井町では伝統的町家建築の内部に自動車を収容することが多く、これにより意外に多くの駐車台数を確保していることがわかった。以前は、図3・6にあるように車庫の入り口部分をシャッターで開け閉めするものが多かったものとみられ、現在でも随所で確認することができる。しかし、重伝建地区に選定されてからは、外観が修景の対象となっているた

表3・4　今井町の駐車場と建物の関係

			①前面	②ピロティ	③側面	④後方	⑤建物内部	⑥塀の一部	⑦全面	その他	合計
橿原市今井町	重伝建地区内	台数	151～156	3～3	53～53	24～24	63～63	7～7	334～338	50～50	685～694
		%*	21.9～22.6	0.4～0.4	7.6～7.7	3.5～3.5	9.1～9.2	1.0～1.0	48.4～49.1	7.2～7.3	
	重伝建地区外	台数	217～217	18～18	148～148	57～57	6～6	2～2	878～878	35～35	1361～1361
		%*	15.9～15.9	1.32～1.32	10.9～10.9	4.2～4.2	0.4～0.4	0.1～0.1	64.5～64.5	2.6～2.6	
	対象地全体	台数	368～373	21～21	201～201	81～81	69～69	9～9	1212～1216	85～85	2046～2055
		%*	18.0～18.2	1.0～1.0	9.8～9.8	3.9～4.0	3.4～3.4	0.4～0.4	59.1～59.3	4.1～4.2	

※①～⑦の各欄の台数及び合計の台数に幅があるため、%の数字にも幅が生じている。このため下限値・上限値だけを足し合わせても100にはならない。

図3・6　前面にシャッターが取り付けられた町家

図3・7　前面を格子戸として自動車を格納する町家

め、車庫の入り口も木製の伝統風デザインの建具で修景されたものが増えつつある。図3・7の場合は、1間半幅の開口部に2列の溝の敷居・鴨居を取り付け、4枚の木製建具を入れている。これを向かって右側の格子窓の裏側に引き込むことで自動車の出入りを可能としているのである。今井町では、これ以外に折戸形式の建具も多く用いられていた。このような修景は一見、伝統的な都市と自動車が共存するための有効な方法であると解釈が可能なようにもみえる。しかし町家建築にとって、現状は理想的とは言いにくい。

　まず、前面の道路に接道している町家建築の内部に駐車する場合、一般に「ミセ」と呼ばれる道に接した室に収容することになる。店舗利用していた場合は、この室が以前から土間だった場合もあると推定されるが、床を張ったスペースを土間化して自動車を導入する場合もあったであろう。この場合は、もとの建築を大きく改造することが必要となるのである。

　また、一般にこのミセの空間は、幅・奥行きともに2間程度のことが多い。これは地域によって寸法は異なるが、おおむね3.6m〜3.9m程度に相当する。このサイズが、普通自動車には狭すぎるのである。たとえば2022年に新車販売台数がトップであったトヨタの小型車ヤリスの場合、その全長は3.94mで全幅が1.695mである。幅については問題ないと考えられるが、長さはミセの寸法を超えることになる。したがって、もし室内に導入しようとす

ると、常時自動車の鼻先を外に露出させるか、ミセの奥側の隣室（中の間等）も駐車スペースとして利用せざるを得なくなる。前者の場合は入り口の建具を設けられなくなるので、常に自動車が外から見えることになるし、後者の場合は1階の床上のスペースが大きく削減されることになる。最も人気のある普通自動車を、外観や内部空間への影響が少ない形で格納することはできないのである。

　このため建物内に収容する場合、実際には軽自動車が選択されていることが多い。軽自動車の場合、道路運送車両法施行規則で、全長3.4m以下、全幅1.48m以下に制限されているため、ギリギリとはいえ、長さも何とかミセの空間の範囲に収まるからである。同じく2022年の軽自動車新車販売台数が1位であったホンダのN-BOXを例にとると、全長3.395mで全幅が1.475mであるから、確かにミセの空間内に格納が可能であることになる。図3・7に映っている自動車も、車種は不明だったがやはり軽自動車であった。

　ただし、自動車がミセの室空間に収まる場合でも、エンジン車であれば室内に排気ガスを排出することは避けられない。したがって、室内環境の点での問題は残ることになるだろう。

4　B-住民中心型の重伝建地区の評価

　さて、先にも述べたように、上で取り上げた今井町は、伝統的町並みとしては極めて著名である。し

かし、観光地として多くの観光客を集めているわけではない。コロナ禍以前の2016年に、今井まちなみ交流センター「華甍」に訪れる観光客の数は、年間3万人前後であったという[18]。同交流センターは重伝建地区の外側に位置しており、無料で入館できるが、すべての観光客が訪れる施設ではない。実際の観光客数よりはずっと少ない数しか訪れていないだろうが、それでも今井町への観光客の人数は限定されていると言えるだろう。観光客相手の店舗も限られており、むしろ今でも住宅地としての性格が強いと考えられる。

　ここで確認した自動車の収容の形式は、そのような地区のものとして理解できるものと考えられる。筆者らが概要調査を実施した中では、南木曽町妻籠宿、高梁市吹屋、倉敷市倉敷川畔、豊田市足助、富田林市富田林、室戸市吉良川、八女市八女福島・黒木、嬉野市塩田津、有田町有田内山などもこの今井町のように、住民の生活に必要な自動車は地区内に収容しつつ、観光客の駐車場を慎重に地区外に配するような形式を取っていた[19]。おそらく重伝建地区の多くはこのタイプに属するものと思われる。

　しかし、今井町の場合は、歴史的建造物の残存密度が高いために、地区内では十分に駐車場を用意することができず、地区外の周囲に帯状に月極駐車場を発生させることになった。このことにより、重伝建地区の周囲の景観はいささか殺伐としたものになっていると言えるし、地区が周囲から孤立するに至っているとも言えよう。同様の状況は、倉敷市倉敷川畔や豊田市足助、次にみる金沢市卯辰山麓でも見ることができる。

3.5　駐車場の外部化で自動車との共存は可能か？
D−外部依存型（金沢市東山ひがし・主計町）を中心に

1　金沢市の重伝建地区の概要

　最後にみるのは、極めて多数の観光客が訪れるD

タイプの地区を含む金沢市の重伝建地区である。金沢は、江戸時代には百万石の大大名・前田家の大規模な城下町であり、戦災にも遭わなかったため、今もなお多くの歴史的建造物が残る都市として知られている。

　金沢市では現在、重伝建地区が4地区設定されている。このうち最も有名なのは、2001（平成13）年に種別＝茶屋町として選定された「東山ひがし」（以下：ひがし地区）で、江戸時代には遊廓だった地区である。ひがし地区は観光地として多くの観光客を集めてきたが、その後、2008（平成20）年に同じく遊廓だった「主計町」（以下：主計町地区）も茶屋町として、2011（平成23）年に「卯辰山麓」（以下：山麓地区）が種別＝寺町として、2012（平成24）年に同じく寺町として「寺町台」が選定された。金沢市では、2015年以降、コロナ禍が発生するまでは、年間の観光客数が1,000万人を超えており、特にひがし地区一帯は主要な観光対象となっている[20]。このため、隣接する山麓地区もひがし地区目当ての観光客が行き帰りに通過する場所となっている。一方、主計町地区は現在でも料亭等の飲食街としての性格が強く、観光客は相対的に少ない。

　以下では寺町台以外の3つの地区を取り上げるが、次にみるように、ひがし地区・主計町地区はいずれも図3・1で示したDタイプ（外部依存型）と理解することができ、一方の山麓地区は今井町などと同じBタイプ（住民中心型）とみなすことができる。なお、3地区は互いに近接しており（図3・8）、江戸時代には金沢城下の東北方向の縁辺部に位置した。このため、寺町や遊廓が置かれたのである。

　まず注意しておくべきは、山麓地区がひがし地区を取り巻くように設定されている点である。地図上ではあたかも、ひがし地区が山麓地区の一部であるようにみえるが、あくまで地区としては別個のものである。また、山麓地区の南側を西流する浅野川をはさんだ反対側の川沿いに主計町地区が位置している。

　次に注目されるのは、主計町地区は面積が0.6ha

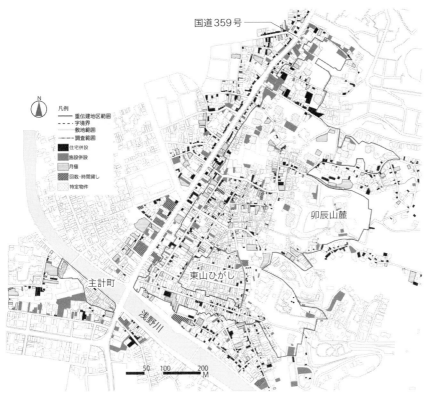

図3·8　金沢における駐車場の分布

凡例
重伝建地区範囲
字境界
敷地範囲
調査範囲
住宅併設
施設併設
月極
回数・時間貸し
特定物件

国道359号

卯辰山麓

主計町

東山ひがし

浅野川

50　100　　200
M

と、現時点のすべての重伝建地区の中で面積が最小であり、ひがし地区も面積が1.8haと、2番目に小さな京都市祇園新橋（1.4ha）に次いで3番目に小規模な点である[21]。これに対し、山麓地区は22.1haの広さを有しており、先にみた真壁や今井町などより若干大規模である。

　いずれも21世紀に入ってから選定された地区ではあるが、特にひがし地区は密度高く伝統的な町家建築が建ち並ぶ町並みとして、早くから注目されており、保存対策調査は1974年度に実施されている[22]。この地区は、1820（文政3）年にそれまでにあった町の町割りを改めて新しく造成されたもので、東西に通る4本の街路を中心に両側に短冊型の敷地が建ち並ぶ形の屋敷割が行われた。4本の街路のうち南から2番目の街路（「二番丁」）が6m程度の幅員で一番太く、地区の中心となっている（口絵15）。この街路は9:00〜19:00まで指定車・許可車以外の通行が禁じられており、観光シーズンには多くの観光客であふれる（図3·9）。他の街路はこれよりも幅員が狭く、一番丁はそもそも自動車が入れないし、それ以外もすれ違いはできない程度の幅員しかない。したがって、街路自体が物理的または制度的に車の進入を阻むことになっているのである。敷地は間口3〜4間程度のものが中心で、間口いっぱいを使って、切妻・平入り・瓦葺きまたは金属板葺きで2階建ての町家建築が建ち並ぶ。ただし、茶屋の建物は金沢の一般の町家とは異なり、2階にも座敷を設けるため、2階の階高が高い。これらの特徴を持つ伝統的建造物が、ひがし地区には現在でも密度高く残存している。

　山麓地区は卯辰山のある東側から西側にかけて下りの傾斜のついた地形上に広がっている。急な傾斜になっている部分もあるし、谷が幾筋か刻まれていることもあって、山麓地区の構成は起伏に富むとと

図3·9　観光客であふれるひがし地区

もに複雑である。寺町として選定されているように、確かに数多くの寺院が立地するものの、合間には町家も数多く立地している。街路の構成も不規則で、全体の構成が理解しづらい。ただし、地区の西南辺部から南辺部にかけては直線街路が通され、両側に短冊型の屋敷地が配されて町家が建ち並んでいる。これらの直線街路を除くと街路は全体的に細く車の進入が不可能か、可能でもすれ違いがしにくい状況である。

一方、主計町地区は、元来は前田家の重臣・冨田主計の屋敷だった場所とされる[23]。しかし、17世紀後半の段階ですでに町人化しており、江戸時代後期には茶屋町的な性格を帯びていたと考えられている。街路は浅野川に面した表の通りのみ、かろうじて4m強の幅員を有し、自動車の通行が可能であるが、それ以外の街路は幅員が狭いため進入もできない。敷地は、間口が2～3間で奥行きも5～6間の極めて狭小な短冊型敷地がほとんどであり、ここ

に間口一杯に切妻・平入りの2階建ての町家が建てられた。現在でも裏の通りの町家は2階建てのままであるが、表通りでは3階部分を増築した家が多いという特徴がある。

3地区とも交通アクセスが良いとは言いにくい。金沢市は大規模な都市であるが、旧城下町にあたるエリアの西端に金沢駅が設けられ、3地区はもちろん金沢城趾や兼六園に至る地下鉄や路面電車なども敷設されていない。したがって当該地区に至るために利用できる公共交通機関はバスのみである。

2 駐車場の分布・台数および建物との関係

フィールド調査は、上述の3地区とその周辺部に対して実施した[24]。ここでは3地区の重伝建地区の内部を中心にみていきたい。ここでも駐車場の種別に着目して図3・8と表3・5に示した。

まず、気付かされるのは、ひがし地区の駐車場が極めて少ないことである。図からは二番丁両側には

表3・5 東山ひがし・卯辰山麓・主計町の駐車場の種類

					住宅併設	施設併設	月極	回数・時間貸し	計	密度（台／ha）
金沢市	東山ひがし	重伝建地区内	1.8	個所数	19	5	2	0	26	—
				台数	26	10～11	11	0	47～48	26～27
	卯辰山麓	重伝建地区内	22.1	個所数	202	78	56	5	341	—
				台数	392～403	374～418	384～415	26～28	1176～1264	54～57
	主計町	重伝建地区内	0.6	個所数	1	1	1	0	3	—
				台数	2	2	22	0	26	43

表3・6 東山ひがし・卯辰山麓・主計町の駐車場と建物の関係

			①前面	②ピロティ	③側面	④後方	⑤建物内部	⑥塀の一部	⑦全面	その他	合計
金沢市	東山ひがし	重伝建地区内	台数	8～9	5～5	1～1	2～2	18～18	2～2	11～11	0～0	47～48
			%*	17.0～18.8	10.4～10.6	2.1～2.1	4.2～4.3	37.5～38.3	4.2～4.3	22.9～23.4	0.0～0.0	
	卯辰山麓	重伝建地区内	台数	280～311	103～107	98～109	49～50	110～111	0～0	519～558	17～18	1176～1264
			%*	22.7～25.8	8.2～9.1	7.8～9.2	3.9～4.2	8.7～9.4	0.0～0.0	42.4～45.9	1.3～1.5	
	主計町	重伝建地区内	台数	2～2	0～0	0～0	0～0	2～2	0～0	22～22	0～0	26～26
			%*	7.7～7.7	0.0～0.0	0.0～0.0	0.0～0.0	7.7～7.7	0.0～0.0	84.6～84.6	0.0～0.0	

＊①～⑦の各欄の台数及び合計の台数に幅があるため、％の数字にも幅が生じている。このため下限値・上限値だけを足し合わせても100にはならない。

ほとんど駐車場がなく、その周辺も山麓地区と比べると密度が低いことがわかる。ひがし地区は、総台数が47〜48台、駐車場の密度は26〜27台/haであり、真壁の半分程度の駐車台数しかないことになる。これに対し、主計町地区の密度は43台/haであり、今井町と同程度である。一方で、山麓地区は約54〜57台/haと、ひがし地区の2倍程度で真壁とほぼ同じ密度になっているのも、図を見れば頷けることであろう。そして、さらに驚かされるのは、地区外にあたる山麓地区西側の国道359号線沿いと南側の浅野川沿いの地区の駐車場の多さである。国道沿いは比較的理解しやすいが、浅野川沿いは金沢市が指定する「こまちなみ地区」（旧御歩町区域）[25]であるにも関わらず、少なからぬ駐車場が存在するのである。

　次に建築との関係をみてみよう（表3・6）。まず、ひがし地区についてみると、2か所の小規模な⑦全面駐車場（7台と4台、22.9〜23.4％）が確認されるものの、⑤建物内部の駐車場（18台、37.5〜38.3％）が一番多いことがわかる。伝統的建造物の場合はもちろん、伝統的建造物ではない建築物の場合でも、セットバックをするなどの対処をせずに、狭小な敷地の中で自動車を収容しようとした結果、このような状況になったものと思われる。この点では先にみた今井町と同様だが、今井町よりも敷地が狭小な分、内部への影響は相対的に大きくなるものと考えられる。図3・10がひがし地区内の車庫を内蔵している町家である。3間幅の敷居・鴨居に4列の溝をつけ、どちらか片側に4枚の格子戸を寄せることで、2台の自動車を収めることができるようになっている。金沢では折り戸形式の戸は少なく、ほとんどが3本以上の溝を持つ敷居・鴨居の格子戸を有していた。修景では木製建具の利用を原則としているという。

　これに対し、山麓地区では⑦全面駐車場が42.4〜45.9％と最も多く見受けられる。これは空き地化した場所がもともと多かったことが理由と推定さ

図3・10　車庫を内蔵している町家（ひがし地区）

れる。山麓地区には寺院が多いので、その寺院境内が駐車場化しているのではないかとも予想していたが、そのようなことはなかった。これは寺院へアクセスする街路に幅員の狭いものが多いことが原因ではないかと推定される[26]。

　また、主計町地区では、地区内の西端部分に22台を収容する⑦全面駐車場（月極駐車場）があるものの、その他の駐車場としては、⑤建物内部に収容するものが1か所（2台）と①前面駐車場が1か所（2台）あるだけである[27]。このため、建築物が集中する部分ではほとんど駐車場がみられない。したがって全体の駐車場の密度は低くはないものの、実質的にはDタイプとみなして良いものと思われる。これは先にみたように当該地区の街路幅員が狭く、そもそも前面道路まで自動車が進入できない敷地が多いこと、また自動車が通行可能な浅野川沿いの表通りでも、多くの町家の間口が狭く、自動車の格納には向かないことがその原因とみられる。

　ひがし地区では車を敷地内に収容しないか、収容する場合でも建物の内部に車を入れるものが多い。しかし、自動車が多くの住民にとって必要とされているのは他の地区と同様なのであろう。詳細な状況は把握できなかったものの、山麓地区やさらにその外側の駐車場が利用されているものと推測される。注目されるのは、金沢市ではひがし地区と主計町地区において、住民が自宅敷地内に駐車施設を有しない場合、地区外で借りた駐車場の料金に対して、

50％（上限5,000円）の補助を交付していることである。自宅敷地内の駐車場であれば、整備後の経済的な負担はほとんどないだろうが、敷地外で借りれば継続的に支出が続くことになる。このため地区内に駐車場が増えることを抑制するために作られた制度である。現在では約120世帯の住民のうち、24〜25軒がこの制度を利用しているとのことなので、実際には自動車利用の需要が多いことは明らかである。

一方、観光客用には、国道359号線の東側に金沢市営で普通自動車用の東山観光駐車場（16台）、西側に東山観光バス駐車場（バス6台）、東山北観光駐車場（普通自動車7台、バス4台）が設けられている。また、浅野川沿いにも金沢市営の東山河畔観光駐車場（11台）が設けられている。以上は、すべて重伝建地区の外側に設置されている。2つの一般車用の観光駐車場は規模もあまり大きくないため、観光客が多い時には満車になりやすい[28]。国道沿いの西側、特にひがし地区から遠くない場所にコインパーキングがいくつか立地しているのは、これらが観光客にも利用されているからと推定される。金沢市としては、観光客には徒歩やレンタサイクルを利用しての観光を呼びかけているため、これ以上の市営駐車場の整備は予定していないというから、コインパーキングはまだ増えていく可能性もある。

ただし、ひがし地区のまちづくり協定では、同地区内にはコインパーキングは設置しないことがルール化されている。同協定は紳士協定で罰則などの規定を持たないが、地区内に2か所ある全面駐車場がコインパーキング化していないことは偶然ではなく、この協定の効果によるものであることがわかる。

3　D−外部依存型の重伝建地区の評価

Dタイプは、伝統的都市の有していた秩序の維持をなるべく優先し自動車利用を抑制する、という地区の方針があって初めて成立するものである。ひがし地区で道路への自動車の進入が制限されたり、一方で地区外での駐車場利用に関して補助金を交付したりしているのは、抑制により生じる矛盾をソフトな政策で調整しようとするものであると考えることができる。

ただし、Dタイプは、地区の面積が狭い場合にのみ可能な形式だともいえよう。重伝建地区と地区外部にある駐車場との距離が短ければ、非日常の体験を求めて重伝建地区を訪れる観光客はもとより、毎日の生活で自動車を利用している住民も、それほどの不便さは感じないであろう。また、地区が狭ければ、地区の外部に押し出される自動車の総数も限定される。しかし、山麓地区のような20haを超える規模の地区をDタイプとしようとすれば、その中心部にある住宅からは地区外部へ出るのにより長い距離を歩かなければならなくなるし、そもそも全体として所有する自動車の総台数も相当な数に上る。このため必然的に地区外で駐車場を確保するのも容易ではなくなると想定されるからである。

また、共存という観点から考えて、都市空間・景観の秩序を最優先することが、果たして自動車との共存に成功していることになるのか、という点も議論すべき点かもしれない。その際には、ひがし地区と山麓地区、さらにその周辺という広がりの中で共存についての評価を下すべきであろう。そして、そのように考えると、ひがし地区から離れるにしたがって駐車場が増え、地区外の国道沿い周辺には極めて多くの駐車場が押し出されている、すなわち自動車自体が地区外に押し出されているという現状は、必ずしも理想的な共存のあり方とは言いにくいと考えられる。より魅力的な保存地区を優先して自動車を閉め出すことで、周辺の地区にその負担を転嫁しているとも言えるからである。

3.6　新たなモビリティは共存を可能にするか？

以上のように、それぞれの重伝建地区の特性に応じて、異なる形式で住民・観光客用の駐車場が設け

られ、地区内に自動車が収容されていたことが判明した。そして、収容の形式は地区の規模・街路幅員・屋敷地規模・歴史的建造物の残存状況に影響を受けている一方で、現在の交通の利便性や観光の状況とも関係があるらしいこともほぼ判明したであろう。

　一連のフィールド調査を実施して筆者らが驚かされたのは、いかに多くの自動車が重伝建地区内に収容されているかであった。実は、今井町については調査以前にはＤタイプではないかと予想していたし、ひがし地区については数年前の訪問時の印象にもとづき、Ｄタイプであるだけでなく、ほとんど駐車場が存在しない場所のひとつと位置付けていたのである。しかし、その予想は正しくはなかった。今井町はＢタイプであったし、ひがし地区の内部にも予想より多くの自動車が収容されていることを確認することとなった[29]。現在の我々の生活は、伝統的な市街地においても、それほどに自動車の利用と密接な関係を有しているのである。したがって、本章のタイトルである「日本の伝統的都市と自動車は共存できるか？」という問いに対しては、理想的な共存は「これまでは難しかった」というネガティブな結論を出してしまいそうである。

　しかし、自動運転が高度に発達して、自宅前まで無人の自動車が迎えに来るような状況になれば、以上見てきたような保存地区内の各住宅における駐車場は、ほとんど必要がなくなるであろう。したがって、自動車を伝統的建築の中に入れるために入り口の建具を修景するというような行為は必要がなくなる可能性が高い。また、観光客用の駐車場も観光客を地区周辺の適切な場所まで運んで降車させ、必要なタイミングで迎えに行けば良くなるので、地区内や地区の近隣には駐車場が必要なくなる。住民を迎えに行く前や観光客を降ろした後に自動車が待機する場所は、重伝建地区の外側、それも全体の景観に影響を与えないように、少し離れた位置に集約して作ることが一般的になるのではないか。重伝建地区は依然として様々な課題を有するだろうが、少なくとも自動車の利用との軋轢が原因となる課題は極めて少なくなるかもしれない。しかし、そのような状況が一般的になるまでには、まだかなり長い年月がかかるものと思われる。したがって、それまでは何らかの方法で、現状より適切な共存を図る必要があるものと思われる。

　現在進められている自動車の小型化と電気自動車などによる脱炭素化は、伝統的都市との共存の質を高めるものとして期待される。3.3節で説明したように、これまで一般的だったエンジンを積んだ自動車は、町家の中に収容するには概して規模が大きく、また排気ガスを発生させるため、特に町家建築の内部空間の構成と環境に与える影響が大きかった。可能な限り小型化し、脱炭素化することができれば、このような問題は一定程度は解決されるものと思われる。そうなれば、重伝建地区の範囲外であっても、駐車場や車庫の設置を理由に、伝統的な建築物が壊されることが減少するものと思われる。

　しかし、すでに発生してしまっていた全面駐車場の扱いは簡単には解決がつきそうにない。再建蔽ができれば一番良いが、多くの伝統的町並みで都市としての活力が失われている現在、それだけの需要が発生することを期待することは難しいのである。

　これまで地区内の全面駐車場に対しては、正面に塀を廻らせるなどして、景観の連続性を保とうとする対策が行われてきた。この方法は当面は有効であろうが、もし自動運転が一般化し、そもそも地区内部に駐車場が必要でなくなってくると、ますますその土地の有効な利用法が問われることになるだろう。

　以上のように、伝統的都市と自動車の共存は、それほど簡単に解決策のみつかる問題ではない。共通の解決策を案出することも現実的ではないので、差し当たってはそれぞれの地区の実情に応じ、ひとつずつ対策を考えていく必要があるだろう。

■注・出典・参考文献

1) 屋敷地が広く建蔽率の低い農村などでは、一般的には自動車の流入に関わる問題は発生しないことが多いと考えられるが、観光客が多数訪れる岐阜県白川村のように、長年地区内に進入する自動車やそれらの駐車場問題の解決に腐心してきた地区もある。なお、芦澤美月、劉一辰、李雪、藤川昌樹（2023）「白川郷における駐車空間の分布と交通整備の経緯」『日本建築学会大会学術講演梗概集』都市計画、pp.739-740を参照。

2) 国際交通安全学会編（2012）『駐車場からのまちづくり』学芸出版社。なお、『都市問題』（105、2014年）は、「都市における駐車場問題」を特集として組んでいる。

3) 竹橋悠、内田奈芳美（2013）「金沢市歴史的中心市街地の駐車場化の実態」『都市計画論文集』Vol.48、No.3、pp.633-638

4) 種崎夏帆、中村文彦、田中伸治、有吉亮、三浦詩乃（2018）「駐車場の再配置による重要伝統的建造物群保存地区の歩行環境の改善に関する研究－佐原の町並みを事例として」『都市計画論文集』53巻3号、pp.1413-1419

5) 湯浅隼也、大沢昌玄、岸井隆幸（2016）「重要伝統的建造物群保存地区における駐車場の実態に関する研究」『第36回交通工学研究発表会論文集（研究論文）』pp.681-685

6) 法律上は、駐車場と車庫は別次元の位置付けがなされており、それぞれ駐車場法、車庫法という法律が存在する。

7) なお、文化庁（2015）『歴史と文化の町並み事典－重要伝統的建造物群保存地区全109』（中央公論美術出版）に2015年までに選定されていた109地区の概要が掲載されている。

8) このうち真壁・今井町については、すでに、劉一辰、藤川昌樹（2018）「茨城県桜川市真壁町における駐車場の出現パターン：重要伝統的建造物群保存地区の駐車空間に関する研究　その1」『日本建築学会計画系論文報告集』748（pp.1067-1077）、劉一辰、李雪、藤川昌樹（2022）「奈良県橿原市今井町における駐車場の出現パターン：重要伝統的建造物群保存地区の駐車空間に関する研究　その2」『日本建築学会計画系論文報告集』796（pp.1010-1020）において発表しているが、本章の執筆にあたり、図や表の表現・数値を修正した。

9) 中野茂夫、藤川昌樹、河東義之（2007）「近代における在郷町の都市・建築空間と産業化の影響：茨城県桜川市真壁町を事例として」『日本建築学会計画系論文報告集』621、pp.243-250

10) 調査は2015年11月8日と14日に行った。以下本章に登場する調査では、縁石や白線によって駐車可能台数を把握したが、区画がない場合は厳密な台数を確認できないため、目視により駐車可能台数を推定した。そのため、台数には幅がある。得られた情報について、ゼンリンの住宅地図をベースマップとしてマッピングを行った。調査に協力してくれた秋葉正美、余思奇、山縣杏香、陳園園、曲芸、梁博、平井恵理、姚鵬飛、諸橋彩香、富田真紀、李歌（以上、真壁）、大村清美、大井菜摘、平井元貴、

呂夢琦、徐暢、王睿婧（以上、今井町）、秋葉正美、陳穎、呂夢琦、呂志裕、楊佳楽、劉嘉恵、襲蕙若（以上、金沢市）の諸氏に感謝したい。なお、真壁・今井町の調査は、筑波大学大学院社会工学学位プログラムのワークショップ／ファシリテーター育成関連科目の一部として実施された。

11) 秋葉正美、藤川昌樹（2020）「旧真壁町における「明治35年調製家屋台帳」の史料的性格－税制と類例による考察－」『日本建築学会技術報告集』26巻64号（pp.1236-1241）、同（2021）「旧真壁町「明治35年調製家屋台帳」間取図の図面特性－遺構資料参照による考察－」『日本建築学会技術報告集』27巻66号（pp.1068-1073）

12) 2017年10月1日より無料化されたが、調査時点では有料であった。現在でも雛祭りおよび祇園祭の際には有料になる。

13) 軒下へ駐車するケースは、日常的に駐車しているか判断できなかったので、駐車場の数の分析からは除外した。

14) つくば市のウェブサイト（https://www.city.tsukuba.lg.jp/_res/projects/default_project/_page_/001/002/099/tsukubashinamiki2cyoume7banchikeikankyoutei.pdf）による。

15) 今井町については、渡辺定夫（1994）『今井の町並み』（同朋舎出版）、八甫谷邦明（2006）『今井町：甦る自治都市』（学芸出版社）を参照。

16) 前掲『今井の町並み』による。

17) 2017年2月18日～20日と2020年10月31日～11月2日に実施した。調査範囲は今井町の重伝建地区より広い、都市計画道路に囲まれた範囲を対象に駐車場の所在調査を行った。

18) 橿原市（2017）『橿原市観光基本計画（平成29年度～平成38年度）』

19) 厳密に言えば、豊田市足助や高梁市吹屋では、観光客用の駐車場が重伝建地区内に設けられているが、いずれでも駐車場は地区の外縁に配されているので、実質的にBタイプとみて良い。

20) 金沢市経済局観光政策課（2021）『金沢市持続可能な観光振興推進計画2021』

21) 京都市祇園新橋も茶屋町である。

22) 金沢市教育委員会（1975）『旧東のくるわ　伝統的建造物群保存地区保存対策事業報告書』。ここでは、村上訒一、亀井伸雄、苅谷勇雅、江面嗣人編（2004）『中部地方の町並み 1』（日本の町並み調査報告書集成4、東洋書林）を利用した。なお、後者に再録される段階で地区名は「東山ひがし」に変更されている。

23) 金沢市（2002）『金沢市主計町伝統的建造物群保存対策調査報告書 2』。ここでは、苅谷勇雅、林良彦、下間久美子、西山和宏編（2007）『中部地方の町並み 6』（日本の町並み調査報告書集成21、海路書院）所収のものを利用した。

24) 調査は、2022年11月17日～20日に実施した。なお、このうち11月18日には目視調査に加え、ひがし地区につ

いては保存会の元会長中村驍氏に、山麓地区については保存会事務局長の森田本淳氏に、市の施策等については金沢市役所歴史的都市推進課の土田昌伯担当課長、田丸育世歴史建造物係長にインタビューを行った。

25）1994（平成6）年に金沢市が制定した「こまちなみ保存条例」に基づく地区であり、重要伝統的建造物群保存地区に準じた性格を有している。

26）金沢市のもう1つの重伝建地区である寺町台では境内が駐車場化しているケースもみられる。

27）国道359号線沿いの敷地の1つに2台の駐車が可能な①前面駐車場が確認される。重伝建地区の外郭線が敷地の中央部を横断しているが、地区内のものと判断した。

28）コロナ禍前の2018年度には、観光駐車場で2,090〜3,264台／月、バス駐車場で455〜1,133台／月もの利用があったという。

29）ただし、今井町にしても、ひがし地区にしても、一見しただけでは、自動車や駐車場の印象がほとんど残らなかったということでもある。町家の建物内部に収容し、正面の建具を適切に修景することにより、少なくとも景観的にはかなりカモフラージュできているということであろう。

column ❷

スマート茅葺き屋根研究拠点

山本 幸子

　2022年、茨城県石岡市八郷に筑波大学茅葺き研究拠点がオープンした（口絵36）。この研究拠点の特徴は、循環型の建築である茅葺き民家と太陽光・水力発電や電気自動車など次世代のエネルギー・モビリティを組み合わせ、未来の農村の暮らしの実証実験に取り組む点である。茅葺き民家は伝統を重んじた改修をした一方で、敷地内に10m^{2}未満の離れを新築し、屋根に小さな太陽光パネルを載せ、軒下に電気自動車の給電・放電の設備を設置した。将来的には敷地側を流れる小川に水力発電を備える計画である。石岡市や関彰商事との産官学連携にも特徴がある。

　この研究拠点で取り組んでいる研究テーマは、農村集落のオフグリッド化（電力の自給自足）である。農村では民家が分散して立地しているため配電線が長くなり、美しい里山景観を阻害する要因となって

いる。またインフラ維持管理の観点からも非効率であり、災害時に1本でも電柱が倒れると孤立集落となる可能性もある。自然エネルギーとして太陽光発電を導入する事例が多いものの、景観に配慮した自然エネルギーの組み合わせを考える必要がある。そこで本研究では、小規模な太陽光発電・小水力発電と電気自動車を組み合わせたオフグリッド化の可能性を検討している。農村ほど移動手段を自動車に依存せざるを得ないが、電気自動車を導入することで、移動時の環境負荷軽減はもちろんのこと、平時・災害時に"動く蓄電池"として有効であると考えている。

　研究拠点のある集落中心部から離れて建つ2軒の民家から優先的にオフグリッド化を検討したところ、民家の屋根に小規模な太陽光パネルを載せ、小水力発電と電気自動車2台を組み合わせることで、オフグリッドが実現できることがわかった。実現に向けては課題が多いが、大規模な設備導入ではなく、小規模な設備の組み合わせが農村地域のオフグリッド化に適していると考えている。

第4章 郊外化・自動車依存がもたらす環境の変化とその可視化

村上 暁信、グエン・ヒュー・クワン

4.1 郊外の環境

1 都市と郊外

　都市とは人口の集中した地域であり、政治・経済・文化の中心になっている場所である。都市には人を引き付ける力があり、都市と対をなす「農村」から人口が流入する。都市への流入のスピードが急激に高まったのは、18世紀の産業革命以降である。農業改革による農作物の生産量増大は人口の増加をもたらした。一方で、農業改革は1人あたりの収穫量を増大させたため、農村では労働力が過剰になった。この労働力が産業革命によって成立した工場制機械工業になだれ込んだのである。その結果、農村から都市への人口流入が続き、ロンドンの人口は1801年に約95万人ほどだったのが1851年には約240万人、1901年には約440万人に増加した。急激な人口の流入は都市の住環境に深刻な問題を生じさせ、コレラなどの伝染病が発生し、市民生活を脅かした。コレラの蔓延に井戸水の汚染が関係していることが判明すると、衛生環境問題への対応が迫られるようになった。公衆衛生に関する議論の深化とともに、この時期にもうひとつ、都市計画という社会技術の誕生に関係する現象が顕在化し始めた。郊外化である。農村からの継続的な人口流入により都心の人口密度は上昇し、衛生環境問題の大幅な改善は望めない。そこで富裕層を中心に、人口密度がそれほど高くなく、空気も汚染されていない環境を求めて、都市の外側に居住するようになったのである。家は都市の外側に持ち、そして発展しつつあった交通網を活用して仕事をするために都心に通勤するというスタイルが増え始めたのである。近代都市計画の原点とも位置づけられるエベネザー・ハワードのガーデン・シティ（田園都市）論が提示されたのは1898年である。ハワードのガーデン・シティは職住近接を目指しており、新都市建設においては就労の場も都市内に持つことを計画していた。そのため、当時すでに流行し始めていた郊外住宅地開発については、ハワードは批判的に論じていた。しかし人気があったのは大都市への通勤を前提とする郊外住宅地の開発であり、1920年代以降は郊外化が急激に進むようになっていった。同じような郊外化の流れは世界中の大都市で進んだ。

　日本について見てみると、戦後に首都圏への急激な人口流入が起きている。1950年に1,305万人、1960年に1,786万人であった首都圏の人口は、1960年代前半の5年間で17.6％、後半の5年間でさらに14.7％増加したことにより、1970年には2,411万人にまで達し、1950年から実に8割以上も増加している。しかし東京都区部とそれ以外で分けて人口の推移を見てみると、1960年以降の人口増加を支えたのは東京都区部以外の地域であることがわかる（図4・1）。主な就業地が都区部であると考えると、通勤を前提とする郊外居住が首都圏居住者の生活を作ってきたといえる。

　イギリスで郊外居住が進んだのは、ブルジョア層が都心を離れ、工場の煤煙や騒音などと無縁な郊外に良質な住まいと清涼な環境を求めたからである（R. フィッシュマン、1990）。郊外居住のメリットのひとつは、豊かな自然環境を背景とした良好な住

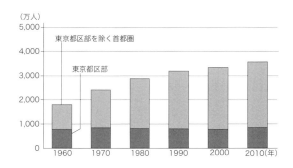

図4・1　東京都区部と首都圏の人口推移
（国勢調査「住民基本台帳による東京都の世帯と人口（町丁別・年齢別）」より作成）

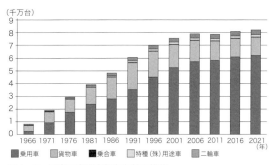

図4・2　国内の自動車保有台数の推移
（出典：一般財団法人 自動車検査登録情報協会、https://www.airia.or.jp/publish/statistics/trend.html）

環境である。日常生活の中でこれらを享受できることは、現在でも変わらず郊外の魅力になっている。

　このような郊外での生活を考える上でもうひとつの重要な要素は自家用車である。日本の自動車保有台数の推移を見ると、1966年時点では800万台程度であったものがその後増加し続け、1996年には7,000万台を突破している（図4・2）。この間に国内の道路は舗装化が進み、それまでの砂利道からアスファルト舗装へと変わっていった。また幹線道路沿いには商業施設が建ち並ぶようになった。郊外の居住者は自家用車でこれらの商業施設に行き、日用品を購入して生活する、というスタイルが定着した。

　郊外に居住し、郊外ライフスタイルを送っている市民の比率は戦後急速に拡大し、現在も増え続けている。今日、国際的に郊外を対象にこれからの都市生活や空間のあり方を議論する動きが活発化している。マサチューセッツ工科大学Leventhal Center for Advanced Urbanismでは、郊外の将来を議論する取り組みを活発化させている。そこでは、これまで「アンチ郊外」の発想が色濃く浸透していたことが将来の都市とそこでの生活のあり方についての建設的な議論を阻害してきた、と指摘している。郊外居住では良好な自然環境に囲まれた生活を送ることができる点がメリットであるが、それは同時に、住宅地開発によって既存の自然環境を一部とはいえ破壊する行為でもある。また郊外住宅地は単調で画一的なまちなみになりやすく、コミュニティも希薄

化しやすいことが指摘されるなど、郊外に対しては否定的なイメージが定着してしまっている。このように郊外に対しては負のイメージがあるが、現実に多くの市民の生活が営まれている場所であり、そこでの生活は今後の都市生活、国土保全やエネルギー問題を考える上で、重要な論点であるといえる。そこで本章では郊外化が進んだ例として茨城県つくば市を取り上げて、そこでの環境、ライフスタイルの特徴やその変化について検討していく。

2　郊外地域としての筑波研究学園都市の特徴

　筑波研究学園都市は、東京の中心から北東に約60kmの距離にある。その大部分は標高20〜30mの台地上に立地し、面積は約2万8,400ha（東京都区部面積の約2分の1）である。茨城県南部に位置し、北には筑波山があり、東には霞ヶ浦がある。筑波研究学園都市は、令和4年時点で人口約25万人、国と民間合わせて約300の研究機関・企業、約1万人以上の研究者を擁する日本最大の研究開発拠点となっている。筑波研究学園都市は、科学技術の振興と高等教育の充実に対する時代の要請にこたえることと、首都圏既成市街地への人口の過度な集中の緩和に役立たせることで首都圏の均衡ある発展に寄与すること、という2つを目的に、1963年9月の閣議了解によってその建設が決定された。1966年に用地買収が開始されて以降、1970年3月までには、当初予定されていた国の研究機関、大学等の施設が

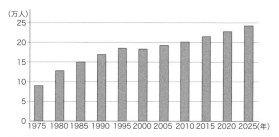

図4・3　つくば市の人口推移
（つくば市『統計つくば令和3年度版』より作成）

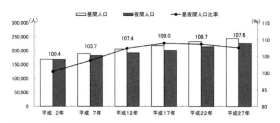

図4・4　昼間人口と夜間人口の推移
（出典：つくば市『統計つくば令和3年度版』）

移転・新設されるとともに、基幹的な都市施設が建設された。その後、1981年に常磐自動車道が開通（柏〜谷田部間）し、1985年には常磐自動車道が東京と直結された。同じ年に国際科学技術博覧会（つくば万博）が開催された。1987年に大穂町、豊里町、桜村、谷田部町が合併してつくば市が誕生し、その後も都心部の施設整備が進むとともに、周辺部の工業団地等への民間企業の進出も活発化している。2005年にはつくばエクスプレスが開業し、都心へのアクセスが飛躍的に向上した。市制施行の1987年当時の総人口（外国人住民含む）は15万7202人であり、その後約1.5倍にまで増大している（図4・3）。

近年のつくば市の昼夜間人口を比較してみると、その数はおおよそ等しい（図4・4）。つくば市から東京都心への通勤通学者は1万人弱いる（平成22年時点、国勢調査をもとにつくば市役所発表）一方で、つくば市への通勤通学者も多く、大都市的な要素も持った郊外地域であるといえる。

3　自動車依存と都市の拡大による生活の変化

茨城県における乗用車保有台数の推移（図4・5）を見てみると、1970年に約13万台だったものが2020年には約199万台になっており、大幅に増加しているといえる。つくば市の自家用乗用車の保有台数も増加を続けており、平成24年時点で1世帯あたり平均1.6台の乗用車を保有している（つくば市総合交通体系調査（H27））。

乗用車保有台数の増大は都市の拡大の仕方にも影響を与えている。2000年の町字別人口密度の分布を見ると人口密度が高い地区は駅周辺に集中しているが、2020年の分布図では、高い人口密度を示している地区は外側に広がっていることがわかる（図4・6、口絵17）。つくば市自体が東京の郊外であると同時に、つくば市の中でも郊外化と同様の動きが進んでいる様子がわかる。この拡大を支えているのは、高い自家用乗用車保有率である。

土地利用の変化を見てみると、都市的土地利用への転換が中心部だけでなく市の外縁部でも進んできている様子が見て取れる。図4・7（口絵18）は1976年、1997年、2021年の土地利用分布図を並べたものである。また図4・8は市域のより詳細な土地利用比率を比較したものである。1976年から2009年にかけて、畑地（その他農用地）は約15％、森林は約27％減少し、その代わりに建物用地が約3.2倍にまで増大している。土地利用転換、すなわち市街化が起きた場所を見てみると、中心部で建物用地が増えているのと同時に、中心部の外側でも建物用地が増えていることがわかる。ただし、中心部外側での建物用地は塊として増えているわけではなく、農地や森林の中に密度が高まるように分散して

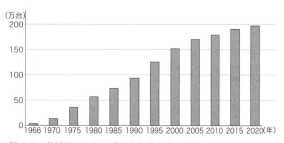

図4・5　茨城県における乗用車保有台数の推移
（一般社団法人自動車検査登録情報協会のデータをもとに作成）

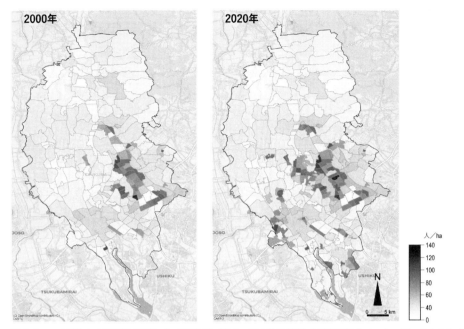

図4・6　つくば市の人口密度の変化［→口絵17］（出典：国土数値情報 土地利用細分メッシュデータより作成）

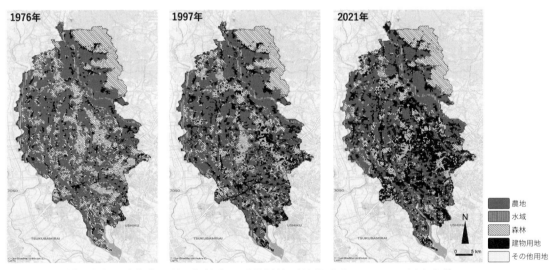

図4・7　つくば市の土地利用変化［→口絵18］（出典：国土数値情報 土地利用細分メッシュデータより作成）

図4・8　つくば市の土地利用割合の変化
（出典：https://www.city.tsukuba.lg.jp/material/files/group/118/1-6-2-1genkyou.pdf、国土数値情報をもとにつくば市作成）

増えている。中心部ではある程度の規模を有した面的な転換であるのと比べると、その違いが明らかである。分散して建物用地が増えている場所では、バス停や他の拠点までの距離が長くならざるをえない。そのため公共交通機関の利用のしやすさは、中心部での居住に比べて劣ることになる。この点をカバーするのはやはり自家用自動車であり、自動車利用への依存が都市の拡大を支えているといえる。

また、店舗面積が1,000m²以上の大規模小売店舗の数は、25（2002年）、34（2007年）、42（2014年）と増えてきている。自動車保有台数の増加と自動車利用への依存を背景にして、車で日用品をまとめて買いに行くライフスタイルが定着してきたといえる。

つくば市内居住者の通勤・通学先別交通手段（表4・1）を見てみると、つくば市内の通勤・通学では自動車利用が最も多い（分担率約61%）。また県外への移動は、鉄道・電車の分担率が高い傾向にある。しかし1世帯あたりの自家用車の保有台数は1.6台であり（図4・9）、市内における生活には自動車が必須になっていることがわかる。図4・10の目的別

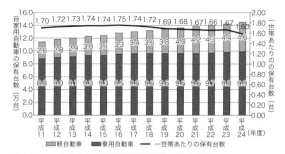

図4・9　つくば市の自家用自動車保有台数の推移
（出典：つくば市『つくば総合都市交通体系調査 改訂版』平成28年3月）

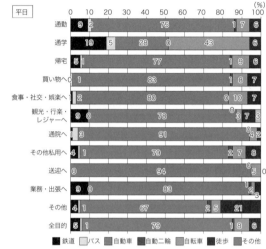

※市内発着の発生集中量ベース（6,301トリップエンド）による集計。

図4・10　目的別代表交通手段分担率（平日）
（出典：つくば市『つくば総合都市交通体系調査 改訂版』平成28年3月）

表4・1　つくば市内居住者の通勤・通学先別交通手段（分担率（平成22年））
（出典：つくば市『つくば総合都市交通体系調査 改訂版』平成28年3月）

発地	着地	総数(人)	徒歩だけ	鉄道・電車	乗合バス	勤め先・学校のバス	自家用車	ハイヤー・タクシー	オートバイ	自転車	その他	不詳
つくば市	つくば市	63,661	5.4%	1.0%	3.1%	1.0%	60.6%	0.0%	1.7%	23.6%	0.8%	2.6%
	土浦市	7,733	0.1%	2.7%	7.0%	4.5%	72.8%	0.0%	1.1%	9.3%	1.1%	1.3%
	下妻市	1,338	0.0%	1.2%	2.9%	6.1%	79.5%	0.0%	1.8%	6.4%	0.7%	1.4%
	常総市	1,895	0.0%	3.4%	2.0%	0.6%	84.9%	0.0%	1.0%	6.1%	1.0%	1.0%
	牛久市	2,551	0.2%	1.7%	6.0%	2.1%	68.1%	0.1%	1.6%	18.6%	1.0%	0.7%
	つくばみらい市	1,748	0.6%	2.3%	2.1%	2.0%	83.6%	0.1%	1.5%	5.9%	1.2%	0.9%
	阿見町	1,170	0.0%	0.8%	1.2%	0.8%	91.3%	0.0%	1.4%	2.9%	0.7%	0.9%
	その他茨城県	7,133	0.0%	8.4%	3.4%	2.1%	79.1%	0.1%	0.7%	3.5%	1.4%	1.2%
	栃木県	198	1.0%	6.7%	1.4%	1.4%	79.0%	0.0%	0.0%	2.9%	4.8%	2.9%
	埼玉県	712	0.1%	46.8%	9.1%	2.4%	29.0%	0.1%	1.6%	8.7%	1.5%	0.7%
	千葉県	2,074	0.1%	42.7%	9.0%	2.0%	34.6%	0.1%	1.3%	8.2%	1.1%	1.0%
	東京都	7,572	0.0%	60.9%	9.9%	0.3%	18.2%	0.2%	1.3%	7.9%	0.7%	0.6%
	神奈川県	339	0.4%	56.7%	17.2%	1.1%	13.3%	0.4%	1.1%	7.1%	1.5%	1.1%
	その他の都道府県	249	2.2%	32.7%	4.4%	1.0%	32.7%	0.3%	0.3%	4.8%	14.0%	7.6%

※つくば市内に常住する15歳以上の通勤・通学者を対象に集計
※茨城県内の市町村については、つくば市からの通勤・通学者数が1,000人以上の市町村を表記
※最も利用が多い交通手段の分担率を網掛けで表示

代表交通手段分担率（平日）を見ると、全目的において自動車の比率が高く、全体では約75％を占めている。さらに2008 年の調査結果と比較すると自動車分担率は上昇している。買い物等私事目的では特に自動車利用が多くなっている。平日の通勤通学では鉄道の比率が高く、通学においてはバス・自転車の比率が高まる。公共交通利用者は、市外への移動が多く、平日は通勤目的や業務目的利用が多い。休日は観光・行楽・レジャー、その他私用目的が多く、多様な目的で公共交通が利用されているが、自動車保有台数の点からも、市民の生活の面からも自動車利用に依存していることがわかる。

4　GPS データ解析から見る自動車依存の傾向

　近年、POSデータやGPSログデータ、衛星画像など、オルタナティブデータと呼ばれるデータの利活用が進んでいる。オルタナティブデータは数年に1回程度の頻度で調査が行われる国勢調査や商業統計等のデータと比較して、高速かつ高頻度でデータが記録されるという特徴がある。オルタナティブデータからは直近の状況を把握できることから、民間

企業や公共団体による活用が増加している。GPSログデータはオルタナティブデータの一種であり、スマートフォン等のGPSで緯度経度情報が高頻度で測位されることで蓄積されるデータである。GPSデータが記録されるのはスマートフォン等で特定のアプリを利用した場合のみにはなるが、全国の24時間365日分のデータが記録されている。GPSログデータを用いることで、測位されたデータの軌跡から移動経路の把握や混雑状況の把握が可能となる。ここでは、つくば市の2019年10月の1か月分のデータを用いた解析の例を紹介する。各データはデータ発信者IDとデータ発信時の緯度、経度、日付、時刻の情報から構成される。また前後のGPSログから、移動時の速度を計算することができる。

　2019年10月のつくば市のGPSログデータから、歩行スピードと考えられる0.5m/s ～ 2.5m/sのログだけを抽出し、DBSCANによるホットスポット（集中地区）の抽出を行った。DBSCAN（Density-Based Spatial Clustering of Applications with Noise）とは、データセットの中から密集しているデータ群を見つけてクラスタリングする手法である。

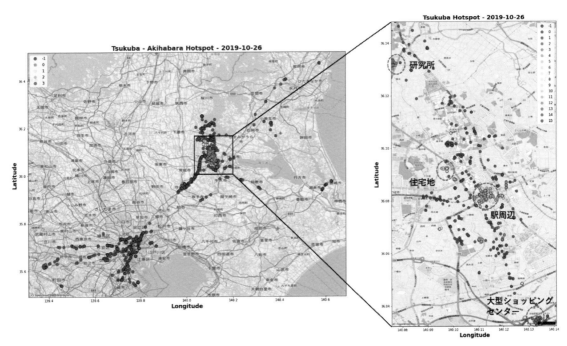

図4・11　GPSログデータを用いた歩行行動のホットスポット分析例［→口絵19］

抽出された歩行行動のホットスポットの分布を示したのが図4・11（口絵19）である。図4・11では10月26日（土）のデータのみを使用しているが、大型ショッピングセンターでホットスポットが確認され、他には住宅地区や駅周辺、駅につながる歩行者専用道路、学校でもホットスポットが確認された。しかし、それ以外では目立ったホットスポットは抽出されていない。つまり駅周辺を除くと特定の施設周辺でのみ歩行行動が見られることから、施設までは自動車で行き、施設においてのみ歩行をしている様子がうかがえる。

　また、GPSログデータからは習慣的な行動を読み取ることもできる。歩行行動のホットスポット分析から、施設までは自動車で移動していることが読み取れたため、次は施設に注目して生活行動を検討した例を紹介する。そこで重要になるのは、必要な生活サービスを提供する施設は何かということである。コンパクトシティの議論においては、小さな拠点として、コンビニを設置してATMや郵便局機能を付加するものが提案されている。しかし、適切な小さな拠点形成には、周辺に暮らす市民が生活上必要とするサービスを過不足なく提供できるようにする必要がある。生活上必要になるサービスとしては一般的には、購買、金融（年金等）、保険、コミュニティなどが提示されている。しかしこれらのサービスもオンラインショッピングと配達サービスの充実、オンラインでの金融取引の増加、遠隔でのコミュニケーション向上など、急速にそのあり方が変化しつつある。例えば過疎地域では、残された郵便局や公民館を「集落コンビニ」のような形で再生し、コミュニティの場とするとともに金融などの他のサービス提供を意図するものがある。しかし、将来的にオンラインで多くのサービスが提供されるようになると、実際に赴かなくては得られない、医療のようなサービスのみが求められるだろう。その場合は医療サービスを提供する地域の小施設が、他の購買、コミュニティ、金融サービスも提供できるように施設配置を誘導することが考えられる。人口減少だけでなくオンライン化などの変化を踏まえつつ、住民の暮らしを維持することと、そこで発生する生活や移動行動を考慮してこれからの居住空間を考えていく必要がある。

　そこでここでは医療サービスに注目して、医療に関わる行動から生活パターンの検討を行った。まず、つくば市内の病院リストを作成し、平日のGPSログデータのみを用いて各病院の周囲20mの範囲に15分以上滞在したIDを抽出した。次に病院訪問日について、抽出したIDの移動履歴を抽出した。その上で、25m以内の範囲に15分以上留まった箇所を抽出し、POI（Place of Interest、参照施設）データと重ね合わせた。さらに、同じIDの病院訪問日以外の日の移動を抽出し、同様にPOIでの滞在回数を確認し、比較した。POIは対象カテゴリに対して表4・2のような複数の種類のPOIを含めた。

　これらの各対象カテゴリの来訪回数を積算し、病院を来訪する日の来訪回数と、病院を来訪しない日の来訪回数を比較した。「病院来訪1日あたりの平均来訪回数／病院非来訪1日あたり来訪回数」の表（表4・3）では、いずれの病院（病院Kを除く）、いずれのPOIでも値が1を上回っていることから、病院来訪日にはPOIをより多く訪問する傾向があるといえる。特に、POI種別では、スーパー、服飾関連の値が大きい。服飾関連では小児科病院においてその傾向が顕著である。日常的に訪問する場所ではないが、来訪する必要がある施設を病院来訪にあわせて来訪している様子がうかがえる。また、つくば市の縁辺部にある小規模病院を来訪したIDの行動軌跡では、病院来訪日以外では軌跡が存在しない（自宅周辺のみ）日が平日で2日あった。日常はほとんど出歩かない行動形式の市民が、病院来訪日だけ行動範囲を広げているものといえる。さらに、別途検討した「病院来訪1日あたりのPOI平均来訪回数／病院非来訪1日あたりPOI来訪回数」の分布図では、人口密度が低い行政区では値が高くなる傾向があり、

表4・2　POIのカテゴリ

コンビニエンスストア	セブンイレブン、ファミリーマートなど
スーパー／百貨店	スーパーマーケット、ディスカウントストア、デパート、総合スーパー
ドラッグストア	ドラッグストア・薬店、医薬品販売
マネー／ファイナンス	銀行、金融商品、信託銀行、消費者金融、保険代理店、信用金庫、労働金庫、クレジットカード会社、信用協同組合、信用保険組合、ファイナンシャルプランナー
宅配	宅配便（宅配サービスセンターなど）、郵便局
服飾	洋服店、呉服店、紳士服店、ジーンズ店、アウトレットショップ、古着店、下着店、宝石店、眼鏡店、カバン店、靴店
美容／健康施設	フィットネスクラブ（ヨガ教室、体操教室など）、マッサージ店、鍼灸店、整体、整骨院、スーパー銭湯、サウナ、銭湯、美容院、理容院、各種サロン（エステ、まつげ、ネイル）
食品専門店	肉屋、魚屋、八百屋、果実店、洋菓子店、和菓子店、アイスクリーム店、酒屋、乾物店、コーヒーショップ、パン屋、米屋、惣菜店

表4・3　病院来訪1日あたりの平均来訪回数／病院非来訪1日あたり来訪回数

	コンビニエンスストア	スーパー／百貨店	ドラッグストア	マネー／ファイナンス	宅配	服飾	美容／健康施設	食品専門店	平均
A	1.55	1.26	1.28	1.04	0.91	1.31	1.12	1.24	1.21
B	1.04	2.10	4.78	1.17	1.15	1.48	1.41	1.46	1.82
C	1.73	2.34	0.88	0.91	1.49	1.48	1.29	1.05	1.40
D	1.12	1.56	1.52	1.27	1.16	1.51	1.32	1.17	1.33
E	1.56	1.01	1.97	1.99	1.12	0.99	1.29	0.94	1.36
F	1.56	1.01	1.97	1.99	1.12	0.99	1.29	0.94	1.36
G	1.15	1.00	1.36	1.09	1.53	1.75	0.98	0.98	1.23
H	1.15	1.00	1.36	1.09	1.53	1.75	0.98	0.98	1.23
I	1.30	0.91	1.53	0.86	0.64	1.21	1.83	1.44	1.21
J	1.30	0.91	1.53	0.86	0.64	1.21	1.83	1.44	1.21
K	0.68	0.26	0.50	0.00	0.62	1.07	0.68	1.79	0.70
L	1.25	1.18	1.07	1.33	1.74	0.99	1.09	1.23	1.23
M	1.25	1.18	1.07	1.33	1.74	0.99	1.09	1.23	1.23
N	1.02	0.84	0.67	1.68	3.75	0.77	0.94	0.76	1.30
O	0.99	2.09	8.09	1.13	1.19	1.32	1.27	1.18	2.16
P	1.02	2.45	0.91	1.13	0.90	6.97	2.20	2.53	2.26
Q	2.26	0.42	2.24	1.52	2.79	1.45	1.15	1.14	1.62
R	1.30	1.82	1.27	1.51	1.35	3.05	1.67	1.56	1.69
S	1.07	1.16	1.05	2.15	1.16	1.17	1.24	1.00	1.25
T	1.11	0.89	2.37	1.29	0.85	1.40	1.41	1.08	1.30
U	1.30	1.26	1.37	1.50	1.00	1.39	1.33	1.05	1.28
V	1.31	8.03	1.03	0.96	1.02	1.53	1.26	1.04	2.02
W	1.19	1.56	1.53	0.85	1.25	1.84	1.15	1.27	1.33
X	1.20	1.29	1.66	1.09	1.19	1.86	1.96	1.44	1.46
Y	1.21	1.32	1.57	1.32	1.22	1.54	1.37	1.16	1.34
平均	1.26	1.55	1.78	1.24	1.32	1.64	1.33	1.24	

縁辺部ほど病院来訪という行動が生活パターーンを決める上で重要な要素になっているといえる。

GPSログデータを用いた解析からは、市民は自動車で施設を訪れ、その施設での歩行以外には歩行行動があまり見られないこと、自動車で施設を訪れる際には前後で他の施設も訪れて用事を済ませる傾向があること、縁辺部の住民はまとめて施設を訪れる日以外は自宅周辺にとどまる傾向が強いことが示された。

4.2　郊外のランドスケープと都市計画

1　筑波研究学園都市の変化

筑波研究学園都市の建設が開始されてから半世紀以上が経つが、建設当初に移り住んできた人々の生活は現在の生活とは大きく異なっていた。建設当初の生活や環境の様子については、『長ぐつと星空−筑波研究学園都市の十年−』（筑波研究学園都市の生活を記録する会 編、1981）に記録されている。この書籍は主に東京から移り住んできた主婦たちによって書かれたものである。別の言い方をすると、夫の仕事の都合で移住させられた主婦によって書かれた記録である。書籍の冒頭では以下のように書かれている。

「筑波研究学園都市は昭和五十五年に予定機関の移転を完了し、同時に都市の概成がなされたとされている。しかし、開発の渦中に放り出された住民−それは主婦であり、学生、児童、幼児であり、また老人であるが−にとっては、依然として不便な生活環境の居住地域のかなたに、巨大な建築物がそびえているに過ぎない。例えば、この地が老人にとっていかに住みづらいかは、

一日ここにいれば、想像がつくであろう。この状況は移住開始以来、なんら改善されていない。」（同書、p. i）

　書籍では300頁以上にわたって、生活の不便さ、移り住んだ当初の驚きが細かい描写とともに綴られている。その中のひとつに、生まれたばかりの子供を連れて移り住んできた主婦の記録がある。一番不安だったことは子供の病気であり、病院に速やかに行けないことだったと書かれている。そこには「土浦までの交通が、土浦からタクシーを呼ぶか、炎天下、遠いバス停までトコトコ歩いてなかなか来ないバスを待つしかないという具合でしたから、土浦へ行くのも大変でした。そんな時、車が欲しいと切実に思ったものです。」（p.288）とある。添えられた写真にはバスの時刻表が写っており、朝8時台に2本のバスの時刻が記された後は、13時台まで時刻が記されていない。まだ舗装も十分にされていない道を歩き、バスに乗り、病院に行くだけでも一日がかりであった生活がうかがわれる。

　現在、筑波研究学園都市の住民の多くは自家用車を持ち、その台数は平均すると1世帯あたり1台を大きく超えている。自家用車を使えば、必要な用事先には効率的に移動できるようになった。生活の利便性は、自家用車を持ち、利用することで建設当初と比べて格段に改善されたといえる。しかし実際の生活では、便利に移動できるようになった分、用事を重ねることで用事以外で外に出かけたり、歩いたりすることは非常に少なくなっている。『長ぐつと星空』には、生活の不便さ、大変さが滔々と語られているが、それと同時に、土埃や土の匂い、水たまり、蛇、カエル、筑波おろしという強い風、そして否定的なものだけでなく、美しい星空なども含めて、当時の身の回りの様子が多く記録されている。不便で大変な思いをして移動しなければならない中で、自然と身の回りの環境を認識し、その光景を記憶しているのである。現在の市民が同じような記録を編纂することになったら、身の回りの環境についてど

れだけ細かく書けるであろうか。不便な時代に戻ることはあり得ないし、不便な時代が良かったという考え方からは将来のまちづくりは生まれない。しかし、自家用車が増え、道路が舗装され、都市が拡大した中で起きた事実としての生活の変化、身近な環境とのかかわりの希薄化については認識しておく必要がある。

2　筑波研究学園都市の環境計画

　筑波研究学園都市の建設には様々な専門家が参画したが、当時の他のニュータウン開発等と比較して特徴的なのは、ランドスケープの専門家が多く参加したことである。ランドスケープ分野とは、人と自然の関係に着目し、生態学の知識を計画やデザインに展開しようとする分野である。研究学園都市建設において、ランドスケープの専門家は植生調査などから学園都市の自然環境を分析し、その特徴にあわせた開発を誘導することを意図した。また、建設当時はまだ農村の特徴を色濃く持っていた地区に新市街地を形成するにあたり、新たな住民の生活を豊かにするための公園緑地のネットワークを形成することを目指していた。

　平坦で単調に見える筑波の土地であるが、よく見ると台地を刻む小河川と谷津田、地下水脈、遊水地や低地上の自然堤防などの微高地等、変化に富む地形と土地条件の違いが存在している。高さ20〜30mの低い台地部と低地部が交互に南北に走っている。元々この地域に住み着いた人々は、台地から低地に地形が変化する山の縁に居を構えた。常総粘土層から湧き出る地下水を飲み水として利用し、さらに稲作にも利用した。その後、水利灌漑技術が進むにつれて、低地の自然堤防や、台地中央部の畑作地帯へと居住地を広げていった。歴史的に見ると研究学園都市建設以前の筑波も開発の積み重ねであって、それぞれ微妙な地形の特徴を利用し、農村集落は屋敷林と樹林に囲まれた安定した居住空間を形成していった。このような農村集落の立地とそこでの

生活は、古くからの住民の経験の上に形作られたものである。例えば山の縁の地形を利用するとともに樹林や屋敷林で住まいを取り囲むことで、厳しい季節風や筑波おろしの風を防ぎ、また微高地に住むことで水害を防いでいた。その結果として、ヤマ－ノラ－ムラと呼ばれる樹林・農地・家屋のセットが連なる土地利用システムを形成していた。

これが筑波の農村の原風景であり、開発にかかわったランドスケープの専門家はこれらの特徴を筑波らしさとして保全することを目指した。さらに「保全」するだけでなく、同時に、伝統的な景観を新たな居住者にとっての地域の魅力につなげようとした。そのために筑波の土地の特徴、人と自然の関係性の中で生活の質を向上させるものは積極的に活用することが意図された。農村の原風景を構成する要素はそれぞれ多様な機能を持っている。例えば水路やため池は単に農業用水としての機能だけではなく、魚釣りや水遊びなどのレクリエーションの場としての機能、防火用水としての機能も持っている。新しい

居住者の生活にも役立つ機能を持っているのである。また、伝統的なランドスケープの要素はいずれも使いながら守られてきたものである。屋敷林等も集落ごとの農村共同体の連帯意識の中で維持されてきた。そしてこのような維持管理で協働することで、共同体のつながりも強められてきた。

計画に先立って筑波の伝統的なランドスケープを構成する各要素がどのような機能を持っているかを丁寧に洗い出し、新たな生活にとってどのような機能を発揮し得るかを検討して、それらを計画の中で最大限活用しようとしたのである。屋敷林をその後の土地利用の中でも取り込もうとし、ため池や水利施設は公園とすることで市民生活の中で保全、活用されることを目指した。また筑波山をはじめ、従来からの農村景観を保全し、その景色を市民が楽しめるように空間計画をつくっていった。

空間計画を考える上で留意された点はいくつかある。まず地域の自然環境の把握とそれに基づく科学的な計画の立案である。建設の初期段階では、中心部において基幹となる施設の建設が進められた。その後、計画対象が広がる際に、ランドスケープの専門家の関与が強まった。まず応用植物社会学の観点から現地調査が行われ、潜在自然植生図が作成された（図4・12）。潜在自然植生とは、人間のかかわりを一切停止したときにその土地に生じると考えられる自然植生のことである。通常私達が目にする植生は現存植生と呼ばれるが、それが潜在自然植生と異なる場合は、人工的に植栽が行われたか、潜在自然植生への遷移の途中段階であるといえる。必ずしも潜在自然植生に戻すことが理想であるという意味ではなく、遷移の途中段階であって、その状態を維持したければ人の手による管理が必要であることを意味し、また新たに植栽をする際には潜在自然植生を理解しておくことで地域に適した樹種の選定が可能に

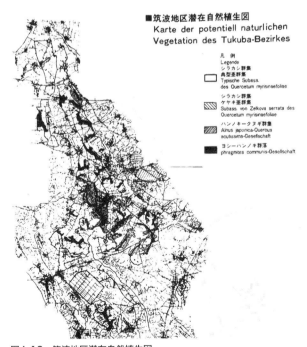

図4・12　筑波地区潜在自然植生図
（出典：横山光雄、井手久登、宮脇昭（1967）「筑波地区における潜在自然植生図の作製と植物社会学的立地診断および緑化計画に関する基礎的研究」『研究学園都市における緑化計画』日本住宅公団）

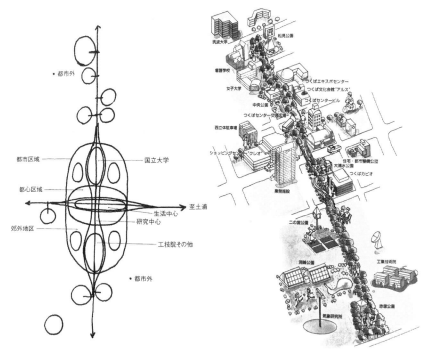

図4·13　筑波研究学園都市の都市軸
（出典：都市基盤整備公団茨城地域支社（2002）『筑波研究学園都市　都市開発事業の記録』）

なる。当時、台地を覆っていた代表的な植生は赤松の植林地、クヌギ、コナラの林地であった。当時の調査では対象地区の8割近くが樹林に覆われていたと記録されている。詳細な植生調査を通じて、植物社会学の視点から群落域の立地診断が行われた。そこで例えばヨシ・ハンノキ群落域と呼ばれる地区では、望ましい土地利用として公園が提案され、その後の土地利用計画にも反映された。

　2つ目は、先行する計画で設定された都市軸の整備である。対象地は縦長の南北18kmにも及ぶ特殊な形状をしており、そこで有機的な1つの都市をいかに作るかということが当初からの課題であった。そこで都市の中央部に幹線の歩行者専用道路が配置された。この歩行者専用道路を中心に据えて、その道路に沿ってセンタービルやショッピングセンター、エキスポセンター、公園、広場、学校などが配置された（図4·13）。歩行を優先するという姿勢は都市軸以外にも強調されていた。都市軸として設定された歩行者専用道路だけでなく、地区の広い範囲で既

存の植生を生かしつつ、また新規植栽によって歩きたくなる空間づくりが意図された。

　3つ目は、公園緑地ネットワークである。市民の都市生活において公園は重要であり、その利用の仕方、市民のニーズは多様である。レクリエーションといっても幼児を連れて行って遊ぶこともあれば、野球やバスケットボールをすることもある。またジョギングや静かな散策を求める人もいる。そのような多様なニーズに応えるために、公園の規模と、そこでの活動、誘致距離（どれくらい遠い人まで来ることを想定するか）を考慮し、ネットワーク化を図ることが計画された。また、市民のレクリエーションについての詳細な調査が行われ、都市住民の仕事などの活動時間や睡眠時間からレクリエーションに充てる時間が検討され、さらに国内外の他事例と比較して計画がつくられていった。最も小規模な公園である児童公園（現在の街区公園）も元々の自然特性を加味して検討され、さらに子供たちが複数の公園を移動しつつ連続的に遊べるように他の公園とのネットワーク化が図られた。新しい都市で展開される生活の質を高めることに貢献しつつ、周囲の自然環境と共生する空間の整備が目指されたのである。

　筑波研究学園都市の建設においてランドスケープの専門家は、地域の伝統的な景観を維持しつつ、ネットワーク化された多様な緑地を市民が利用し、享受できるように整えていくことを目指した。さらに

そのような住環境の整備を地域の自然環境の特性に配慮した方法で実現しようとしたのである。

4.3　郊外化による平野の樹林減少がもたらす影響

　自動車の普及が進む中で筑波研究学園都市では市街地が外へと拡大し、都市の郊外化と同じ変化が進んだ。市街地の拡大とともに、住宅地開発が各所で起こった。住宅地開発の増大は、同時に、従前の農地や森林の減少を意味する。農地や森林は筑波研究学園都市の原風景を構成する主要な要素であり、原風景はランドスケープの専門家たちが地域のアイデンティティとして後世に残そうとしたものである。しかも、単に農地や森林の面積が減少しただけではない。その内容、質、地域環境を保全する機能にも変化を及ぼした。以下では、都市の拡大がもたらした環境の変化について、平地に残されていた身近な森林、屋敷林や防風林を取り上げて紹介する。

　屋敷林や防風林は、筑波研究学園都市建設以前から地域に見られた伝統的な景観要素である。それらは防風・防砂機能のほかに薪炭材や建材の産出の場として、平野の農村地域の人々の暮らしを支える多様な役割を果たしていた。このような身近な森林は全国の農村地域に広く見られたものである。そしてこれらの森林は、高度経済成長期の急激な市街地拡大の中で大きく減少した。つくば市の北部に位置する旧大穂町区域を例に、樹林の変化を示したものが図4・14(口絵20)である。国土地理院発行の航空写真により、1980年と2008年に撮影された写真を用いて、実体視を行うことによって各年の樹林分布を把握した。航空写真は航空機から地上に向けて撮影されたものであるが、撮影時には前の写真と撮影範囲が60％オーバーラップするように撮影される。これによって地上の対象物を2つの異なる視点から捉えた写真を得ることができる。このような1組(2枚)のステレオ画像を左右別々の眼で見ること(実体視)によって1枚の画像のみからでは得られない高さ方向の情報を得ることができる。1枚の写真からでは樹林と草地の判別が難しいが、実体視によって正確に樹林の分布位置を把握することができる。

　各年の樹林の分布図を作成し、比較した結果、1980年から2008年にかけて約266haの樹林が消失していた。それと同時に、約101haの樹林が新たに出現していた。工業団地や研究所が造成された

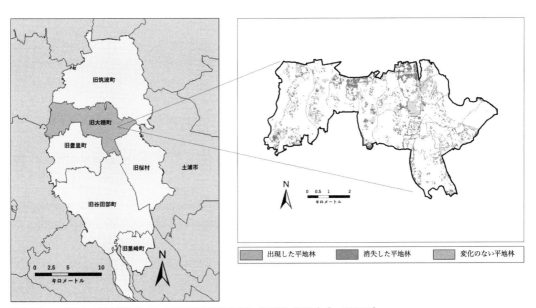

図4・14　つくば市の旧大穂町地区における森林分布の変化（1980-2008）［→口絵20］

地区では大面積の塊状の樹林が失われていた。また、樹林が伐採された後に耕地や未利用地として残されているものも多く見受けられた。

新たに出現した樹林に着目すると、耕作地が樹林に変わったものや、未利用地として残されていた樹林の周辺の土地が、樹林に変化したものも見られた。

残存する樹林の所有者にインタビューしたところ、以前は樹林の管理も行っていたが、現在はほとんど行わなくなっているということであった。下草刈りや間伐などの樹林管理は重労働であるため、管理が行われなくなったことにより、下草や樹木が繁茂するようになり、その結果さらに林内での作業が困難になっている。また管理しないために外から粗大ごみなどが持ち込まれてしまっているとのことであった。

人が居住する場所の近くにある森林は古くから薪材や建材を得る場として活用されてきたが、その結果として樹木が間引かれた明るい樹林として維持されていた。筑波研究学園都市が位置する地域では人が管理せずに樹林を放っておくと常緑広葉樹の森になるが、林内が明るい状態であれば、常緑樹よりも成長が早い落葉広葉樹の樹木が優占するようになる。またかつては林床の草本は刈り取られた後に農地で肥料として利用されていたため林内も歩きやすい疎な空間であった。そのような森林は植生遷移の途中段階にあるために、植生遷移の最終段階である極相の状態よりも多様な生物が生息できる空間になる。今日の生物多様性保全の議論で注目される「里山」の環境が構築されていた。しかし薪材や建材を得る必要がなくなり、農業でも化学肥料が使用されるようになると人が森林に入る必要性がなくなった。その結果、放置された森林では植生遷移が進んで常緑広葉樹が優占するようになり、下草も繁茂するようになる。旧大穂町区域に残る樹林に実際に入ってみると、落葉広葉樹から常緑広葉樹へと植生の遷移が進んでいることがわかる。また林床にはアズマネザサが繁茂し、林内に立ち入りにくくなっている。樹林の所有者へのインタビューからは、以前は防風林としての役割が重要であったが、家を建て替えてからは風がそれほど気にならなくなったということであった。新しい住居では建物自体が風に対して頑強なため、居住者も屋外での強風を意識することがなくなっているのである。

また、樹林の管理はかつては地域内で協働して行われていたが、その点においても状況が変化している。相続の際に市外や県外の居住者に樹林の所有権が移ってしまうのである。茨城県が発行している森林簿を確認したところ、樹林の所有者が不明である樹林と地域外に所有権が移転している樹林が、全体の約30%に及んでいた。協働して樹林を維持管理しようという動きがとりづらい環境になりつつあるといえる。

つくば市の人口が増加し、市街地が拡大する中で樹林は量的にも

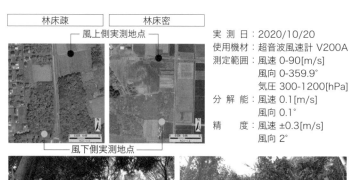

実 測 日：2020/10/20
使用機材：超音波風速計 V200A
測定範囲：風速 0-90[m/s]
　　　　　風向 0-359.9°
　　　　　気圧 300-1200[hPa]
分 解 能：風速 0.1[m/s]
　　　　　風向 0.1°
精　　度：風速 ±0.3[m/s]
　　　　　風向 2°

森林が管理された状態　林床疎　　　　管理放棄された状態　林床密

図4・15　管理の有無による森林の変化：風速の実測調査

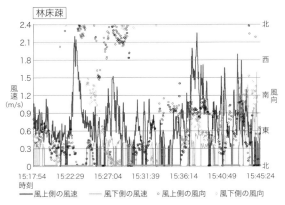
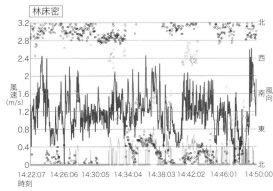

図4・16　管理の有無による森林の変化：風速の実測調査結果

質的にも変化してきた。また当初有していた機能、役割も変化し、樹林を取り巻く社会的な環境も変化してきたといえる。では樹林の量と質の変化は地域の環境にどのような影響を及ぼしたのであろうか。影響を検討するために、防風効果を取り上げて、地域の風環境への影響を熱流体シミュレーションソフト（Stream）を用いて検討した例を紹介する（図4・15）。管理状況の変化による樹林内の環境変化が風環境にどのように影響するのかを明らかにするためには、林内林床部の疎密状況をモデルに反映させて計算を行う必要がある。特に、現地調査から樹林が管理されなくなることで林床にアズマネザサが繁茂することが示されたので、林床が密になる状態を正確に評価する必要がある。そこでStreamで植栽の計算を行う際に抵抗係数と葉面積密度を設定して計算を行うこととした。これらの値を設定するため、現地で実測調査を行い、その結果を参考に独自のモデル係数を作成した。林床部の状態については"疎"である状態と、"密"である状態の2つに分類して調査を行った。ヒアリング調査から、1年程度樹林を管理しないと林床部にササやカヤなどが生えて林床部に隙間がなくなる、といった管理放棄とおよその林床の変化がわかったため、これらを参考にして実測場所を設定した。実測の結果、林床が疎な地点では、風下側には風上側の1/3 ～ 1/5程度の風速で風が吹き抜けることが示された。これに対して、林

床が密な地点では、風下側においては風速が0m/sになっている時間が多く、風が吹き抜ける時間も1/5以下の風速であることが多かった（図4・16）。この結果より、林床が密な場合には風下側にほとんど風が吹き抜けないことが示され、この結果をもとにモデル係数を設定した。数値の設定を行う際には風上側と風下側の風速の差が最大となったデータを使用した。風上側と風下側の風速の差は、おおよそ0.13倍となっていた。数値を変化させつつ計算を行った結果、葉面積密度の係数を30.0 $[m^2/m^3]$ に設定した場合に、実測結果と同じ計算結果が得られたことから、この値を用いることとした。

　シミュレーションについては、航空写真判読の結果から得られた量的な変化のパターンと、管理放棄による林床が変化したパターンの両方を検討した。対象地内の樹林の面積が最も大きかった1980年時点と、最も小さくなった2008年時点の樹林のモデルを用いてシミュレーションを行った結果（図4・17）、2008年時点では1980年時点に比べて、風下側に風速が高い範囲が広く分布するようになっていることが示された。また樹林の北側で風速が上昇している。この要因としては、集落北部の樹林の連続性が失われたことが挙げられる。1980年時点では中央部の樹林に連続性が保たれているため集落中央部の北側に吹き抜ける風が抑えられている。2008年になると、連続性が失われた影響で中央部から風

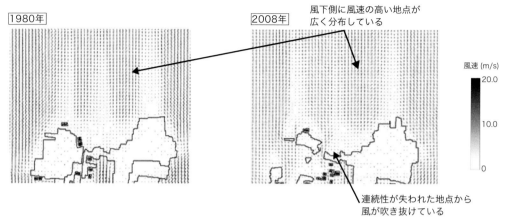

風下側に風速の高い地点が
広く分布している

風速 (m/s)
20.0

10.0

0

1980年

2008年

連続性が失われた地点から
風が吹き抜けている

分布の変化によって風下側の風環境が悪化している

図4・17　量と分布の変化による風環境の変化

が吹き抜けるようになっており、集落の北側の風速が上昇している。このことから、減少面積が小さくても、樹林の連続性が失われると風下側に大きな影響が生じるといえる。

　質的変化については実測調査を行った樹林の現状の風環境と、間伐や下草刈りの管理が継続的に行われていて林内が疎の状態になっている場合の風環境に、どのような差があるのかに着目してシミュレーションを行った（図4・18、口絵21）。シミュレーションの結果、林床が疎である樹林に比べて林床が密である樹林は風下側の風速低減効果の範囲が狭くなっていることが示された。また、林床が密である樹林では樹林の風下側直近の空間に注目すると、建造物のビル風のような巻き込む風が発生していることが示された。一方で、管理がなされている林床が疎の樹林の風下側では、一様の風速の風が吹き抜けていることが確認された。このことから、樹林の管理が継続され、疎の状態が維持されることで防風効果はより広範囲に及ぶのに対して、管理がなされずに樹林が密の状態になると防風効果自体も弱まることが示された。

　以上から、樹林は、量としてだけでなく、質的にも劣化していることが示唆さ

れた。樹林の量的な変化は、失われた樹林の風下側で風速を増加させることにつながっている。筑波研究学園都市の地域では筑波おろしと呼ばれる強風が吹くが、地域一帯に樹林が分散して存在していることで強風の影響が緩和されていたといえる。しかし樹林が失われていくことで、風害が増えていくことが懸念される。実際に近年は気象災害が甚大化してきており、つくば市内でも突風による家屋の倒壊や、農作物への被害の発生が報告されている。他方で、このような風環境の悪化は日常生活では以前よりも認識されにくくなっている。それは建物が強風に対して頑強になっているためであり、建物の中にいる限り、以前のように地域の強風を気にする必要がなくなっているのである。屋外と隔絶された建物内部

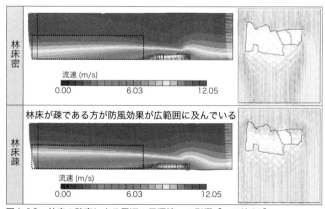

林床密

流速 (m/s)
0.00　　　　6.03　　　　12.05

林床が疎である方が防風効果が広範囲に及んでいる

林床疎

流速 (m/s)
0.00　　　　6.03　　　　12.05

図4・18　林床の疎密による周辺の風環境への影響 ［→口絵21］

で快適な居住環境を作り出せるようになったことで、屋外の環境を気にする必要はなくなったのである。建物の中に居て、その中だけで生活している限り、極めて快適な環境を手にすることができる。しかしそれは生活のほとんどが建物の中に限定的になっていることも表している。

樹林の質については、樹林面積が変化していなくても管理が放棄されたことにより樹林の構造が変化しており、その結果、環境保全機能の発揮において劣化が進んでいることが示された。管理が放棄され、樹林が密になることで防風効果が及ぶ範囲が狭められているのである。さらに、樹林が密になることで林内を風が抜けなくなって、建造物と同じようになりつつあることがわかった。このことは、ひとたび極端な強風が吹けば、風をいなすことができずに樹林が直接影響を受け、まとまって倒れる危険性があることを意味する。近年、強風により樹林で倒木が発生することが報告されている。今後気象災害の激甚化が予想される中で、同様の被害が増えることが懸念される。

古くから存在する樹林は、筑波研究学園都市の伝統的な農村景観を構成する重要な要素であり、ランドスケープの専門家が地域の魅力のひとつとして新しく移り住んでくる人々に残そうとしたものである。また同時に住環境を快適にする役割を有していたものである。しかし市民の生活が建物の内側に限定的になっていく中で、その要素と役割が、注意が払われないままに劣化していっているといえる。

4.4　ヒートアイランドによる健康への影響

前節ではつくば市の外縁部における都市の拡大と環境の変化について検討したが、環境が変化しているのは外縁部だけではない。筑波研究学園都市の建設当初は、建物の周辺は道路もまだ舗装されておらず、ぬかるんだ状態であったのが、その後舗装化が進められ、特に中心部はアスファルトやタイルなどの人工被覆に覆われるようになっている。夏季にはこのような被覆面は蓄熱し、大気を暖める。ヒートアイランドを引き起こすのである。気温が高まるだけでなく、高温化した被覆に囲まれることで熱放射環境が悪化し、熱中症リスクが高まる。このような変化も、筑波研究学園都市が成熟する過程で徐々に進んでいるのである。以下ではこのような郊外中心部の変化がもたらす影響について、都市軸である歩行者専用道路に注目して検討していく。

GPSログデータの解析からも、都市軸では実際に空間が利用され、歩行行動が多く見られた。それだけでなく、ジョギングコースとしても積極的に利用されている。そこで市民ランナーの協力を得て、

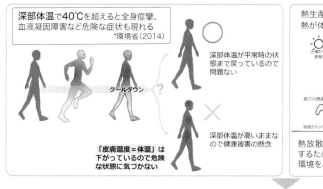
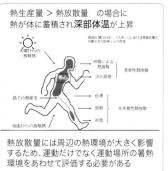

図4・19　深部体温と熱中症

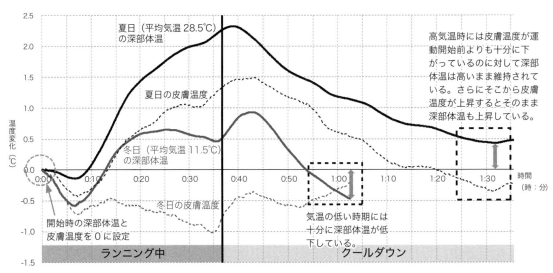

図4・20　温熱環境によるクールダウンでの深部体温変化の違い

歩行者専用道路を走ってもらい、その時の深部体温の変化を計測した。

　深部体温とは人の内蔵や脳の温度のことである。身体表面の温度（体温、皮膚温度等と総称される）よりも深部体温の変化が健康状態に大きく影響することが知られている。熱中症を引き起こすのも、一般的な体温ではなく深部体温の上昇が原因である。安全な都市空間を整備していくためには、都市にどのような温熱環境が形成され、人がどのようにそこを利用し、人体にどのような影響があるかを理解する必要がある。そこで、「運動」と「暑熱環境」によって深部体温がどう変化するかを把握することとした（図4・19）。具体的には小型センサーを用いて、被験者が春から冬にかけて複数回つくばセンターを中心とする都市軸をジョギングし、温熱環境と運動中の深部体温を測定した。

　計測の結果（図4・20）、皮膚温度、深部体温ともに最大値はランニングを止めた後に現れた。これは対流熱伝達による熱移動が減少することで皮膚温度が上昇し、それにより深部体温が上昇したことによる。ランニング開始直後は対流熱伝達による熱移動が増して、皮膚温度が低下し、それにより深部体温が低下している。その後は負荷の大きい運動が続く

ため、深部体温は上昇している。負荷の大きい運動による深部体温の上昇は、気温の高い時期（夏季等）のほうが顕著になった。運動を止めた後、一旦皮膚温度、深部体温ともに最大値を示すが、その後下がっていく。

　しかし計測の結果、夏季高温時には、クールダウンによって皮膚温度が運動開始前よりも十分に下がっているにもかかわらず、深部体温は高いまま維持されていることが示された。さらにそこから皮膚温度が上昇するとそのまま深部体温も上昇している。高気温時（夏季）にはクールダウンをしても深部体温が高いまま維持されて、そこからさらに上昇する危険性がある。普段からジョギングをしている健康的なランナーであっても、このように外部の温熱環境によっては、深部体温が戻らないことがあるといえる。しかし深部体温は自分では認識できないものである。皮膚温度が高いときには人は暑いと感じ、発汗により皮膚温度を下げようとする。しかし深部体温は高い状態に保たれていても気づくことはないため非常に危険である。

　都市化が進み、人工被覆面が増大する中でヒートアイランドの進行という環境の変化が進んできた。その結果、ランナーの健康に甚大な影響が及ぶ状況

になっているのである。ランナーは自身の生理状態に注意を払い、湿度や放射環境の改善を通して、深部体温を低下させることに注意する必要がある。都市化の中で、市民が気づかないうちに、あるいは気づいていると思っている以上に環境の変化は進んでいるのである。

● 環境に対する市民の認識のズレ

　市民が理解していると思いこんでいる環境と、実際の環境のズレは様々な面で起きている。筑波研究学園都市の建設では、ランドスケープの専門家たちによって緑の多い居住環境形成のための配慮が随所になされた。建設開始から約半世紀が経過する中で樹木は成長し、道路等の公的施設の緑化とあわさって緑豊かな都市を形成している。つくば市民の多くは、つくばは緑の多い都市だと認識し、誇りにも思っている、といわれている。つくば市の緑については2010年代に議論が活発化するようになった。その発端は、2011年、2012年に公表された「国家公務員宿舎の削減計画」において、つくば市内の公務員宿舎の約7割が廃止されることになったことである。公務員宿舎が廃止され、民間に払い下げられることでマンションや戸建住宅地が急速に開発される。公務員宿舎では敷地内の空地率が高いことが多く、さらに緻密に配慮された緑化計画により豊富な緑量が実現していた。そこで、市民から「つくばの緑を守れ」という声が多数出て、マンション等の建設反対の意見が出された。マンション建設に反対する人々は、このような緑こそがつくばのアイデンティティであり、公務員宿舎の廃止とその後のマンション建設によってアイデンティティが失われると主張したのである。しかし、市民がアイデンティティと主張するつくばの緑は一体どのようなものなのだろうか。

　そこでつくば市の景観を市民に見てもらい、好ましい景観を順位付けしてもらった。まず公務員宿舎を中心にして廃止前の状況をカメラで撮影し、さら

にそこから景観シミュレーションのツールを利用して緑量を減らした複数の写真セットを作成した。これらのセットを、市民に見てもらって順位付けしてもらった。その結果、現状のつくば市の景観がいずれの場合も最下位であった。実際のつくば市の緑は、樹木や草本が繁茂しすぎていて、暗くなっていることが多い。繁茂しすぎた緑の景観は、市民には最も不人気なのである。緑は大きくなりすぎていて、市民に好まれるような適度な緑量には収められていない。

　筑波研究学園都市に限らず、郊外住宅地の魅力として緑に囲まれた環境に暮らすことが挙げられている。しかし、そこにでき上がった緑は、住民が好ましくないと思うような緑になっているのである。緑が豊かであると思いこんでいるイメージと、実際の緑の状態との間に大きな乖離が生じているのである。

　公務員宿舎の反対運動が起きたときの市民の主張は、「緑を適切な量に管理しろ」というものではなく、「緑を守れ」というものであった。実際のまちには、市民が嫌うほどに繁茂した緑があふれている。このような理解しているという思い込みと実態の間に乖離が生じたのは、市民が自宅−自家用車−目的施設という閉じられた空間の連続の中で生活するようになり、周辺環境を感知する機会を失ってきていることと無関係ではないだろう。『長ぐつと星空』に描かれたような生活が普通だったときには、このような乖離は存在しなかった。過去に戻るべきという発想ではないが、これからの生活と環境の形成においてはこの点への配慮が求められるだろう。

4.5　周辺環境を意識できる
　　　ライフスタイルのための技術革新

　郊外の環境、そこでの生活をいかに作っていくか、という課題は、今後の都市、地域、国土のあるべき姿を考える上で重要な視点である。しかし一言に郊外と言っても、その環境、住まう人々のライフスタイルは様々である。さらにどちらも時代とともに変

化する上に、形成される環境と市民の認識の間の乖離が大きくなるときもある。そしてその乖離が意識されない間に、背後で環境は少しずつ変化していっている。その変化は目に見えにくく、認識されにくい。ライフスタイルが周辺環境に依存しなくなってきたことが余計に認識を遅らせている。住宅が頑強になり、気密性も高まって屋外環境との隔絶が大きくなる中で、その変化は強くなる。また郊外では自動車に依存した生活が進むが、自動車は閉ざされた個人的な空間である。そのため移動の中で周辺環境を意識する必要性は低くなる。自動車に依存して、施設だけを利用するようなライフスタイルが今後も進行すれば、深部体温への影響で見られたように、気づかないうちに大きな弊害が生じかねない。樹林も同じであり、見えにくい変化は着実に突風や竜巻といった自然災害へのレジリエンスを劣化させる。また認識のズレ、それを引き起こす地域環境に対する意識の希薄化は、地域の伝統的な景観というアイデンティティへの理解も妨げる。

　将来のモビリティにおいては、「CASE」と呼ばれる新しい領域で技術革新が進んでいる。Connected（コネクティッド）、Autonomous/Automated（自動化）、Shared（シェアリング）、Electric（電動化）の頭文字を取ったCASEは今後のモビリティの変化の方向性であるだけでなく、これまでモビリティが都市、環境、ライフスタイルの形成に大きく影響を与えてきたことを考えれば、今後の都市やそこでの生活そのものを決める基軸になるといえる。もうひとつのモビリティの変化は、移動のパーソナライズ化である。様々な移動手段を統合するMaaSの動きの中では、今後ラストワンマイルと呼ばれる区間を担うパーソナルモビリティが発達することが確実視されている。CASEやモビリティのパーソナライズ化は、人の移動を圧倒的に便利にする。それによって生活も変化する可能性が大きい。

　ところでパーソナライズ化はモビリティの分野に限った話ではなく、様々なサービスで議論と実践が深化している。本章で扱った温熱環境についても同様であり、個人の熱的快適性を直接的に高めるものとして洋服の内側の空気を循環させることで夏季の皮膚温度を低くする空調服や、洋服の内側を電熱線で温めて冬季の快適性を向上させる服が多数販売されて人気が高まりつつある。CASEやモビリティのパーソナライズ化の進展、熱環境改善のパーソナライズ化は間違いなく生活の利便性、快適性を向上させる。しかしその利便性の向上が、本章で見たような地域環境と隔絶したパーソナルな空間の構築や、屋外環境に関心を払わないライフスタイルを促進してしまえば、地域環境への認識は薄まり、将来の甚大な自然災害の発生や、生活上の健康被害の発生を引き起こしてしまいかねない。それを避けるためには、移動の利便性の向上を、移動の機会を増やし、地域環境への接触を増やすことにつながるように誘導しなくてはならない。地域環境への接触が増えれば、地域環境の現状への理解が深まり、さらにどのような環境が本当に望ましいかを考え、良好な環境への変化にかかわる意識も増えてくることが期待できる。緑豊かな環境がつくば市のアイデンティティであるという意識を、認識されないままに環境が変わってしまう前に、市民が好ましいと考える環境を自ら作っていく行為につなげていくことが重要である。そのような誘導ができれば、ランドスケープの専門家たちが筑波研究学園都市の建設時に思い描いた地域の伝統的な景観の保全と活用、豊富な緑地の活用によるつくばという地域環境を享受することにもつながる。CASEやモビリティ等のパーソナライズ化の流れを、市民と地域環境の隔絶を埋める契機とすることが求められている。

■参考文献
・筑波研究学園都市の生活を記録する会（1981）『長ぐつと星空：筑波研究学園都市の十年』筑波書林
・ロバート・フィッシュマン著、小池和子訳（1990）『ブルジョワ・ユートピア―郊外住宅地の盛衰』勁草書房

つくばのスマートシティ

藤井 さやか

2022年3月、つくば市はスーパーシティ型国家戦略特別区域に指定された。指定に際し、つくば市は「つくばスーパーサイエンスシティ構想〜科学で新たな選択肢を、人々に多様な幸せを〜」を掲げ、「住民のつながりを力にして、大胆な規制改革とともに先端的な技術とサービスを社会実装することで、科学的根拠をもって人々に新たな選択肢を示し、多様な幸せをもたらす大学・国研連携型スーパーシティの実現を目指す」としている。

つくば市には世界有数の研究機関の集積を誇る筑波研究学園都市が立地している。1972年の最初の研究機関移転以降、1985年つくば万博、1987年つくば市誕生、2005年つくばエクスプレス開通を経て、つくば市は大きく発展してきた。一方で、研究学園地区や新たに整備された地域と周辺の既成市街地や農村集落の間には、インフラ整備水準や生活施設数に大きな差があり、地域格差の是正や均衡ある発展の必要性が議論されてきた。また科学の恩恵を感じていない市民の割合が高く、研究機関の集積を活かしたまちづくりが課題となっていた。

そこで、スーパーシティに先駆けて、つくば市では、市内どこでも先端技術の恩恵による利便性の高い暮らしができるスマートシティの実現に取り組んできた。2022年の特区指定はこの動きを加速させるもので、様々な地域が抱える課題解決に向けて、データ利活用と規制特例・制度改正により、5つの分野（行政、移動、物流、医療介護、防犯・防災・インフラ）で社会実装を行っていく。

スーパーシティの取り組みは、研究学園地区に特化したものではない。中心市街地に加え、筑波山麓の農村集落である小田と、南部の郊外住宅地から宝陽台をモデル地区に選定し、実証実験を集中的に行い、住民のフィードバックを受ける。そして将来は市全域での社会実装を目指す。住民中心のスーパーシティに向け、つくばの挑戦は続く。

第5章

人々の生活行動と脱炭素
—COVID-19 およびシェアリングによる影響分析から

谷口 守、武田 陸、香月 秀仁、石橋 澄子

2020年より始まった新型コロナウイルス感染症（COVID-19）の感染拡大が長引くに伴い、我々の生活や行動は大きな変化を受けた。それは今後の地域のあり方や交通計画の方向性にも過去には考えられなかった様々な影響を及ぼしている。さらに我々を取り巻く地域社会は新たな働き方、脱炭素の必要性、人口減少に伴う都市圏の再構築といった今後の生活と交通に大きな変化をもたらす様々な要素に満ちている。今後の地域づくりを進めるにあたっては、このような生活と交通の変化の実態をデータサイエンスの観点から十分に把握し、新たな技術に基づくスマートモビリティの利点をうまく活かせるようにしておくことが肝要である。

本章では上記のような問題意識に基づき、はじめにCOVID-19感染拡大に伴う交通行動の変化の実態を、個人情報や行動目的といった詳細情報を踏まえた生活行動調査より、新たな解析手法の提案とともに実施する。具体的には社会的なインパクトに伴う行動の弾性的変化を見える化する「行動弾性図」の提案を行う。この手法に基づき、量と質の両面から交通現象に大きな影響を及ぼすことになった在宅勤務の変化特性にも言及する。さらに今後の人中心の地域づくり・交通計画を考える上で、行動圏の変化実態と近年提唱されている郊外を中心とした15分都市圏について解説する。

さらに、未来の交通行動に対して期待されている脱炭素の推進に関し、COVID-19感染拡大が自動車利用に及ぼした影響の試算を通じ、その地域特性との関連から論考を加える。また、地域において完全な自動運転とシェアリングサービスが導入できるよ

うになった場合、今までと地域において何が変わることになるのかを、実際の交通行動データを用いることで検証する。最後に、人口減少が進む中でも、スマートモビリティを活かした地域づくりを通し、デジタル空間も含めた強靭な国土・地域の体現を目指すことの必要性を論じる。

5.1 変化の時代：新型コロナ生活行動調査に見る交通行動変化

COVID-19感染拡大に伴う交通行動の変化の実態を把握するにあたり、初めにCOVID-19流行に関するタイムラインを整理する。

日本では2020年1月に1例目となる感染者が発見されて以来、感染が徐々に拡大していき、同年4月に最初の緊急事態宣言が全国に発令された[1]。宣言中には、不要不急の外出を控えることや3密（密閉空間、密集場所、密接場面）を避けることを政府や自治体から要請された。そして、その解除後も3密回避やテレワークの実施など新しい生活様式[2]を実践することが推奨され、COVID-19の感染拡大を防ぐ行動が引き続き求められてきた。その後は同年6月の都道府県間移動の自粛要請の緩和[1]や同年7月の「Go To トラベル」キャンペーンの開始[1]などにより、段階的に人々の移動が流行前の状況に戻るような施策が行われた。しかし、その後も度重なる感染者数の増加やそれに伴う緊急事態宣言の発令により、2022年12月時点でも完全に流行前の状況に戻り切っているとは言えない状況である[3]。

以上のように流行下では複数回にわたり緊急事態宣言が発令され、そのたびに外出自粛が求められて

きた。その際、人々の行動は外出自粛要請に応じて変化し、緩和された後には流行前の状態に戻るような動きをしていたと考えられる。このように人々の行動が社会的インパクトによって変化し、それが除かれると元に戻ろうとする動きは「バネ」が伸び縮みすることと同様なものとして捉えることができる。そこで、生活行動の変化実態をバネが持つような物体の「弾性」になぞらえて、「行動弾性」と呼ぶこととする[4]。

　本章では、国土交通省が実施した新型コロナ生活行動調査の「活動時間調査」[5]を用いて行動弾性の特徴を捉える。本調査の概要は表5・1に示す通りである。本調査は2020年8月と2022年3月の2回に分けて実施されており、調査対象時点が第1回調査では流行前、第1回宣言中（2020年4月16日〜5月13日）、第1回宣言後（2020年7月30日）、第2回調査では安定期（2021年12月）、オミクロン期（2022年3月1日）となっている。各調査時点と感染者数の関係性は図5・1の通りである。調査の中でも本章では各時点での回答者の1日の行動の「場所」「移動」「活動」を15分刻みで調査したデータを用いる。まず、5.1節、5.2節、5.3節では生活行動へのインパクトが最も大きかった第1回緊急事態宣言中とその解除後における行動弾性の特徴について明らかにする。ここからCOVID-19による初めての外出自粛が生活行動にもたらした「自粛慣れ」といった現象を含まない純粋な行動弾性の様子を捉えることを試みる。また、5.2節、5.3節、5.4節では都市類型ごとにCOVID-19の影響の受け方の違いを捉えるが、都市類型の分類方法は全国都市交通特性調査[6]を参考に表5・2に示す通りとしている。

　さて、本節では交通行動に関する行動弾性について捉えるために、外出率と自動車移動率の行動弾性の特徴を15分単位で明らかにする。ここで、分析対象サンプルに対する15分ごとに活動iを行っていた人の割合を○○（活動iの名称）率と呼び、3時点での時間帯ごとの○○率における分布の違いを

見ることで行動弾性の特徴を明らかにする。図5・2と図5・3は各時点における時間帯別の外出率と自動車移動率を表したものであり、以下のことがわかる。

表5・1　新型コロナ生活行動調査「活動時間調査」の概要[5]

実施主体	国土交通省 都市局 都市計画課 都市計画調査室
手段	WEBアンケート調査会社を通じたWEBアンケート調査
調査内容	各対象時点における1日の行動の「場所」「移動」「活動」を15分刻みで回答
調査期間	【第1回調査】2020年8月3日〜8月25日 【第2回調査】2022年3月3日〜3月16日
対象期間	【第1回調査】 ①流行前：新型コロナウイルス感染症流行前 ②第1回宣言中：2020年4月16日〜5月13日 ③第1回宣言後：2020年7月30日（木） 【第2回調査】 ④安定期：2021年12月 ⑤オミクロン期：2022年3月1日（火） ※①②④は期間中の代表的な平日
回収数	【第1回調査】12,872　【第2回調査】13,301

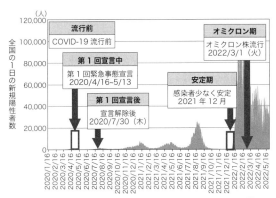

図5・1　全国の1日の新規陽性者数の推移と回答対象時期[5]

表5・2　都市類型の分類方法[6] [7]

都市類型名	定義	調査内の該当都市
三大・中心	三大都市圏中心都市	さいたま市、千葉市、東京区部、横浜市、川崎市、名古屋市、大阪市
三大・周辺1	三大都市圏周辺都市1（中心からの距離：東京40km未満、京阪神30km未満）	柏市・松戸市などの東京都市圏PT対象地域の都市、奈良市、豊中市
三大・周辺2	三大都市圏周辺都市2（中心からの距離：東京40km以上、京阪神30km以上、中京全体）	青梅市・相模原市など東京都市圏PT対象地域の都市、岐阜市、四日市市など
地方中枢	地方中枢都市圏中心都市	札幌市、仙台市、広島市、福岡市
地方中核	地方中核都市圏（中心都市40万人以上）中心都市	金沢市、静岡市、松山市
その他	上記以外の都市、町村	盛岡市、つくば市・秩父市・木更津市など東京都市圏PT対象地域の都市と町村

1) 図5·2より、外出率をみると第1回宣言中において日中で流行前より20％以上減少していた。第1回宣言後には第1回宣言中よりも増加したものの流行前の状況に戻り切っていなかった。

2) 図5·3より、移動の変化について自動車移動率を見ると、第1回宣言中には日中で流行前よりも減少していた。これは外出率の減少に伴う移動機会の減少によると考えられる。

3) 図5·3より、第1回宣言後には9時から17時の時間帯で流行前よりも自動車移動率が高かった。第1回宣言後では外出率が減少したままであったにもかかわらず、自動車移動率が増加していることから、初めての外出自粛要請は利用交通手段を公共交通などから自動車へシフトさせるような影響を与えたと考えられる。

5.2 行動弾性図の提案とその適用

前節では15分ごとの外出率と自動車移動率から交通行動における行動弾性の特徴を概観した。一方で、行動弾性の特徴は都市の人口規模や感染状況、従来からの自動車移動の状況などの都市特性によっても異なると考えられる。そこで、行動や属性によって異なる行動弾性の違いを定量的・視覚的に把握するための新たな汎用性のある分析手法として図5·4に示すような「行動弾性図」を提案する。

そこでまず、対象とする時間帯における15分ごとの活動iの○○率の平均値を平均○○率と呼ぶこととする。そして、活動iの流行前に対する第1回宣言中の平均○○率の変化率をE_{fi}、活動iの第1回宣言中に対する第1回宣言後の平均○○率の変化率をE_{li}として式（1）、式（2）の通り定義し、E_{fi}とE_{li}の組み合わせを活動iの行動弾性とする。そして、E_{fi}を横軸に、E_{li}を縦軸に取り、平面上に行動弾性をプロットすることで各活動の3時点での平均○○率の変化パターンを視覚的に把握できるようにしたものが「行動弾性図」である。

E_{fi}、E_{li}は次のように算出する。

$$E_{fi} = \frac{\overline{b_i}}{\overline{a_i}} \quad \text{式（1）}$$

$$E_{li} = \frac{\overline{c_i}}{\overline{b_i}} \quad \text{式（2）}$$

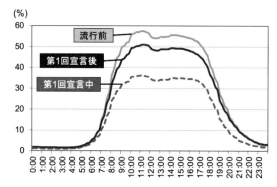

図5·2 時間帯別の外出率の変化

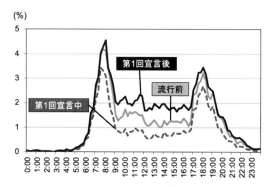

図5·3 時間帯別の自動車移動率の変化[8]

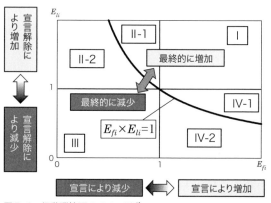

図5·4 行動弾性図のイメージ[4]

E_{fi}：第1回緊急事態宣言による平均○○率の変化率

E_{li}：第1回緊急事態宣言解除による平均○○率の変化率

$\overline{a_i}$：対象とする時間帯における流行前の活動iの平均○○率

$\overline{b_i}$：対象とする時間帯における第1回宣言中の活動iの平均○○率

$\overline{c_i}$：対象とする時間帯における第1回宣言後の活動iの平均○○率

　$E_{fi} \times E_{li} = \overline{c_i}/\overline{a_i}$であることから$E_{fi} \times E_{li} = 1$を満たす曲線は第1回宣言後と流行前の平均○○率が等しいことを表しており、3時点で最終的に増加または減少したのかを視覚的に把握することも可能となっている。これにより、ある属性における平均○○率が宣言により変化しても最終的には元に戻る弾性的な変化であったのか、最終的に元の状態に戻り切らない塑性的な変化であったのかを明らかにすることができる。なお、「行動弾性図」は対象とする時点を変えることで、他の社会的インパクトが生活行動に与える変化の大きさを捉えることに応用することも可能である。

　以上を踏まえ、本節では「行動弾性図」を用いて、第1回宣言発令・解除による都市類型ごとの外出率、自動車移動率における行動弾性の違いを把握する。外出率における行動弾性図は図5・5に示す通りである。ここから以下のことがわかる。

1) 都市類型ごとの外出率の行動弾性は、すべて領域II-2にプロットされている。全都市類型において外出率は第1回宣言中に減少し、第1回宣言後に元の状態に戻りつつあったものの流行前よりも減少した状態であったことがわかる。

2) 三大・中心や三大・周辺1といった三大都市圏の中心部に存在する都市では、他の都市類型に比べて、E_{fi}の値が小さく、かつ$E_{fi} \times E_{li} = 1$の曲線より低い位置にプロットされていた。つまり三大都市圏の中心部に属する都市では外出率の変化が特に流行前の状態に戻り切っていなかったことが明らかとなった。

3) 一方で、上記以外の都市類型では、$E_{fi} \times E_{li} = 1$の曲線の近くにプロットされており、ほぼ第1回宣言後には流行前と同じ状況に戻っていたことがわかる。

　次に交通手段別の移動率における行動弾性図は図5・6に示す通りである。自動車移動率の行動弾性について他の手段の行動弾性と比較した時の特徴を捉えるために、鉄道・バス移動率と自転車・徒歩移動率についてもプロットしている。ここから以下のことがわかる。

1) 移動手段ごとの全体的な行動弾性の特徴を見ると、鉄道・バス移動率は領域II-2、自転車・徒歩移動率は領域II-1と領域II-2の境界部分、自

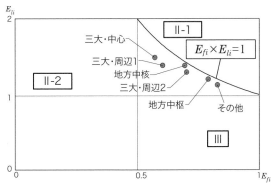

図5・5　都市類型別に見た外出率（対象時間帯：6時〜22時）の行動弾性図[4]

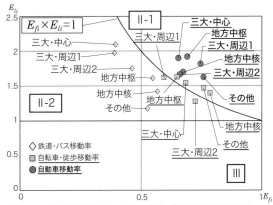

図5・6　都市類型別に見た交通手段別の移動率（対象時間帯：6時〜22時）の行動弾性図[4]

動車移動率は領域Ⅱ-1にプロットされている。ここから、すべての手段での移動で第1回宣言中には減少していたことがわかる。そして、全都市類型で鉄道・バスなどの公共交通による移動は第1回宣言後に流行前より減少したままで、自転車・徒歩での移動はほぼ流行前の状態に戻っており、自動車での移動は流行前よりも増加した状態であったことが明らかとなった。

2) 自動車移動率について詳細にみると三大・中心や三大・周辺1のような三大都市圏の中心部に近い都市でより流行前よりも増加した状態であることが明らかとなった。また地方中枢のように流行前から比較的自動車移動率が高いと考えられる類型でも、他の類型よりも、流行前より自動車移動率が高い状態となっていたことがわかった。

3) 自動車移動率への初めての外出自粛によるインパクトは、地方都市よりも三大都市圏の中心部に近い都市の方が大きく、より塑性的な変化であったことがわかった。

　本節の分析から、COVID-19流行初期における外出自粛が人々の生活行動に及ぼしたインパクトを捉えたところ、外出率は流行前よりも減少したままである一方で、自動車移動率は流行前よりもむしろ増加し、移動手段の公共交通から自動車への転換が生じていたことが明らかとなった。こうしたCOVID-19がもたらした生活行動へのインパクトは今後のスマートモビリティを活かした地域づくりの方向性に影響をもたらす可能性がある。また、社会における弾力的な特性を有する様々な現象に対し、その簡便な解析手法として行動弾性図を用いての分析が効果的であることがあわせて示された。

5.3　生活圏の変化と新たな15分都市圏

　前節までは第1回宣言の前後における外出率と自動車移動率の行動弾性の特徴を明らかにした。こう

した生活行動の変化には1日の時間の使い方を大きく変えうる在宅勤務の浸透が大きく影響していることが想定される。そこで、初めての外出自粛政策が在宅勤務の実施にもたらした影響を捉えるために、本節では在宅勤務率における行動弾性の特徴を前節までと同様の手法を用いて明らかにする。

　そこでまず、在宅勤務率の行動弾性の特徴を15分単位で明らかにする。図5・7は各時点における時間帯別の在宅勤務率を表したものである。なお、在宅勤務率は第1回調査における有職者（7,851サンプル）に対してある15分間に「自宅」で「勤務」を行っていた人の割合としている。ここから以下のことがわかる。

1) 在宅勤務率を見ると、第1回宣言時には日中で流行前より増加していたことがわかる。その後、第1回宣言後に減少するものの流行前よりは高い状態であったことが明らかとなった。

　次に行動弾性図を用いて、初めての外出自粛による在宅勤務率の都市類型ごとの行動弾性の特徴を捉える。図5・8から以下のことがわかる。

1) 在宅勤務率の行動弾性は、どの都市類型においても領域Ⅳ-1にプロットされている。ここから、在宅勤務率は第1回宣言中に増加し、第1回宣言後に元の状態に戻りつつあったものの流行前よりも増加した状態であったことがわかる。

2) 特に三大都市圏に属する都市では他の都市類型に比べて、E_{fi}の値が大きく、かつ$E_{fi} \times E_{li} = 1$

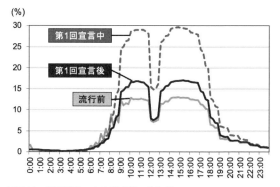

図5・7　時間帯別の在宅勤務率の変化[8]

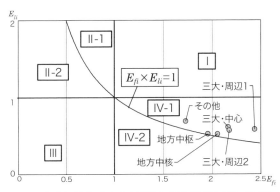

図5·8　都市類型別に見た在宅勤務率（対象時間帯：9時~18時）の行動弾性図[4]

の曲線よりも高い位置にプロットされている。つまり三大都市圏に属する都市において在宅勤務率は第1回宣言により大きく増加し、第1回宣言後も流行前の状況に戻り切っていないものであったことが明らかとなった。

3）一方で、地方中枢や地方中核ではほぼ$E_{fi} \times E_{li}$＝1の曲線上にプロットされており、第1回宣言後には流行前の状況にほぼ戻り切っていたことが読み取れる。

4）三大都市圏の中心部に属する都市では在宅勤務率が元に戻らない塑性的変化をしていたが、そのような変化は外出率の塑性的変化に影響を与えた要因のひとつであると考えられる。

以上のように、COVID-19がもたらした在宅勤務実施へのインパクトの大きさやその都市類型ごとの違いを簡便に提示することができた。こうした行動の変化には人々の滞在場所や交通行動の変化が元に

戻らない塑性的な変化を含む可能性が高い。スマートモビリティに対する将来的な需要にも大きな影響を及ぼす可能性が高く、在宅勤務者に対して抵抗の低い移動方法との組み合わせの検討を行うなど、今後の検討が待たれる分野である。

以上のような個人の行動変化に加え、COVID-19の幾度かの感染拡大の波を超える中で、人々の活動場所が大都市の都心から郊外部へとシフトしてきている。特に感染流行前から比較すると、自宅周辺での活動が顕著になっていることが指摘されている。ここではその傾向変動を捉えるため、表5·1に示した5時点でのデータから考究を加える。

図5·9に示すとおり、外食、映画鑑賞等、散歩等のいずれの外出活動においても、COVID-19の感染拡大期間が長期化するにつれて、その活動場所が自宅から離れた中心市街地から自宅周辺へとシフトしてきている。ちなみに、このような実態を先取りするような形で、フランスのパリでは15-minute cityという名称で、誰もが住まいから徒歩15分以内の範囲で一通りの生活サービスを享受できるようにすることが新たな政策として導入されている（図5·10）。このような郊外における徒歩生活圏の見直し

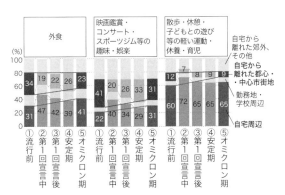

図5·9　人々の活動場所の割合の変化[5]

図5·10　パリ市の提案する15-minute city[9]
（出典：Seilbahnen International ウェブサイト、https://www.simagazin.com/en/si-urban-en/topics-urban/urban/paris-die-stadt-der-viertelstunde/、日本語は筆者訳）

は世界各国で行われている。パリの場合は同時にパリ都心部での交通環境改善も進められており、自動車の制限速度を時速30kmとし、交通事故死亡者をゼロにすることが政策目標となっている。ちなみに東京都市圏の場合は、個人の交通行動調査である東京都市圏パーソントリップ調査（p.110、およびコラム⑤参照）で実際の行動を確認すると、郊外居住者の多くは15分でほとんどの用を足すことができているが、その際の交通手段は自動車利用が前提となっている[10]。

また、さらに都市部より離れた地方部で鉄道などの公共交通サービスの水準が低く、自動車型の拠点を軸とした地域整備が期待される所も少なくない。そこでは幹線道路沿道に個別の駐車場を要する商業施設を配置するのではなく、拠点の中心部の大きな駐車場に車を停め、あとはゆっくりと歩いてまちなかを楽しめるウォーカビリティに配慮したまちづくりが期待される。これらの状況から、身近な生活圏の範囲内で歩行行動とも親和性の高い、低速で走行するスマートモビリティの普及が広い範囲で期待されているということができよう。

5.4 脱炭素への新たな局面

前節までに見てきたように、COVID-19の流行を受けて人々の活動場所は都心や中心市街地から住まいの周辺へと移ってきている。パリの15-minute city政策のように住まいから徒歩15分圏内での生活が成り立てば、自動車によるCO_2排出量は大きく削減されることが見込まれる。これは15-minute city政策の狙いのひとつでもある。しかし、日本におけるCOVID-19による生活圏の変化は、この狙いのように脱炭素が達成される方向の変化だったのだろうか。流行が長期化する中で、人々はどのように自動車利用を変化させてきたのか、そして自動車によるCO_2排出量はどのように変化してきたのか、新型コロナ生活行動調査の5時点分のデータを用い

てその都市類型ごとの推移を明らかにする。

まず、5時点での自動車利用状況の推移を確認するため、各時点で自動車を少しでも利用した人の割合（以下、利用者割合）と利用者の平均利用時間（以下、NET利用時間）を算出し、図5・11に示した。比較のため、鉄道・バスについても示している。ここから以下のことがわかる。

1）鉄道・バスのNET利用時間は第1回宣言中・オ

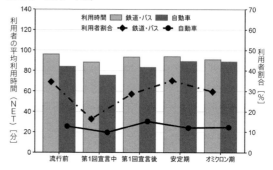

（その1　三大・中心）

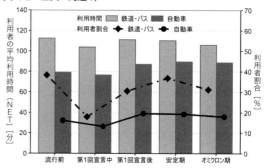

（その2　三大・周辺1）

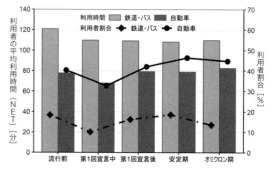

（その3　三大・周辺2）

図5・11　都市類型別に見た公共交通および自動車のNET利用時間（左軸・棒）と利用者割合（右軸・折れ線）

ミクロン期で少々の低減が見ら
れるものの、5時点を通すと変
化なし、もしくは減少傾向にあ
る。一方、自動車のNET利用時
間は第1回宣言中に減少するも
のの、その後すべての都市類型
で増加傾向にあることが読み取
れる。つまり、自動車を利用し
ている個人は利用時間を増大さ
せた傾向にある。

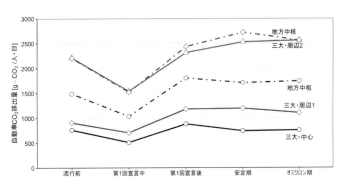

図5・12　都市類型別に見た平均自動車CO$_2$排出量の5時点変化

2) 利用者割合に着目すると、鉄道・バスは三大・
中心と三大・周辺1で特に第1回宣言中に大き
く減少し、安定期には回復を見せるものの、流
行前の水準には戻り切っていない。他の都市類
型では流行前の利用者割合も低いことから変化
量としては大きくないが、減少傾向にあること
は読み取れる。特に第1回宣言中とオミクロン
期にはどの都市類型でも鉄道・バスの利用は避
けられていることが読み取れる。

(その4　地方中枢)

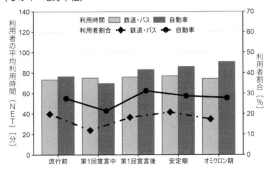

(その5　地方中核)

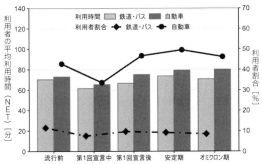

3) 自動車の利用者割合に関しても、すべての都市
類型で第1回宣言中に減少したが、第1回宣言
後に流行前を上回る水準になっている。これは
5.3節の行動弾性図の分析で見られた傾向と一
致している。ただし5時点に拡張して見てみる
と、三大・中心、地方中枢に関してはその後、
流行前の利用者割合にまで戻っている。他の都
市類型に関しては第1回宣言後に減少すること
なく、流行前より高い水準が続いている。

　以上のことから、一定以上の規模の都市圏の中心
都市となっている三大・中心、地方中枢を除く都市
類型では、COVID-19を通じて自動車のNET利用
時間・利用者割合ともに増加しており、公共交通離
れ・自動車利用が進んでいるといえる。地方中枢で
は利用者割合は鉄道・バス、自動車ともに流行前の
水準に戻っているものの、自動車のNET利用時間
は大きく増加している。したがって、三大・中心を
除くすべての都市類型においてCOVID-19を通じ
て自動車による環境負荷は高まっていることが推測
される。

　次に、図5・12において各都市類型で1人1日あ
たりの自動車CO$_2$排出量を比較する。なお、自動
車CO$_2$排出量は自動車利用時間の関数として既存
研究[11]の方法を用いて算出している。これより以
下のことがわかる。

1) すべての都市類型で第1回宣言後に流行前より
　　増加を見せ、三大・中心以外のすべての都市類

型で安定期やオミクロン期にも流行前より高い自動車CO_2排出量の水準となっている。

2）三大・周辺1、三大・周辺2ともに第1回宣言後以降は流行前より高い水準を保っている。図5・11より読み取れるように、周辺1はNET利用時間の増加、周辺2は利用者割合の増加が要因となっている。

3）地方中枢では第1回宣言後に流行前より大幅に自動車CO_2排出量が増加しているが、安定期にはわずかながら減少を見せている。ただし、流行前の水準には戻っていない。これは、利用者割合は戻ったがNET利用時間が増加しているためである。

4）地方中核では安定期に自動車CO_2排出量が大きく増加している。これは利用者割合、NET利用時間ともに増加しているためである。

5）各時点での排出量は、人口密度が高い都市類型ほど少なく、人口密度が低い都市類型ほど多くなっている。

以上より、COVID-19を通じて三大・中心以外では自動車CO_2排出量は増加し、環境負荷が高まっていることが確認できた。また、その変化の性質は都市類型によって異なることが明らかになった。

本節の分析により、COVID-19流行によって人々の生活圏は変化してきたが、その変化は三大・中心を除いては脱炭素の達成とは逆方向のものであったことが明らかになった。自動車CO_2排出量の高まりが唯一見られなかった三大・中心では、すでに徒歩15分以内の範囲で一通りのサービスが享受できる、いわば15-minute cityが形成されている。一方15分以内の移動でサービスが享受できても自動車利用が前提となっている郊外では、COVID-19流行を通じて活動場所が自宅周辺に移ってきているにも関わらず、自動車CO_2排出量は増加している傾向が見られた。今後は生活圏の変化も踏まえ、脱炭素の達成に向けて自動車CO_2排出量を低減させられるような地域づくりを考えていくことが重要だろう。

5.5　完全自動運転・シェアリングの下での都市圏

前節まではCOVID-19流行下での人々の生活行動・生活圏の変化について捉えてきた。今後の自動車と地域づくりの関係性を考えるときに、COVID-19による変化のみならず、現在技術開発が進んでいる自動運転技術や米国のUber[12]などが提供しているライドシェアサービスの実装・普及が都市に及ぼす影響も検討を行う必要があるといえる。そして、完全自動運転が実現することでドライバー無しで個別移動が可能となるため、無人運転タクシーのような交通サービスの登場が期待される。これにより、自動運転車は個人で保有せずに、社会全体で共有することも想定される。そこで本節では、完全自動運転を用いたシェア交通サービスが導入されることによって、現状の自動車利用にどのような変化が生じ、都市に対してどのような影響をもたらす可能性があるのかについて分析を行う。

本分析では東京都市圏パーソントリップ調査（平成20年調査）を用いる。この調査は東京都市圏（東京都、神奈川県、埼玉県、千葉県、茨城県南部）に居住する約70万人を対象に、「どのような人が」「どのような目的で」「どこからどこへ」「どのような交通手段で」移動したかなどを調査したものである（コラム⑤参照）[7]。自動車依存度の高い郊外間交通を対象とするために、この調査の中でも特に図5・13に示す茨城県南部地域を発着地とするトリップを分析対象とする。

そして、本分析で対象とするシェア型の完全自動運転車両は以下のような特徴を有するものと仮定する。

1）車両の自動運転レベルはレベル5[13]

2）利用者は代表交通手段として乗用車・バス・タクシーで移動しているトリップ

3）2人まで乗車可能

4）車両は個人ではなく対象地域全体で共有する

5) 現状のトリップパターンから今回想定しているシェア型の完全自動運転車両に転換した際に生じる到着時間の遅れは最長15分と設定

上記の特徴をもとに、ライドシェアの成立条件と車両の配車条件を以下のように定める。ライドシェア成立条件は、2者のトリップの

図5·13　分析対象地域（茨城県南部地域）[14]

発着小ゾーンが同じで、その出発時刻の差が小さいという条件からライドシェア成立確率を算出することで設定する。この条件を満たし、ライドシェアが成立した場合に、各トリップに対して完全自動運転車両を配車する。その際の配車条件は、発地ゾーンに稼働可能な車両が存在する場合は既存車両が、存在しない場合は新規車両が配車されるものとする。なお、詳細な条件設定の説明は参考文献14および15を参照されたい。

また、本分析では以下の3つのシナリオをもとに、完全自動運転車によるライドシェアの導入が現状と比べたときに都市や環境にどのような影響を与えるのかを把握する。

⓪現状（2008年時点）：完全自動運転車、ライドシェアともに導入なし。

①ライドシェアのみ成立：完全自動運転車は導入なしだが、ライドシェアは導入あり。人間が運転する車両でライドシェアを行うため、自動車を保有し、かつ運転免許を保有している者が含まれる必要がある。

②完全自動運転＋ライドシェア成立：完全自動運転車、ライドシェアともに導入あり。運転免許を保有していない者同士でもライドシェアが成立可能となっている。

以上をもとに、まずシェア型の完全自動運転車両が導入された際の自動車利用の基本的な変化について見る。ライドシェアによるトリップの削減分を示したものが図5·14であり、それに伴う必要車両数を算出したものが図5·15である。ここから以下のことがわかる。

1) 図5·14より、⓪と②の比較から完全自動運転車によるライドシェア成立で集約されるトリップは全トリップの1割未満であることがわかる。

2) 図5·14より、①と②の比較から、完全自動運転車を用いることでライドシェア成立数が約2.3倍に増加する。これは①の場合、ライドシェアの成立には自動車利用者が含まれることが必須となるが、②の場合には運転免許を保有していない者同士などの成立可能な組み合わせが広がったことが原因と考えられる。

3) 図5·15より、⓪と②の比較から完全自動運転車によるライドシェアが実現することで、運行に必要な車両数は約7割減少することがわかる。

以上のようにシェア型の完全自動運転車両の導入により車両の必要台数が減少することで、駐車空間が節約される効果が想定される。そこで、シェア型の完全自動運転車両導入に伴って、駐車車両が消費する空間に時間軸の概念を掛け合わせた「駐車時空

間」がどれだけ減少するかについて明らかにする。運行方式ごとの駐車時空間削減効果の違いを捉えたものが図5・16であり、以下のことがわかる。

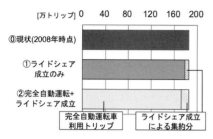

図5・14　運行方式ごとのライドシェアトリップ割合[14)] [15)]

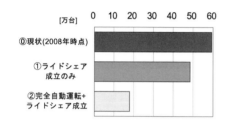

図5・15　運行方式ごとの必要車両数[14)] [16)]

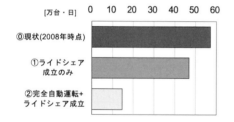

図5・16　運行方式ごとの駐車時空間[14)] [16)]

1)　⓪と②の比較からシェア型の完全自動運転車両が導入されると現状よりも約75％、駐車時空間を削減できることがわかる。この結果に対しては必要車両数の減少が大きな影響を与えていると考えられる。加えて、各車両の駐車時間が削減されることも影響していることが想定される。

以上より、シェア型の完全自動運転車両の導入による駐車時空間の大幅な削減は、駐車場の削減につながる可能性があり、人々の交通行動に影響を及ぼすだけでなく、導入する地域における土地利用に影響を与えることも想定される。そこで、図5・17よりシェア型の完全自動運転車両導入時における地域ごとの駐車時空間の削減効果について明らかにする。図から以下のことがわかる。

1)　小ゾーンごとに駐車時空間削減率には差があるものの、削減率が80％を超える小ゾーンが多くを占めている。

2)　削減率が60％以下と比較的低い地域としては、例えばつくば市のTX（つくばエクスプレス）つくば駅を含んだゾーンがある。これはトリップ集中量の日中変動の激しさが原因であると考えられる。加えて、牛久市東部やつくばみらい市西部も削減率が比較的低い地域となっており、これは利用者母数が少ないことによると推察される。

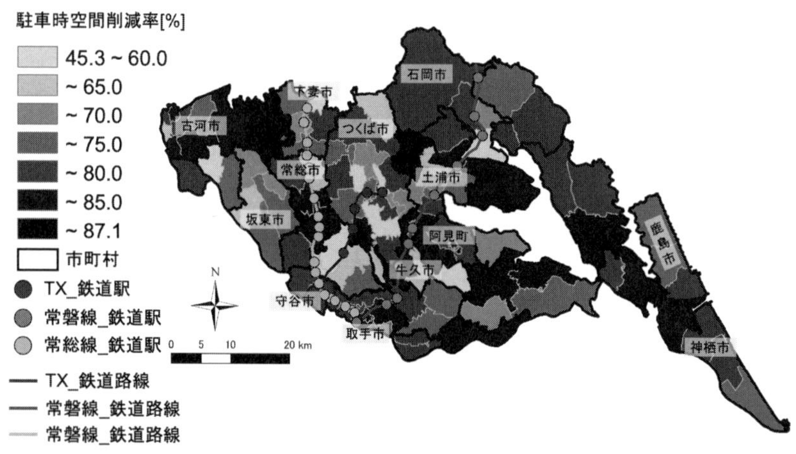

また、上記に加え、参考文献14、16より地域の人口密度、土地利用などの状況によって削減率にも地域差があることが明らかとなっている。特に、駐車時空間の削減率には他地域からの車両流入の程度が影響しており、ライドシェア成立による車両流入の抑制効果が

図5・17　各小ゾーンにおける完全自動運転＋ライドシェアによる駐車時空間削減率[14)] [16)]

大きな工業地域で削減率が最も高いことが明らかとなっている。加えて、他地域からの車両流入が多く、かつ日中オフピーク時間帯における発生トリップ数がピーク時間帯と比較して小さい地域においては削減率が比較的小さくなることも示されている。

　以上のことより、シェア型の完全自動運転車両の導入により駐車時空間消費量が大幅に削減されることが明らかとなった。これは各車両が完全自動運転車であることの特性を活かして、乗客を乗せずに無人走行する空走を行うことで、稼働率が向上した結果によると考えられる。こうした空走時間は輸送部門におけるエネルギー消費量の増大や脱炭素の逆行につながる可能性も考えられる。そこで、図5・18でシェア型の完全自動運転車両導入により、どれくらい車両ごとの平均走行時間が増大したかを把握する。そして、図5・19より走行時間がトリップによる総自動車CO_2排出量の増大にどれくらい影響を及ぼす可能性があるかを明らかにする。なお、CO_2排出量の算出にあたっては、既存研究で提示されているCO_2排出量原単位の算出式[17]とパラメーター値（2015年のもの）[18]を用いている。詳しい算出方法は参考文献14および15を参照されたい。ここから以下のことがわかる。

1）図5・18より、シェア型の完全自動運転車両の導入で車両あたりの平均走行時間が現状の4倍以上となっている。これは車両数の減少に伴う1台あたりが担うトリップ量が増大したことによって生じていると考えられる。

2）図5・19より、完全自動運転車によるライドシェアでの平均走行時間のうち25％が乗客を車両に乗せず走行する空走時間となっている。

3）図5・20（口絵26）より、完全自動運転車によるライドシェアを導入した場合、車両数は7割減少しているにもかかわらず、自動車によるCO_2排出量が現状の約1.6倍増加する可能性があることが明らかとなった。この原因は、ライドシェア成立の際に生じる先乗者と後乗者の間

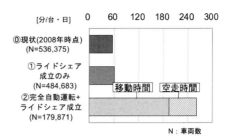

図5・18　運行方式ごとの車両あたり平均走行時間[14) 15)]

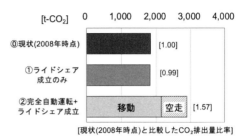

図5・19　運行方式ごとの総自動車CO_2排出量[14) 15)]

を結ぶ回走時間と空走時間の発生による総走行時間の増加が、車両台数の減少分を上回ったことによると考えられる。なお、完全自動運転車によるライドシェアによるCO_2排出量のうちの約25％は空走によって生じたものであることがわかる。

　上記で明らかとなった総自動車CO_2排出量の増加に影響をもたらす空走時間の増加には交通需要の分散度合いが影響することが考えられ、地域の都市構造によって異なることが想定される。そこで、図5・20より小ゾーン単位におけるシェア型の完全自動運転車両の空走によるCO_2排出量の割合の高低について明らかにする。図から以下のことがわかる。

1）シェア型の完全自動運転車両導入時には、各ゾーンを発地とするトリップの自動車CO_2排出量のうち、20～40％程度が空走によって発生していることがわかる。

2）人口密度が比較的低い地域ほど空走によるCO_2排出割合が大きくなる傾向が明らかとなった。これは低密な地域においては利用者間の距離が相対的に長くなる傾向が想定され、結果的に空

走時間の増大につな
がるためであると考
えられる。

本節の分析からシェ
ア型の完全自動運転車
両が導入されることで、
使用する車両数が減少
することや車両の稼働
率の増加により駐車時
空間が現状に比べ大幅
に削減されることが明
らかとなった。ここか
ら、駐車場として用い

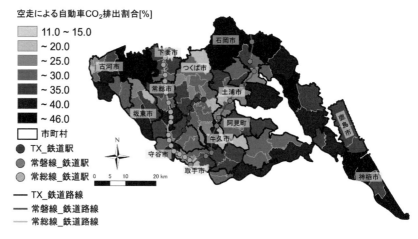

空走による自動車CO_2排出割合[%]

- ▢ 11.0 ～ 15.0
- ～ 20.0
- ～ 25.0
- ～ 30.0
- ～ 35.0
- ～ 40.0
- ～ 46.0
- ▢ 市町村
- ● TX_鉄道駅
- ● 常磐線_鉄道駅
- ● 常総線_鉄道駅
- — TX_鉄道路線
- — 常磐線_鉄道路線
- — 常総線_鉄道路線

図5・20　各小ゾーンにおける完全自動運転＋ライドシェアでの空走による
CO_2排出量の割合[14) 15)] [→口絵26]

ていた場所をウォーカビリティ向上に資する人中心
の空間として活用できる可能性があるといった新た
な地域づくりの展開が示唆された。一方で、シェア
型の完全自動運転車両導入により車両ごとに空走時
間が発生し、総自動車CO_2排出量が増大するとい
う結果も明らかとなり、むやみに導入することは脱
炭素化に逆行する恐れがあることが示された。

5.6　スマートモビリティを活かした ハイブリッドな地域づくり

先の節では大都市圏郊外部に自動運転車を導入し
た場合、地域の交通状況にどのような化学反応が生
じるのかの検討を行った。もし、このような大都市
圏で誰もが廉価で自動運転車をいつでも活用できる
ようになるとすれば、その自動運転車が通るための
道路インフラが明らかに足りなくなってしまうこと
は容易に予測できよう。脱炭素に関わる新たな政策
も含めこのような新たなモビリティを導入していく
際には、その期待されている効用の他に、地域にど
のようなインパクトが及ぶ可能性があるのかを事前
に十分に精査しておく必要がある。

むしろ筆者らが研究を通じて日本の中で新たなモ
ビリティの活用可能性の高さを見出したのは地方部
である。そこでは人口減少に伴う生活サービスの撤

退が顕著に発生しており、移動の観点から暮らしを
成り立たせることが容易ではないエリアが拡大して
いる。その一方で、道路交通自体は混雑しているわ
けではない。政府は地方部の中でも比較的生活サー
ビス機能が集まっている場所を「小さな拠点」とし
て指定し、暮らしを守る橋頭保として整備する必要
があるとしている。ただ、現実問題として、小さな
拠点候補地において十分な生活サービス機能が揃っ
ているところはごく一部でしかない[19)]。

このような状況の中で、序章で紹介したe-Palette
に特定の機能を持たせ、その機能が不足する小さな
拠点を巡回させる方策がひとつの可能性として考え
られる。多様な機能を有する複数のe-Paletteを導
入することで小さな拠点のサービスレベルを向上さ
せ、実空間における既存の生活サービス機能の撤退
を防止することが可能になる。特に自動車の運転が
難しくなった地域の高齢者をまちなかに誘い出すこ
とで、賑わいの創出のみならず地域の介護福祉コス
トの削減も期待される。単に新たなスマートモビリ
ティを投入するのではなく、それによって地域が新
たに活かされ、またそれによってスマートモビリ
ティの機能とコストパフォーマンスを向上させてい
くことがポイントである[20) 21)]。

なお、2020年からのCOVID-19の感染拡大を通

じ、先述した通り諸活動のオンライン化を通じて特にサイバー空間の活用が以前よりも進むこととなった。このことに伴って実空間の利用が以前よりも総量として少なくなっており、そのことで様々な都市サービスの実空間からの撤退を招いている。これは実空間にとってはあたかもゆっくり来る津波の被害を受けたような現象で、実空間でしか享受できない多くの機会を我々は失ったことになる。さらに、前節で分析したような完全自動運転化が進むと、今まで乗り換えターミナルとしていた鉄道駅や停留所はすべて素通りされてしまい、まちなかでの滞在行為は極めて小さなものになると類推される。在宅勤務やオンライン化、自動運転化は便利ではあるが、COVID-19感染拡大を通じて実空間における対面での交流の大切さが改めて再確認されている。

　今後は単にサイバー空間の活用だけにアクセルを踏むのではなく、実空間でのサービス向上も含め、両方の空間の魅力を相乗的に引き出していくことが期待される。そのようなマネジメントを進めていくには、誰にでもわかりやすいコンセプトがあることが望ましい。ここでは改めて古典に学ぶという観点から、100年以上前に英国でコレラによる感染症が拡大したことを契機に、エベネザー・ハワードが提案したスリーマグネット論に再注目する[20]。図5・21に示すように、ハワードのスリーマグネット論は都市の魅力と田舎の魅力という2つの魅力（マグネット）に対し、その両者のいいとこ取りを行った

第三のマグネット（田園都市）を提唱したものである。これを現在に転用すれば、サイバー空間の魅力と、実空間の魅力の両方を併せ持ったハイブリッドな空間づくりを目指すこと、すなわちニュー・スリーマグネット論がひとつの解になりそうである[23]。そしてその実現のためには、必要となるスマートモビリティを支えるだけの社会基盤整備の実施が必要不可欠である。

謝辞：本章の執筆において、実際の交通行動から見た15-minute cityの成立可能性について、清水宏樹氏（竹中技術研究所）の分析サポートを得た。また、本研究はJSPS科学研究費（20H02265）の助成を得るとともに、アンケート調査結果の分析にあたっては国土交通省都市局都市計画課都市計画調査室の協力を得た。記して謝意を表する。

■出典・参考文献

1) NHKウェブサイト「新型コロナ関連全記録 主要ニュース 時系列ニュース」（https://www3.nhk.or.jp/news/special/coronavirus/chronology/?mode=all&target = 202004）2022年12月28日閲覧
2) 厚生労働省ウェブサイト「新型コロナウイルスを想定した「新しい生活様式」の実践例を公表しました」（https://www.mhlw.go.jp/stf/seisakunitsuite/bunya/0000121431_newlifestyle.html）2022年12月28日閲覧
3) 内閣府ウェブサイト「V-RESAS」（https://v-resas.go.jp/）2022年12月28日閲覧
4) 武田陸、石橋澄子、谷口守（2022）「行動弾性図に見るCOVID-19流行がもたらした生活行動変化－元に戻ること・戻らないことの定量的把握－」『土木学会論文集D3（土木計画学）』78（6）、pp. II_95-II_107
5) 国土交通省ウェブサイト「新型コロナ感染症の影響下における生活行動調査（第二弾）〜テレワークや自宅周辺の活動が定着してきていることを確認〜」（https://www.mlit.go.jp/toshi/tosiko/content/001488638.pdf）2022年12月28日閲覧
6) 国土交通省ウェブサイト「都市類型対応表」（https://www.mlit.go.jp/common/001241794.pdf）2022年12月28日閲覧
7) 東京都市圏交通計画協議会ウェブサイト「パーソントリップ調査」（https://www.tokyo-pt.jp/person/01）2022年12月8日閲覧
8) 武田陸、小松﨑諒子、谷口守（2020）「COVID-19がもたらした生活変化の弾力性－緊急事態宣言前後3断面でのダイアリーデータを用いて－」『都市計画報告集』19、pp.311-317
9) パリ市ウェブサイト「Paris ville du quart d'heure, ou le pari de la proximite」（https://www.paris.fr/dossiers/

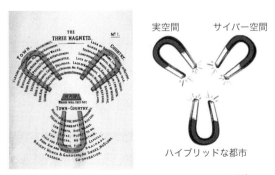

図5・21　ハワードが提案したスリーマグネット（左）[22] と新たなニュー・スリーマグネット論（右）[23]

実空間　サイバー空間

ハイブリッドな都市

paris-ville-du-quart-d-heure-ou-le-pari-de-la-proximite-37）2022年12月31日閲覧

10）清水宏樹、室岡太一、谷口守（2022）「東京都市圏における15-minute cityの実現実態－生活サービス拠点としての都市機能誘導区域の可能性－」『都市計画論文集』57（3）、pp.592-598

11）石橋澄子、大平航己、川合春平、谷口守（2022）「COVID-19が都市部における自動車CO_2排出量に与えた影響－第1回緊急事態宣言を経た3時点比較より－」『都市計画報告集』21、pp.290-296

12）Uber公式HP（https://www.uber.com/jp/ja/）2022年12月18日閲覧

13）内閣府ウェブサイト「戦略的イノベーション創造プログラム（SIP）自動走行システム研究開発計画」（https://www8.cao.go.jp/cstp/gaiyo/sip/keikaku/6_jidousoukou.pdf）2022年1月19日閲覧

14）香月秀仁（2018）『自動運転車によるシェア型交通の導入－トリップの個人属性・時空間特性に着目して－』筑波大学修士論文

15）香月秀仁、東達志、高原勇、谷口守（2018）「シェア型自動運転車による自動車利用変化－空走時間発生による環境負荷への影響－」『土木学会論文集D3（土木計画学）』74（5）、pp.I_889-I_896

16）香月秀仁、東達志、高原勇、谷口守（2018）「シェア型自動運転交通"Shared-adus"導入による駐車時空間削減効果」『都市計画論文集』53（3）、pp.544-550

17）土肥学、曽根真理、瀧本真理、小川智弘、並河良治（2012）「道路環境影響評価等に用いる自動車排出係数の算定根拠（平成22年度版）」『国土技術政策総合研究所資料』第671号

18）越川知紘、谷口守（2017）「都市別自動車CO_2排出量の長期的動向の精査－全国都市交通特性調査の28年に及ぶ追跡から－」『土木学会論文集G（環境）』75（6）、pp.II_169-II_178

19）谷口守、山根優生、越川知紘（2015）「多様性を内在する「小さな拠点」の俯瞰的整理の試み－生活の礎としての役割に着目した調査報告－」『都市計画論文集』No.50-3、pp.1297-1302

20）御手洗陽、東達志、谷口守（2020）「小さな拠点における都市機能確保に資する機能搭載型自動運転車（ADVUS）の活用可能性－医療サービスに着目して－」『土木学会論文集D3』Vol.75、No.6、pp.I_277-I_285

21）御手洗陽、小松崎諒子、谷口守（2021）「モビリティ・イノベーションの普及を見据えた都市機能の新たな提供手段の可能性－機能搭載型自動運転車（ADVUS）に着目して－」『土木学会論文集D3』Vol.76、No.5、pp.I_657-I_666

22）Howard, E., *Garden Cities of To-morrow*, London: Swan Sonnenschein & Co., Ltd., 1902.

23）谷口守、岡野圭吾（2021）「分散型国土とコンパクトシティのディスタンス－COVID-19下の国土・都市計画に対する試論－」『土木学会論文集D3（土木計画学）』77（2）、pp.123-128

column❹

つちうらMaaS

鈴木 勉

茨城県土浦地域では、関東鉄道（株）が中心となって、土浦市、かすみがうら市、土浦商工会議所、特定非営利活動法人まちづくり活性化土浦、筑波大学都市計測実験室、JRバス関東株式会社、茨城県政策企画部交通政策課などが参加する「つちうらMaaS推進協議会」を設置している。茨城県南地域の住民の移動手段確保と域外からの観光客の周遊促進による地域経済の活性化のために、複数の公共交通やモビリティを最適に組み合わせて検索・予約・決済等を一括して行える次世代移動サービス「MaaS」の実現により、未来技術を活かした地域内外モビリティを向上させることを目的とした施策を展開している。

令和2年度に国土交通省「日本版MaaS推進・支援事業」に「つちうらMaaS実証実験」が選定され、つくば霞ヶ浦りんりんロードにおける電動キックボードの活用（口絵39）や、キャッシュレス決済を取り入れたAIコミュニティバス運行実証実験、自動運転1人乗りロボ「ラクロ」の走行実験等が行われた。令和4年度以降は、第2弾として、おおつ野周辺地区におけるグリーンスローモビリティ・小型バスの運行（口絵38）、デジタルサイネージによる運行状況の表示、スマートフォンアプリ「RYDE PASS」によるキャッシュレス決済等の取り組みが行われている。一環として、土浦一高生や筑波大生が参加したワークショップが開催された。

地域資源が十分に活用されず集客に結びついていないこと、中心市街地の活力低下で都市としての魅力が低減していること、路線バスなどの公共交通の利用者が中長期的に減少傾向で減便や撤退が相次いでいることなどが背景にある。実験からは、AIコミュニティバスや自動運転1人乗りロボの利用者の満足度が高く、また、デジタルチケットや電動キックボードによる一定の誘客効果があるなどの知見が得られている。近隣地域の龍ケ崎市や下妻市、常総市でも同様の実験が始まっており、地域住民の公共交通利用促進や地域活性化に向けて今後の展開が期待される。

第Ⅱ部

モビリティの力を引き出す
地域づくりの仕組み

第6章 モビリティ・データ活用に向けた データ共有とそのジレンマの解消

川島 宏一

データの視点で見ると、モビリティ（移動）とは、対象となっているヒトやモノが時間の経過とともに位置（緯度・経度・高度）を変化させる現象である。その目的は、通勤・通学、出張、旅行、帰省、レクリエーション、輸送、避難など多様である。本章では、市、町、村といった日常的な生活圏の中でこれまで十分に解決できなかった諸問題、例えば、急性疾患患者の救命、交通事故発生の防止、犯罪被害の予防、避難弱者の避難支援といった諸問題の解決のためのモビリティを取り扱う。特に、「遠い親戚よりも近くの他人」と言われるような、いざとなった場合の助け合いを期待し難い都市部の日常生活圏の中にあっても、問題解決のトリガーとなる重要なデータの共有によって、ヒトとヒトが助け合ったり、危険回避行動をとったりするモビリティ、言い換えると、データ起点でヒトが集団として地域問題を協働的に解決するためのモビリティについて議論したい。

6.1 地域サービスをともに創る必要性

世界は交通網やインターネットでつながれてとても便利になった。一方、どこかで起こった感染症、紛争、倒産などは瞬く間に世界中に影響を与える。グローバル資本主義に基づく生産や消費の拡大は地球環境に脅威を与えつつある。世界は便利になった反面、変動が激しく、不確実、複雑かつ曖昧になっている。

このような状況の中にあっても、1つ確かなことは、私たちの日常生活は、概ね1つの自治体の広が

りの中で営まれており、どんなに不安定な状況にあっても、どうやって市、町や村といった日常生活圏の安全・安心・便利・健康・快適な生活を維持発展させていくかを考えることが私たちの幸福感の基礎にあるという点だ。一方、日本の政府・自治体の財政は赤字状況が慢性化しており、地域における課題解決を国や自治体に期待しても解決される保証はない。

こうした背景の中で、活用可能性が広がっている様々なデータを活用しつつ、地域の課題解決を目的としたサービスを多様な主体が得意とする資源を持ち寄って創っていこうとする動き（本章では、こうした動きを「データ共有によるまちづくり」[1] という）が日本各地で提案されている（図6・1）[2]。様々なデータ共有の中でも、ヒト・モノの動きを時空間との関係で表現するデータ（モビリティ・データ）の共有、特に助けを必要としているヒトの所在位置データの共有は、多様な主体による資源の持ち寄りを引き起こすために重要な役割を果たし得る。

図6・1　多様な主体がデータを活かして地球課題解決サービスを共に創る

6.2　データ共有によるまちづくりの例

　データ共有によるまちづくり提案の一例として「最寄AED急搬送システム」を紹介したい。

　総務省消防庁『令和4年版　救急・救助の現況』によれば、心肺停止傷病者にAEDを適用すると何もしなかった場合と比べて1か月後生存率が約7倍（7%→49.3%）、1か月後社会復帰率が約13倍（3.2%→40.1%）に跳ね上がる。しかし、一般市民が目撃した心肺停止傷病者数26,500人（令和3年実績）のうち1,096人（4.1%）にしかAEDは適用されていない。つまり近くのAEDを急搬送して適用していれば救えたはずの多くの命が失われている[3]。

　そこで、筑波大学公共イノベーション研究室は、事前にAEDの所在地情報とAEDの管理者連絡先情報（電話番号等）を地理情報システム（GIS）に格納しておき、消防本部指令センターが心肺停止傷病者に関する119番通報を受けた際に救急車の発進指令と同時に、傷病者発生現場にいる119番通報者の最寄りのAED管理者に電話で傷病者発生位置までAEDの急搬送・適用を依頼しAEDの急搬送・適用を実現するシステム（最寄AED急搬送システム）を提案している（図6・2）。

　この提案では、これまで119番通報者、消防本部指令センター員と救急隊員にだけ共有されていた

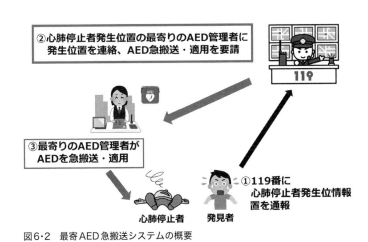

図6・2　最寄AED急搬送システムの概要

「心肺停止傷病者発生位置データ」を発生現場の最寄りのAED管理者とも共有しAEDの搬送・適用を依頼することで、救急隊員によるAED適用よりも迅速にAEDを適用し、これまで救えていなかった命を救う効果を生み出している。この提案を踏まえ、現在、筑波大とつくば市消防本部が協力して「最寄AED急搬送システム」の社会実装検討を進めている。

6.3　データ共有によるまちづくりと個人情報保護

　しかし、一般には、データ共有による地域課題解決アイデアを思いついても、必要なデータの共有をできないケースが多い。例えば水害発生の恐れの高い地域（ハザードマップで浸水が想定されている区域）に住んでいる住民の1人として、同区域に住んでいる水害発生時に逃げ遅れてしまう恐れのある高齢者・身体障害者など（要支援者）を避難支援する体制をあらかじめ準備しようとしても、現在の災害対策基本法では、原則、要支援者の本人同意がなければ要支援者の居住地データ（個人情報）は自治体から共有されず、避難支援体制の準備ができない[4]。要支援者の避難を支援したい意欲のある健常な若者が要支援者の近くに住んでいたとしても個人情報保護の壁のために要支援者の居住地データをその若者とすぐには共有できない。ほかにも、保育園待機児童の解消、高齢者介護施設の適正配置といった具体の問題に取り組み解決しようとすると、問題に直面して困っている当事者の個人情報保護のために、支援に必要となる対象者の所在地データを入手できないことが多い（図6・3）。

　本章では、データやテクノロジーを活用した問題解決の前提である様々なデータを共有しようとすると個人情報の漏洩等のリスク（情報リスク）の壁に阻まれてしまうというデータ共有のジレンマを解消するた

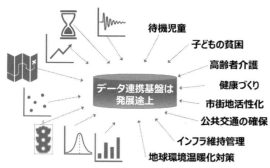

図6・3 問題の所在位置・時刻といった課題解決に必要なデータ共有は発展途上

図6・4 データ共有に伴うジレンマ解消の必要性

めのフレームワークを提案するとともに、フレームワークで示された情報リスク要因に対応した具体的な活動例を紹介したい。

6.4 データ共有に伴うジレンマ解消の必要性

モビリティ・データを含む様々なデータの共有を拡大することには、社会的に望ましい影響を及ぼす側面（正の側面）と社会的に望ましくない影響を及ぼす側面（負の側面）の両面があり、それらにどう対処すべきかというジレンマが伴う。正の側面とは、これまで解決できていなかった地域課題のデータの活用による解決、それに伴うスタートアップ起業数や雇用者数の増加、さらには地域全体の経済の活性化といった側面だ。負の側面とは、避難行動要支援者名簿といった個人情報の漏洩、著作権の侵害といった側面だ（図6・4）。地域課題解決のために必要なデータ共有を進めるためには、データ共有による負の側面を抑えつつ正の側面を最大化する方法の開発が必要とされている。

1 データのカメレオン特性

データは置かれている状況に応じてその正の側面と負の側面が動的に変化するカメレオン的な特性を有している。例えば、災害対策基本法に基づいて市町村長が作成しなければならない「避難行動要支援者名簿」は、平常時には、犯罪のターゲット情報と

される恐れがあることから、原則として、本人の同意なしに第3者提供できないが[4]、災害が発生又は発生するおそれがある場合には、本人同意なしに避難支援等関係者に共有ができる[5]。「避難行動要支援者名簿」の場合、平常時にはデータ共有の負の側面が強調され、災害発生時にはデータ共有の正の側面が重視されるという特性変化が生じている。

2 モザイク効果

さらに、インターネット上のビッグデータの場合、個々のデータからはそのデータに関連している個人の属性を知ることができない場合であっても、関連のありそうなデータを紐づけてゆくと、結果として一連のデータに共通している個人属性が浮かび上がってくるモザイク効果を示すことがある（図6・5）。

例えば、ある病院に通院している胃がん患者の性別、年齢、通院日のデータと、その病院を起終点とする携帯GPSの緯度経度データについて、両者とも最近1か月分を入手できたとする。そして、その通院日の携帯GPS緯度経度データと、最近1か月間のTwitterのツイートに含まれる位置情報とを重ね合わせて一致するあるいは近傍で発生しているデータがあって、そのツイートが実名で発信されている場合には、その実名の個人が胃がんであると特定できる可能性がある。ビッグデータを

図6・5　ビッグデータを扱う場合にはモザイク効果に要注意

扱う場合には、モザイク効果による個人の特定にも十分に注意する必要がある。

6.5　茅恒等式

データ共有に伴うリスクを管理する新しいフレームワークを提案する準備として、環境工学者の茅陽一が開発した茅恒等式（Kaya Identity）を紹介したい（式 i ）。

$$CO_2 = \frac{CO_2}{Energy} \times \frac{Energy}{GDP} \times GDP \quad 式（i）$$

茅恒等式は、CO_2排出の原因を要因別に分解して表現した恒等式で、CO_2排出量を、（1）エネルギー消費あたりのCO_2排出量、（2）国内総生産（GDP）あたりのエネルギー消費量、（3）GDP、という3つの要因の掛け算として表現している[6]。また、茅恒等式は、（1）と（2）を抑えることに成功したとしても、エネルギー供給量が制約を受けると、（3）GDPはそのエネルギー供給水準で生み出せるGDP以上を産出できなくなることを示している。

茅は、世界の代表的な国々の（1）〜（3）のデータを収集し計算した結果、かなりの国で1970年代の石油危機以降、省エネルギー技術の導入の結果、（2）のGDPあたりのエネルギー消費量は減少傾向を示している、つまり省エネルギー技術の導入は進んでいるものの、（1）のエネルギー消費あたりのCO_2排出量は減っていない、つまり脱炭素エネルギーの導入は進んでいないことを明らかにした。一方、各国のGDPは基本的に成長傾向にあることから、脱炭素を進める努力をすること、つまり再生可能エネルギー等の導入が重要だという知見を得た。茅がこの知見を、1989年5月の「国連気候変動に関する政府間パネル（IPCC）」の第1回会合で報告した結果、茅恒等式は世界の研究者に注目されることとなった[7]。

6.6　データ共有のジレンマを解消するためのフレームワーク
――茅恒等式からの類推

茅恒等式は、社会的不利益を表現している変数A（茅恒等式の場合、CO_2）と社会的利益を表現している変数B（茅恒等式の場合、GDP）が比例関係にあってジレンマを生んでいる場合には、両変数と強く関係しているもう1つの変数（茅恒等式の場合、Energy）を挿入した恒等式を作ることによって、ジレンマ解消に貢献する変数を複数生み出している。この論理展開の筋道を、データ共有に伴う正の側面と負の側面のジレンマ解消問題に当てはめて考えると、（式 ii ）が得られる。

$$Data\ Risk = \frac{Data\ Risk}{Data} \times \frac{Data}{GDP} \times GDP \quad 式（ii）$$

（式 ii ）は、抑制すべき目的変数としてData Risk（個人情報漏洩等のリスク）を置き、そのリスクが生まれる構造を、（1）Data流通量あたりのData Risk、（2）GDPあたりのData流通量、（3）GDP、という3つの要因の掛け算として表現している。つまり、（式 ii ）は、（1）データ流通に伴うリスクを抑えてデータを流通させつつ、（2）効率よくデータを価値の創出に結びつける技術を開発すれば、データ流通の拡大に伴うリスク（負の側面）を抑えながら経済成長（正の側面）、より具体的には、

地域課題の解決、スタートアップ起業や雇用の増加による地域経済の活性化といった正の側面を実現できるという論理的な関係性を示している。ただし、茅恒等式におけるエネルギー消費量がGDPの制約要因であったように、（式ii）においてはデータ流通量がGDPの制約要因となっている。

本章では、（式ii）を「デジタル社会における成長とデータリスクの恒等式（Growth & Data Risk Identity in Digital Society：GDRI）」と名づけて、デジタル社会におけるデータ共有のジレンマを解消するためのフレームワークとして設定する。ただし、Data RiskとData流通量はCO$_2$とEnergyほど計測単位と計測方法が明確に定義され共有されているわけではない。つまり、現段階では、デジタル社会における成長とデータリスクの恒等式（GDRI）はデータ共有に伴う正と負の両面性を1つの視野に収めて俯瞰的に制御するための考え方を示す概念式に過ぎない。しかし、デジタル社会におけるデータ共有のジレンマを解く様々な活動のアイデアを、データの脱リスク技術とデータからの価値創出技術という要因に分けて考える、また、データ流通量を制約要因として考えるフレームワークとして役立つと考えられる。

6.7 ジレンマを解消しつつ地域課題を解決する具体的な活動事例

以下では、デジタル社会における成長とデータリスクの恒等式（GDRI）をフレームワークとして、表6・1のGDRIで示された要因ごとに具体的な活動事例を紹介したい。

1 リスクを抑えてデータを流通させる方法

リスクを抑えてデータ流通量を拡大する方法として、これまでに、データの仮名化・匿名化、差分プライバシーを適用した統計量公開、秘密計算によるデータ解析などデータ入手後のデータ共有によるリスクを抑える様々な解析的な方法が提案されてきた。

表6・1 データ共有のジレンマを解消しつつ地域課題を解決する活動事例一覧

1	リスクを抑えてデータを流通させる方法		
	●データの限定共有（データスペクトラム）		
2	効率よくデータを活用する方法		
	①	あるべき姿の共有（バックキャスティング）	
	②	データ活用の型を真似る	
		②-1	遠くから来る行政サービスより近くの市民のモビリティを活用する
		②-2	限られた行政の目より多くの市民の目を活用する
		②-3	市民を危うきには近寄らせない
	③	データ活用優良事例データベースを作る	
3	データの流通量を拡大させる方法		
	●自治体オープンデータの推進		

しかし、データを活用して地域課題解決を図るために、私たちは未だに質の高いデータの収集過程に膨大な労力を注いでいる状況にあると言える。

このため、本章ではデータ入手後に適用できる解析的方法ではなく、データを生成またはデータ所有者から共有されて地域課題を解決しようとする者へのデータの共有量を拡大する方法として「限定共有」によるデータ共有の事例を紹介する。

●データの限定共有（データスペクトラム）

データの「限定共有」という考え方は、英国政府の出資によって設置されたオープンデータ活動の推進団体であるオープンデータ・インスティチュート（Open Data Institute：ODI）が提唱したもので、ODIはこの考え方をデータスペクトラム（Data Spectrum）と称している[8]。

この考え方の基本は、データには完全にオープンにできる性質のものと完全にクローズにすべき性質のものとの間に光のスペクトラムのように多様な共有条件を持った異なるデータセット群が存在し、それらは目的に応じて解像度高く仕分けして活用され、そこからより多くの公共的な価値が生み出されるべきというものだ。つまり、バス時刻表のように完全にオープンなデータと、企業の詳細な売上報告書のように完全にクローズにすべきデータの間に、ある

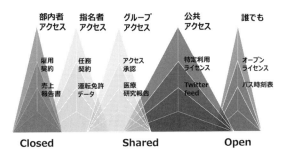

図6・6　データの限定共有（データスペクトラム）

治療法の効果を検証するために医学データ分析専門の研究者にだけ提供できる匿名化された全国のレセプトデータがあったり、犯罪者特定のために一部の犯罪分析専門家だけに守秘義務契約を結んだ上で提供できる運転免許証情報があるように、データ共有の目的に応じて、共有者の範囲と共有データの解像度等の条件を制御し、それによって、データ共有の負の側面を抑えつつ正の側面の最大化を図ろうとする考え方だ（図6・6）。

　日本の公共部門においては、厚生労働省のレセプトデータ、特定健診等データ、文部科学省の全国学力・学習状況調査および総務省の公的統計調査データにおいて「限定共有」の取り組みが進んでいる。一方、地方自治体においては、千葉県市川市が、利用目的が(1)新たな産業、(2)活力ある経済社会、(3)豊かな市民生活の創出のいずれかに該当する場合に限り、企業に対し保有個人情報を匿名加工して提供しているが、市川市以外の自治体による目立った動きはない（2023年4月時点）。また、2021年の個人情報保護法改正に伴って、地方自治体は、その保有する個人情報ファイルについて匿名加工情報の活用に関する提案募集等を行うことができるとされており（都道府県および政令指定都市の場合、提案募集等は義務）、その積極的な活用が期待される[9]。

　なお、対象データをデータスペクトラムのオープンデータとクローズデータの間のどこに位置づけるべきかの議論は、モビリティ・データを扱う場合においても、その利用目的に応じたデータ共有対象主体の範囲、データへのアクセス許可の条件、共有す

るデータの解像度・表現方法等を調整する際の参照資料となる。例えば、本章4節でデータのカメレオン特性の事例として紹介した「避難行動要支援者名簿」を用いて、災害が発生するおそれが高まった場合に要支援者の支援を実現するためには、平常時と、実際に災害が発生するおそれが高まった場合とで、それぞれその名簿情報を、誰に、どの粒度で、どのような利用条件で提供すべきかと言う論点を考え、整理するためのツールとして「データの限定共有」の考え方が役に立つ。

2　効率よくデータを活用する方法

　効率よくデータを活用する方法として、本章では、3つの事例を紹介する。3つの事例とは、①「あるべき姿の共有（バックキャスティング）から始める」、②「データ活用の型を真似る」、および③「データ活用優良事例データベースを作る」である。

①あるべき姿の共有から始める
——バックキャスティング

　まず、データを集める前の段階の議論として、議論の対象となる問題状況のあるべき姿について、問題の当事者、関係住民・企業なども交えて、定性的、できれば定量的にはっきりと共有することが問題解決プロセスを円滑に進める上で大切だ。その上で、あるべき姿と現状とのギャップを計測し、そのギャップを可能な範囲で一歩一歩埋めていく（バックキ

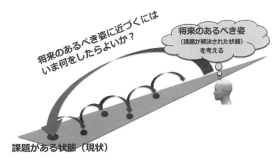

図6・7　成果から逆算するアプローチ（バックキャスティング）
（出典：この図はスウェーデンThe Natural Step社がHPで公開している図を筆者が一部加工したものである。
http://www.thenaturalstep.org/our-approach/）

ャスティングする）という取り組み姿勢が重要だ。また、関係者が取り組みの進捗状況を相互にモニタリングし合えるアウトカム指標の設定についても腹落ちするまで議論を尽くして設定していくことが重要である（図6・7）。モビリティ・データを扱う場合には、問題設定の前提の議論として、あるべき姿が、例えば、データで救える命を失わないことなのか、要支援者の避難遅れ数ゼロなのかといったことについて、十分に関係者と議論した上で、共感を得られる言葉で表現される必要がある。

②データ活用の型を真似る

次に、地域の問題をデータで解決する際には、これまでの問題解決事例の中から同様のロジックを適用できるデータ活用の型を見出して、それを真似ることも効率よくデータを活用して問題を解決する上で役に立つ。

以下では、自治体が保有する公共データを活用してヒトの移動に関連する行動変容を起こすことによって地域課題の解決に貢献している3つの事例について紹介する。

② -1「遠くから来る行政サービスより近くの市民のモビリティを活用する」モデル

救急救命や災害避難など一刻を争う緊急事態の際、遠くから時間をかけて来る救急車や消防隊による支援を待っていると手遅れになる可能性が高いが、近くの市民の協力が得られれば必要な支援をより早く得て難を逃れられるケースがある（図6・8）。

例えば、本章2節の「データ共有によるまちづくりの例」で紹介した「最寄AED急搬送システム」はこのモデルに該当する。

筆者がつくば市消防本部の協力を得て、つくば市内で過去に発生した心肺停止傷病者の発生位置データとAED所在位置データを重ね合わせて、心肺停止傷病者発生位置に最寄りのAEDを急搬送した場合の心肺停止発生からAED適用までの所要時間短

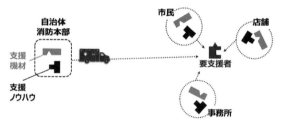

図6・8 「遠くから来る行政サービスより近くの市民のモビリティを活用する」データ活用モデル

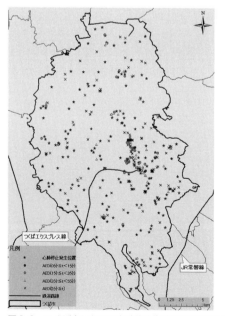

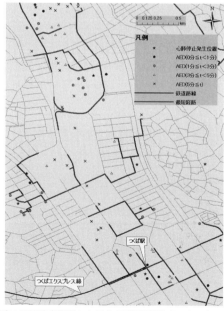

図6・9 つくば市において心肺停止傷病者発生位置に最も近いAEDを急搬送した場合の所要時間シミュレーション ［→口絵27］

図6・10 「限られた行政の目より多くの市民の目を活用する」モデル

図6・11 「市民を危うきには近寄らせない」モデル

縮による効果をシミュレーション（図6・9、口絵27）した推定結果によれば、つくば市の場合、最寄AED急搬送システムの導入によって年間平均2.1人を救命できる。

　この例は、これまで共有されてこなかった「心肺停止発生位置データ」を、その発生位置に近いAEDを搬送できる市民と共有することで、これまで活用されてこなかったその市民とAEDの移動を促すことによって「AEDで救える命を救えていない」という地域の課題解決に貢献している例である。

② -2 「限られた行政の目より多くの市民の目を活用する」モデル

　自治体が膨大な地点を迅速に観察・報告しなければならないような場合には、限られた自治体職員が観察・報告するよりも市内各地にいる多くの市民の協力を得て観察・報告した方が迅速に作業完了できるようなケースがある。例えば、自治体の道路維持の担当課は道路の損傷箇所を発見するために道路パトロールカーを巡回させているが、市内各地を移動している市民に損傷箇所の位置データと写真を報告してもらえば道路パトロールに要する資源を節約できる（図6・10）。

　こういったシステムは千葉市の「ちばレポ（My City Report）」をはじめとして多くの自治体がすでに採用している。また、この「限られた行政の目より多くの市民の目を活用する」は認知症の高齢者が行方不明になってしまった場合に、家族や警察職員だけでなく、多くの信頼できる市民にその高齢者の

写真データを提供し多くの市民の協力を得て探索した方が発見までにかかる時間を短縮できるという事例にも当てはまる。

② -3 「市民を危うきには近寄らせない」モデル

　市民に危険な場所・時間に関するデータを提供することによって市民の危険回避行動を促すケースがある。例えば、犯罪発生場所・時間や交通事故発生場所・時間の情報を公開することで、市民に犯罪や交通事故の発生した場所を回避する行動を促すことが期待できる（図6・11）。

③データ活用優良事例データベースを作る

　既存のデータ活用の優良事例のデータベースを作り誰もが参照できるようにすることも効率よくデータを活用するためには効果がある。優良事例の候補としては、総務省が主催するICT活性化大賞（地域情報化大賞）の表彰事例、総務省のホームページで公開されているオープンデータ利活用ビジネス事例、デジタル庁がオープンデータの普及・啓発を目的としてオープンデータの利活用事例を公表する取り組みであるオープンデータ100、東京大学公共政策大学院　科学技術イノベーション政策における「政策のための科学」教育・研究ユニットの「チャレンジ！！オープンガバナンス」の表彰事例、Code for Japanの「勝手表彰」の事例などがある。

　こうしたデータベースがあれば、例えば、地域の観光振興のためのデータ活用アイデア出しに悩んでいる人は、優良事例データベースの中の観光分野の

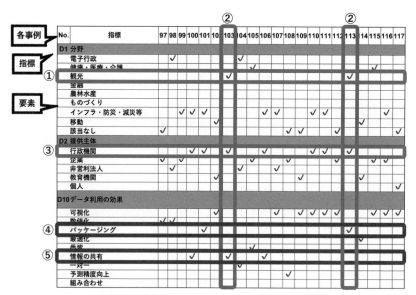

図6・12 データ活用良事例DBを作り参照する
（出典：井深廉、川島宏一（2018）『日本における官民データ活用の分類に関する研究
～ Taxonomy development の手法を用いて～』）

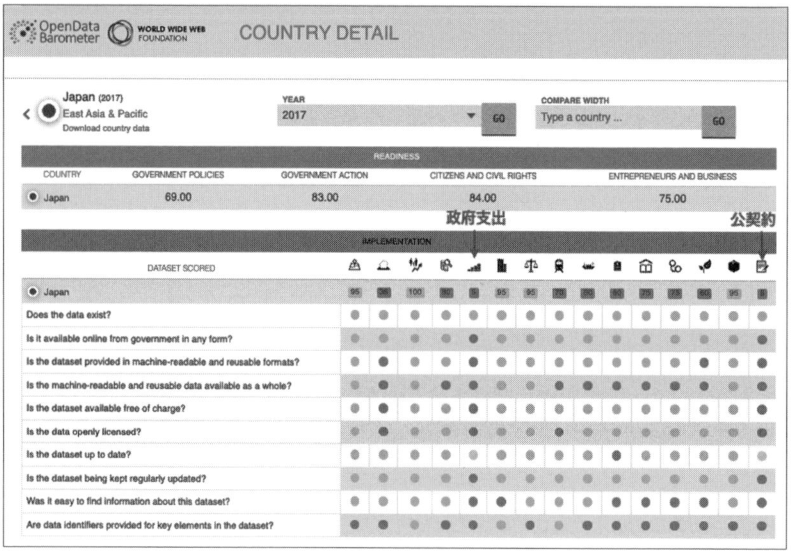

図6・13 Open Data Barometer 2017[10]

事例にはどのようなものがあって、その観光分野の事例は、誰が保有しているデータをどのように活用して効果を出していたのかなどについて詳しく知ることができ、そうした既存事例の課題解決の着眼点、課題解決のロジックから自分のケースに対しても活用できる視点やロジックを得る可能性を高めることができる。図6・12は、筑波大学公共イノベーション研究室が2018年に作成した優良事例データベースの一覧表の一部である。ここでは、観光分野（①）の既存優良事例（②）から、その既存事例のデータ提供主体（③）とデータ活用効果を生み出している方法（④と⑤）を逆引きする手順を示している。

3 データの流通量を拡大させる方法

6.7節1および6.7節2では、デジタル社会における成長とデータリスクの恒等式（GDRI）の右辺の

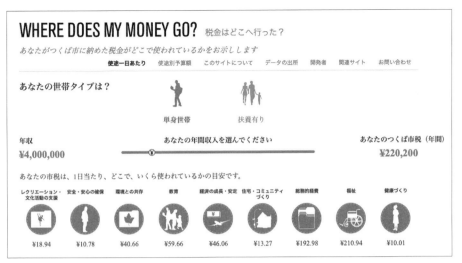

図6・14　自治体支出のわかりやすい可視化の例[11]

第1項と第2項を小さくする技術事例を紹介した。しかし、これらの技術を発展させるとともに、データの流通量そのものを増大させないと地域の経済活性化に寄与できない。そこで最後にデータ流通量の拡大を図る事例として「自治体オープンデータの推進」について紹介したい。

●自治体オープンデータの推進

　自治体は、住民の世帯構成、子育て、教育、医療、健康、福祉、保健衛生、納税などに関する様々なデータや行政区域内の企業の事業活動に関する様々なデータを保有している。こうしたデータは一人一人あるいは企業ごとの地域における課題解決サービスに対するニーズを知る上では重要な役割を果たしうる。例えば、地域における0〜4歳児の人口は数年後に必要となる小学校の教室数の根拠となる。地区ごとの子供の数、生年月日と犯罪発生位置・種別がわかれば、子供見守りを重点的に実施すべき地区や安全な通学ルートについて考えることができる。

　地域の課題解決を図る上での重要な資源であるデータ、特に公共部門が保有しているデータは税金で作られているものであって、原則、納税者はいつでもどこでもアクセス可能（Open by Default）であるべきだが実際にはそうなっていない。筆者も関わ

ったワールドワイド・ウェブ・ファウンデーション（World Wide Web Foundation：WWWF）による中央政府の公共データのオープン化の国際比較であるOpen Data Barometer[10]によると、日本政府は「政府支出データ」と「公契約データ」の分野においてデータのオープン化が遅れている（図6・13）。

　日本の自治体における支出データの公開事例として、筑波大学公共イノベーション研究室とつくば市との協働による一般会計歳出予算データの可視化の取り組みである“Where Does My Money Go?”がある[11]。このサイトは、市民が自分の年収を入力すると、つくば市に年間に支払っている税金総額だけでなく「教育」「福祉」「健康づくり」といった税金の使われている目的別に1日あたりいくら税金を支払っているかをわかりやすいデザインで表示している。これによって、地域の様々な公共的課題に対する納税者の当事者意識を喚起する目的で作られている（図6・14）。

　自治体データの原則オープン化の推進の議論は、モビリティ・データを扱う場合においては、自治体が自ら運行するバス事業の時刻表データやバス車両の現在位置データのオープン化によってバス・ロケーション・システムの導入が促進され、公共交通としてのバスの利便性向上が図られるといった議論につながる。

6.8 データ活用を社会に実装 していくために

　本章では、データ共有によるまちづくり（地域課題の解決）を進めようとする場合に直面することの多い、データ活用とデータリスクというジレンマに俯瞰的に対処するためのフレームワークを提案するとともに、フレームワークで示されるデータリスクの各要因に対応するための活動事例を、1）リスクを抑えてデータを流通させる方法、2）効率よくデータを活用する方法、および3）データの流通量を拡大させる方法に分けて紹介した。今後、デジタル社会におけるモビリティ・データの共有の正の側面と負の側面のジレンマに直面する方々が対応方法を考える際の一助になることを願っている。また、データ解析的な視点も含めたより俯瞰的なフレームワークの提案や、フレームワークに沿った活動事例紹介の拡充、さらには活動事例を本格的な社会実装に結びつけていくための地域での多様な主体を巻き込んだワークショップの方法の開発といった点については今後の課題としたい。

■注・参考文献・出典

1) 「データ共有とまちづくり」の概論については、日本経済新聞「やさしい経済学」（2019.9.27 ～ 2019.10.9、https://www.nikkei.com/article/DGXMZO50239930W9A920C1SHE000/からhttps://www.nikkei.com/article/DGXMZO50741000Y9A001C1SHE000/）を参照されたい。

2) データを活用して地域課題を解決する全国的な活動としては、一般社団法人社会基盤情報流通推進協議会が2013年度から地域課題の解決を目的としたデータ活用コミュニティの形成と一般参加型コンテストを組み合わせた試みとして進めている「アーバンデータチャレンジ（UDC）」（https://urbandata-challenge.jp/）と、東京大学公共政策大学院 科学技術イノベーション政策における「政策のための科学」教育・研究ユニットらが2016年度から行っている、データ・デザイン・デジタルで地域課題解決に市民が迫ろうとする活動である「チャレンジ!!オープンガバナンス」（https://park.itc.u-tokyo.ac.jp/padit/cog2022/）がある。

3) 総務省消防庁「令和4年版 救急・救助の現況」p.90、第89図（https://www.fdma.go.jp/publication/rescue/items/kkkg_r04_01_kyukyu.pdf）

4) 災害対策基本法第49条の11第2項に「市町村長は、災害の発生に備え、避難支援等の実施に必要な限度で、地域防災計画の定めるところにより、消防機関、都道府県警察、民生委員法に定める民生委員、社会福祉法第百九条第一項に規定する市町村社会福祉協議会、自主防災組織その他の避難支援等の実施に携わる関係者に対し、名簿情報を提供するものとする。ただし、当該市町村の条例に特別の定めがある場合を除き、名簿情報を提供することについて本人（当該名簿情報によって識別される特定の個人をいう。）の同意が得られない場合は、この限りでない。」と規定されている。

5) 災害対策基本法第49条の11第3項に「市町村長は、災害が発生し、又は発生するおそれがある場合において、避難行動要支援者の生命又は身体を災害から保護するために特に必要があると認めるときは、避難支援等の実施に必要な限度で、避難支援等関係者その他の者に対し、名簿情報を提供することができる。この場合においては、名簿情報を提供することについて本人の同意を得ることを要しない。」と規定されている。

6) Y. Kaya, 'Impact of Carbon Dioxide Emission Control on GNP Growth: Interpretation of Proposed Scenarios', *IPCC Response Strategies Working Group Memorandum*, 1989. *IPCC Energy and Industry Subgroup, Response Strategies Working Group*, 1990.

7) 日本経済新聞（2018.12.22）「私の履歴書 茅陽一（21）」（https://www.nikkei.com/article/DGXKZO39248640R21C18A2BC8000/）

8) Open Data Instituteウェブサイト（https://www.theodi.org/about-the-odi/the-data-spectrum/）

9) 令和3年改正個人情報保護法第111条

10) https://opendatabarometer.org/country-detail/?_year=2017&indicator=ODB&detail=JPN

11) https://city-tsukuba.gov-spending.org/

パーソントリップ調査

谷口 守

交通の計画を立てるためには個人の交通行動をまず知る必要がある。具体的には、どこに住んでいるどのような人がどんな交通手段でいつどのような目的でどこに向かったのか、ということが必要な情報となる。これらのことを特定の調査日に対して直接個人に尋ねる調査がパーソントリップ調査（PT調査）である。なお、コロナ禍以降、携帯電話の位置情報を用いることで、いつどこにどれだけ人がいるかという情報は詳細に把握できることが広く知られるようになった。ただ、何のために（目的）、どんな人が（属性）、どんな方法で（交通手段）移動したのかという交通政策を考える上での重要情報は位置情報から得ることはできない。

我が国で実施されているPT調査には都市圏PT調査と全国PT調査（正式名称は全国都市交通特性調査）の2種類がある。都市圏PT調査は対象地域の人口の1〜3%程度をサンプルとして抽出し、その結果を拡大することで都市圏全体の調査日における交通状況全体の再現を試みるものである。1960年代以降、60以上の都市圏が対象となり、特に大都市圏では10年間隔を目途に調査が行われ、口絵40のような提言につなげるなど交通政策の基礎情報として活用されてきた。

一方、全国PT調査は1987年よりおよそ5年ごとに、全国70程度の多様な都市を同時に対象として実施されている。都市間比較が目的で、このデータから交通環境負荷に人口密度が影響することが示され、脱炭素化のためのコンパクトシティ政策導入の契機にもなった。

なお、アンケート方式の調査であるため、近年では特に若い世代の回答率が低くなっていることが課題である。今後に向け、カーナビを含む位置情報と連動したり、在宅勤務など移動していない時の活動（Activity）もあわせて調査することで、変化する社会のニーズに応じた調査へと変革が進められている。

オープンイノベーションハブ

千葉 磨玲

企業では、解決できない課題、次の事業を支えていく新規商品、新たなビジネスなどの創出に向けて大学や国の研究機関と連携し、新たなシーズやプロトタイプの開発のため異分野融合に積極的に取り組んでいる。とりわけMaaSのような自社だけでは進めることができないモビリティサービス事業を異分野融合というかたちで、他者を巻き込んでのコンソーシアムや大学などとの共同研究で新たな分野の先生や研究者、学生を引き込みながら実証実験を行っている。こうしたオープンイノベーションの取り組みが必要とされる中、企業、大学、研究機関、さらには市民を巻き込んだエコシステムの構築が不可欠である。

トヨタ自動車と共同研究を進めている筑波大学が位置するつくば市は、29の国等の研究・教育機関をはじめ、民間企業の研究機関も含め150もの研究機関が所在し、さらには筑波研究学園都市として2万人以上の学生、研究者がいるという特徴がある。つくば市でも直面している社会課題がありながら、自治体だけでは解決することは難しい。例えば、高齢化による医療や生活圏へのアクセスの問題、郊外の都市特有の車中心の生活による公共交通の利便性の低下や利用率の減少などが表面化している。こうした自治体や企業単独では解決できない課題に対して大学、研究機関、企業、自治体、市民を巻き込んだオープンイノベーションが、社会課題の解決の牽引力となる。

企業や自治体のニーズと大学や研究機関のシーズと人材のマッチング、イノベーションを創出させるための新たな分野融合の環境が求められている。多様な人々が様々なアイデア・資源を持ち寄り、自由闊達に意見交換し、試行錯誤しながら解決策を共創するオープンでフラットな「場」の構築には、筑波大学のようなハブとなる機関が必要となってくる。

レゴ×CGによるデザイン思考

野口 宇宙

　まちづくりの現場において、住民説明会やワークショップでは模型やCGを用いたイメージ共有が行われる。我々のプロジェクトでは、アナログの模型とデジタルのCGを融合させ、社会的受容性を構築する対話型表現手法を開発・研究した。模型として地上構築物や人口密集度などの静的情報をレゴブロックで表現する。一方で、交通などの動的情報をCGで表現する。土地利用や建物利用の変化をレゴブロックの交換で表現し、その変化を底面からカメラで読み込むことによってPCにてシミュレーションを行い、新たな交通流をCGとしてプロジェクターを用いてレゴブロック表面に表現する。これらのフィードバック処理により、土地利用と交通との連動がリアルタイムで更新され、デザイン思考が可能となる。

　2017年に常総インターチェンジ付近の浸水および避難シミュレーションの可視化を行った。2018年には北海道天塩町を含む道北地域での自動車や飛行機などの交通を再現し、自動車の電動化を見据え、風力ポテンシャルと重ね合わせた。2021年には筑波大学周辺での循環バスの混雑や団子運転の慢性化への対策として応用した。ここでは停留所需要やバス停留所の位置、時間帯におけるバス供給量をレゴブロックによる変数として、変動する団子運転やバス乗降者数を観察した。このシステムをつくば市役所や筑波大学内にて展示し（口絵41）、来場者はレゴブロックを動かすことで、人流やバス運行の様子をシミュレーションとして体験した。アンケートでは、まちの変化への中立的な意見が減少し肯定的な意見が増加した。

　レゴブロック模型づくりには膨大な人力が必要となる。市民が参加し大人も子供も一緒にレゴを作成することで、負担量を軽減できるとともに、幅広い世代が自身の手でまちの変化を容易に想起することができる。手作り感のあるレゴ×CGのデザイン思考で、モビリティの問題を身近な課題として捉えてもらえるであろう。

高校生と学ぶ最適化×まちづくり

高野 祐一

　筑波大学社会工学域では、高校生が最適化モデリングを体験する高大連携プロジェクトを2009年度から2022年度の現在まで毎年実施してきた。このプロジェクトでは、最初に大学教員が各高校を訪問し最適化モデルに関する出張講義を実施し、それを踏まえ高校生が高校生目線での地域課題を提起する。その後に高校生は2泊3日の筑波大合宿に参加し、大学院生と協力して問題解決のための最適化モデルを作成し、プログラミング実習を受講して最適化モデルのプログラミングに取り組み、問題意識を踏まえた結果を発表する。合宿終了後においても、データの追加収集や最適化モデルの改良を続け、ブラッシュアップした成果を学内外で報告してきた。

　高校生はこれまでに「河川氾濫時の避難経路」「観光バスの路線選定」「渋谷区周辺のゴミ箱設置」「池袋駅の混雑解消」「学校敷地内の照明設置」「安全性を考慮した通学路選定」「災害発生時の避難所設置」など、モビリティを含むまちづくりに関連する様々な課題に取り組んできた。

　このように高大連携プロジェクトは、高校生が通学や生活の場で気づいた地域の問題について深く考える場を提供してきた（口絵42）。さらに、発表の場として2010年より、学園祭の期間に筑波大学高大連携シンポジウムを筑波大学で開催してきた。2010年には鳩山由紀夫元内閣総理大臣、2017年には加藤光久トヨタ自動車相談役から講評を頂戴した。

　私は2009年度には大学院生として、2018年度からは教員として、高校生の取り組みをサポートする役割を果たしてきた。最適化モデリングを駆使して問題解決に挑戦する高校生の姿には毎年感嘆している。今後も私たち筑波大学社会工学域では、スマートモビリティ時代に活躍できるデジタルネイティブ世代の人材育成に貢献していきたい。

第7章　モビリティ向上は合意形成を助けるか？

大澤 義明、髙瀬 陸

7.1　医療施設集約化とモビリティ

1　施設集約化の時代

　高度成長期に建設された大量の都市インフラが更新時期を迎えると、建物、道路、橋梁、上下水道、電力などが老朽化し、改修費など維持管理費がかさむ。また、高齢化社会に入り、社会保障費への投資の規模拡大が財政をさらに圧迫する。そして、働き方改革や賃金上昇から、社会の生産性を上げていく必要がある。住民サービスでは、施設集約化は必然である。しかし、自治体では横並び意識が強く、また人口獲得競争が繰り広げられており、公共施設の統廃合や再編は、選挙など政治マターとなる。その結果、統廃合や規模縮減に踏み切れない場合が多い。

　特に、医療施設の統廃合に関しては、少子高齢化の進展に伴う医療需要の変化、医師・看護師の不足、医療従事者の働き方改革、医療の高度化への国民の期待など、医療ならではの切迫した事情がある[1][2][3]。医療施設の統廃合には最新医療機器の導入や症例の集約化による医療サービスの質向上が期待できる。しかし、費用対効果に優れたとしても合意形成は難しい。例えば、茨城県では4地域などで病院再編が検討されてきた[4]。筑西・桜川地域では、市立病院、民間病院を含む3病院が統合・再編され、2019年に図7・1に示す、茨城県西部メディカルセンター、さくらがわ地域医療センターの2病院が開院した。鹿行地域では、2病院を集約し、病床の削減を行った。一方で、石岡地域や水戸地域では進展していない。

2　テクノロジーの活用

　デジタルなど新しいテクノロジーを活用し、移動などの暮らしを維持していくための検討が日常化している。例えば、2017年度および2018年度産業競争力懇談会ではプロジェクト研究「地域社会の次世代自動車交通基盤」が推進テーマとして採択された[5][6]。活動目的を移動の自由と新たな社会サービスの創出による地域の持続的な存立への貢献としている。トヨタ自動車を主体に、鹿島建設、KDDI、日本電気、三菱電機、関東鉄道などの民間企業、さらには、茨城県、つくば市、常総市、石岡市など地元自治体が参画した。筑波研究学園都市（図7・2）をフィールドとしており、筑波大学附属病院、つく

図7・1　2つの新設病院：西部メディカルセンター（左）とさくらがわ地域医療センター（右）

図7・2　筑波大学附属病院付近［→口絵28］

ばメディカルセンターという医療ゾーンがあるのが
特徴である。筆者らは医療とモビリティとをデジタ
ル技術でつなげる医療MaaSとして以下のような提
案を行った。

①自動運転専用ゾーン敷設（図7・3）

つくば駅から筑波大学入口までに新交通システム
を想定した幅5〜6m、距離750mの未利用地が残
っている。この未利用地沿いには、筑波大学、筑波
学院大学、つくば看護専門学校、筑波技術大学があ
りデジタルネイティブの世代の利用も多い。これを
活用することで、医療機関が集中するゾーンへのア
クセスを強化する。

②シャトルバスの病棟へのビルトイン（図7・4）

排出ガスのない水素燃料電池バスや電動バスで病
棟へ直接乗り入れることで、バス利用者である患者
の負担を軽減させる。顔認証を導入できれば病院受
付や診療費会計処理を統合でき、より一層効率化を
図れる。

③救急車の病棟へのビルトイン（図7・5）

燃料電池あるいは電動の救急車を病院内に直接乗
り入れられるようにすることで、救急車搬送の迅速
化・高度化を実現する。そして顔認証などのデジタ
ル技術を駆使し本人確認と治療歴を確認することで、
救急治療の時短や効率化に対応できる。

つくば市においても、「つくば市未来構想」[7] が
2020年に発表された。「つながりを力に未来をつく
る」をテーマとし、未来像4本柱のうち、「誰もが
自分らしく生きるまち」「市民のために科学技術を
いかすまち」と、医療への最先端技術の適用を意識
している。そして、2022年に、つくば市はスーパ
ーシティ型国家戦略特別区域として区域指定されて
いる。

図7・3　一般道と並行する新交通システム未利用地
[→口絵29]

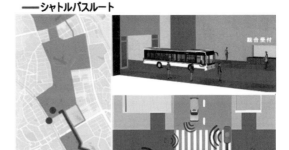

図7・4　シャトルバスのビルトイン

図7・5　救急車のビルトイン

3　合意形成におけるポピュリズム

公共施設の統廃合や再編では市民の理解が不可欠
である。現代ではIT技術の進歩に伴いSNSなどを
通して、個々の意見を直接表明できるようになった。
住民の意見を政策意思決定に反映させる機会や手段
は確実に増えてきた。しかし、空間を対象とする公
共施設配置の枠組みで考えると、個人最適化に基づ

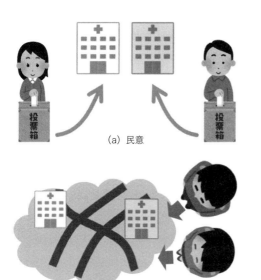

(a) 民意

(b) 社会的最適

図7·6　政策決定の違い

く選挙の結果は全体最適化にはならない。民主主義の根幹をなす投票は、非効率な施設再編案を選択する可能性もあり完璧でなくなる。

　一般に、施設の建設・維持管理費などの管理費は住民からの税収で調達される。一方で、施設への移動費は住民負担となる。そのため、居住場所に応じて支払った税金と得られる便益が異なり、受益者負担原則が働かず、施設の統廃合に対する意見の違いが生まれる。このことが地域での合意形成を難しくする。公共施設の過剰供給、地域エゴを誘導するなど、社会的最適という観点から合理的ではない、あるいは地域的に不平等な状況を導く可能性がある。

　図7·6のように、投票など民意が定める再編案と社会全体から見た全体最適化の再編案とは一般に異なる。デジタル技術により住民の意見の反映機会も増え、財政健全化が求められている時代である。国民の関心の高い医療政策に関して合理的政策を推進するためにも、集約化の枠組みにおいてポピュリズムに関するメカニズムを明確化する意義は大きい。

4　本章の目的

　ネットワークで情報をつなぐデジタル化には物理空間でのマイナス部分を補う役割が求められる。移動抵抗が強い地方、特に過疎地域では、スマートモビリティやデジタル化への期待は大きい。これらはマイナンバーなど行政DX推進との親和性も高く、縦割り文化に横串を通すという役割も担う。

　2023年には、自動運転「レベル4」の公道実験が解禁された。医療において移動抵抗を縮減させるモビリティ向上には2種類ある：

　（a）自宅と病院とのモビリティ向上

　（b）病院間のモビリティ向上

　ただし、医療施設ならではの特徴として、病院での対面受診へのニーズが高く、前者の完全なオンライン化での対応は現実的ではない。利用者不足さらには運転手不足もあって鉄道やバスなどの公共交通の撤退が相次いでおり、病院への物理的移動負担軽減対策として、自動運転などスマートモビリティへの期待は高まる。

　病院との地理的関係から発生する医療アクセスの差異が、地域の合意形成を難しくする。一方で、モビリティ向上は移動抵抗を弱める効果がある。本章では、医療施設再編について、民意が伴う非効率性という課題解決に、モビリティ向上がどの程度貢献していくかについて考察する（図7·7）。

　公共施設配置に関する研究では、合理性を追求し個人の便益合計などを最適化するトップダウンで施設水準を決める論文がオペレーションズリサーチや地域科学、都市計画の分野で発表されてきた。一方で、本章では、多数決によるボトムアップによる意思決定のモデルを提示する[8) 9) 10) 11) 12)]。客観的そして科学的な知見があれば、現実の計画や政策の質

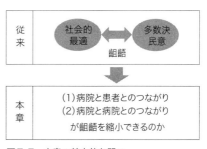

従来	社会的最適 ⬌ 多数決民意　齟齬
本章	（1）病院と患者とのつながり （2）病院と病院とのつながり が齟齬を縮小できるのか

図7·7　本章の基本的な問い

は高まる。そこで、数理モデルを通して、多数決による民主的手続き（ボトムアップ型）と合理性追求（トップダウン型）の配置を比較し、集団の意思決定方法の違いから発生する経済的効率性を評価していく。

　具体的には、居住場所に応じて医療サービスの便益が変化することに着眼し、医療施設再編に関する選択肢を空間上で表現し、モビリティ向上をパラメータとして組み込み、費用対効果から最適配置、多数決による投票配置を求める。そして、これら配置の齟齬をモビリティ向上がどの程度改善（改悪）するのかを分析する。

　まず7.2節では、投票行動が非効率な結果を導くメカニズムの基本を示す。続く7.3節では、統廃合に関する地域の合意形成の難しさを既存研究[13]をベースに記述する。7.2節のモデルを拡張し、自宅と病院とのモビリティ向上、病院間モビリティ向上が、合意形成へ与える影響を吟味する。最後の7.4節では、本章で導出した結論と今後の課題を整理する。

5　モデルを用いる意義

　本章ではモデルを用いる。都市計画やまちづくりの現象を表すのに、数理的アプローチはなじまないと指摘される。しかし、現実の合意形成プロセスは複雑であり、ステークホルダーごとの地域間、世代間などで、多様な意見がある。多様だからこそ数学的に厳密に論を進めるという形式は重要となる。どのようにでも解釈できるような抽象度の高い主張では、水掛け論となり議論が進まない。数式というより厳密な方法でロジカルに論を展開し、課題があればそれを一歩一歩改善すれば良いと考える。

7.2　社会的最適と多数決民意との乖離

1　直線都市の仮定

　図7・8 (a)のように長さ L の直線都市を考える。住民が一定密度で均一に（連続的に一様）分布しているとし、住民の濃淡は場所に依存しない。なお、均一分布の密度を変数で与えても良いが一般性を失うことなく単位化できることから、総住民数が都市の長さ L と一致することとする。すべての住民は投票者であり、利用者でもあるとする。

　標準的な都市経済学モデルに従い次の仮定を設定する。

(a) 移動費：利用者は同頻度で施設を利用する。施設へ移動する費用は利用者からの距離に比例する。単位距離あたりの移動費 γ （>0）を用いて、地点 x に位置する施設を、地点 u に位置する利用者が負担する移動費は $\gamma|u-x|$ と表現できる。

(b) 管理費：施設建設費や維持管理費など施設管理にかかる総費用を利用者全員が均等に負担するとする。これを利用者の位置に依存せず変化しない管理費と呼ぶ。利用者1人あたり施設負担費用を F とする。

　以上から、位置 u の利用者が負担する費用 $C(u, x)$ は移動費と管理費の和として次のようになる。

$$C(u, x) = \gamma|u-x| + F$$

　図7・9は、横軸を利用者位置 x、縦軸を $C(u, x)$ とする。これは高さ F で左右対称のY字型関数となる。利用者位置 u により $C(u, x)$ は変化し、施

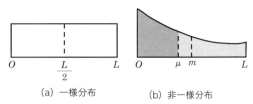

（a）一様分布　　　　（b）非一様分布

図7・8　直線都市の利用者分布

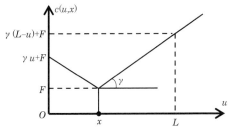

図7・9　費用関数の形状

設と同じ場所（$u = x$）であれば管理費のみの負担となり　$C(u, x) = F$ となる。施設から離れるに従い距離 $|u - x|$ が伸び、費用 $C(u, x)$ が増加する。モビリティの改善を移動費 γ の縮小として表現する。

2　最適配置

①単一施設の場合

　社会全体を反映した評価指標として、利用者全員の費用合計である総費用、あるいは最適化においては数学的には等価となる1人あたりの平均費用（総費用を総人数で割った値）を用いる。この評価方法はトップダウン型の決め方と考えることもできる。この評価指標を最も小さくする施設位置を（社会的）最適配置と呼ぶ。幾何学的に記述すると、利用者ごとに負担する費用は異なるが、総費用はY字型関数の下側の面積に一致する。この面積は施設位置 y により変化し、施設が中心に近づくほどY字型関数は左右対称となり下側の面積は減る。地点 $x (0 \leq x \leq L)$ でのこの面積 $S(y)$ は、高さ F で幅 L の長方形と、底辺 x で高さ γx の三角形、底辺 $L - x$ で高さ $\gamma (L - x)$ の三角形の面積和であるから、

$$S(x) = FL + \frac{\gamma(x^2 + (L-x)^2)}{2}$$

x に関する平方完成を施すことで、次のようになる。

$$S(x) = FL + \gamma\left(\left(x - \frac{L}{2}\right)^2 + \frac{L^2}{4}\right) \qquad \cdots 式（1）$$

　面積 $S(x)$ は x についての2次関数となり、施設が直線都市の中心 $x = \frac{L}{2}$ に位置するときに最小と

なり、直線都市の端部 $x = 0$ と $x = L$ で最大となる。均一な利用者分布では、総費用を最小とする場所は都市の中心に位置し、利用者分布の中央値（メディアン）や平均と一致する（図7・8 (a)）。なお、管理費 F は施設位置とは無関係であるから、Y字型関数の上部のV字型のみが費用関数に影響する。また、移動に関する1人あたり費用については様々な計算方法があるが、費用関数が距離に比例することから、その費用は施設までの近さが真ん中である利用者の費用に等しくなる。この場合、$\frac{\gamma L}{4}$ となる。

　最適配置が線分中心にあるというこの結果はメディアン立地原理[14]と呼ばれる一般的な結果の一部である。均一な利用者分布では中央値 m と平均値 μ とは一致する。しかし、図7・8 (b)のような非一様な利用者分布 $h(u) (0 \leq u \leq L)$ では中央値 m と平均値 μ とは異なるが、平均値ではなく中央値 m が移動費を最小とする。

　直観的説明として、図7・10のように場所 x の施設（●）を微少量 $\varepsilon (>0)$ だけ右側に移動させた施設（○）への移動を考えると、場所 x の右側の利用者（薄い陰影を施した部分）の移動距離は ε だけ短縮する一方で、施設の左側の利用者（濃い陰影を施した部分）の移動距離は ε だけ延びる。もし施設の右側の利用者が左側より多いと、施設を右側に移動させることで総移動費を削減できる。逆に、施設を微少量 ε だけ左側に移動させると、右側の利用者（薄い陰影を施した部分）の移動距離は ε だけ増加するが、一方で施設の左側の利用者（濃い陰影を施した部分）の移動距離は ε だけ減る。もし左側の利用者が右側より多いと、施設を左側に移動させることで

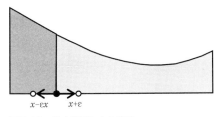

図7・10　微小移動による説明

利用者全体の移動費を削減できる。したがって、左右の利用者数が不均衡の場合は、微小移動により総移動費が削減可能であり、最適とはならない。最適となるのは左右の利用者数が均衡する場合、すなわち施設が利用者の中央値に位置する時であり最適解をx^*とすると、$x^*=\dfrac{L}{2}$となる。

メディアンに施設がある場合（$x=\dfrac{L}{2}$）には、1人あたりの平均費用ϕ_1^*は、$x=\dfrac{L}{2}$を式（1）に代入して

$$\phi_1^*=\frac{S\left(\frac{L}{2}\right)}{L}=F+\frac{\gamma L}{4} \qquad \cdots\text{式（2）}$$

また、この値は、第1四分位数（あるいは第3四分位数）に位置する利用者の費用と一致する。中心の左側市場の長さは$\dfrac{L}{2}$でありその中心に位置する第1四分位数での移動費は$\dfrac{\gamma L}{4}$となる。

②複数施設の場合

施設数が2の状況を考える。各利用者は近い（移動費が小さい）方の施設を選択すると仮定する。最適配置では、施設は圏域の中点に位置する。そうでなければ、単一施設の場合で説明したように微小移動で目的関数を改善でき、矛盾となる。したがって、単一施設の場合と同様に、幾何学的に、最適配置の2施設はそれぞれ圏域の中心に位置することとなる。また、圏域の境目は2施設の中点に位置する。そのため、左側施設の右側圏域の長さと右側施設の左側圏域の長さとが一致しなければならない。したがって、図7・11に示すように、2施設は左右対称の等間隔となり、第1四分位数と第3四分位数に位置する。数式で表現すると、施設位置x_1, x_2（$0\leq x_1\leq x_2\leq L$）と、それらの圏域の境目は中点$\dfrac{x_1+x_2}{2}$となるから、

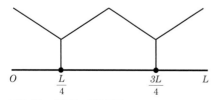

O ― $\dfrac{L}{4}$ ― $\dfrac{3L}{4}$ ― L

図7・11　2施設の最適配置

$x_1=\dfrac{\frac{x_1+x_2}{2}}{2}$ および $x_2=\dfrac{L+\frac{x_1+x_2}{2}}{2}$ の連立方程式を解くことで、最適解x_1^*, x_2^*は$x_1^*=\dfrac{L}{4}$、$x_2^*=\dfrac{3L}{4}$となる。1人あたりの費用ϕ_2^*は、長さ$\dfrac{L}{2}$での中心配置費用の結果$S\left(\dfrac{L}{2}\right)$から移動費を求めると$\dfrac{S\left(\frac{L}{2}\right)-FL}{L}$となる。よって、最適配置の目的関数値$\phi_2^*$は

$$\phi_2^*=\frac{S\left(\frac{L}{2}\right)-FL}{L}+F=F+\frac{\gamma L}{8} \qquad \cdots\text{式（3）}$$

この値は第1八分位数に位置する利用者の費用と一致する。単一施設の場合と比較して、移動費は半減する。

これまで施設数を1、2と少数に限定し最適配置が左右対称となることを示してきたが、この性質は施設数を一般化しても成り立つ。第一の条件として、メディアン立地原理から、最適配置において各施設は対応する圏域の中心に位置しなければならない。第二の条件として、圏域境界は隣接する施設中点に一致する。これら2条件から、n個の施設において最適配置x_i^*は等間隔となる。

$$x_1^*=\frac{L}{2n},\cdots,x_i^*=\frac{(2i-1)L}{2n},\cdots,x_n^*=\frac{(2n-1)L}{2n}\cdots\text{式（4）}$$

どの施設も利用者数は同一で$\dfrac{L}{n}$となる。1つの施設にかかる片側圏域の長さは$\dfrac{L}{2n}$となる。第$\dfrac{1}{4n}$分位数に位置する利用者の費用が$F+\dfrac{\gamma L}{4n}$となることから、最適配置の平均費用ϕ_n^*は次のようになる。

$$\phi_n^*=F+\frac{\gamma L}{4n} \qquad \cdots\text{式（5）}$$

このように最適配置の総移動費は施設数nに反比例し、減少する。施設数が増えるので施設管理費は増加していく。つまり、施設増加を通したアクセス改善と管理費膨張との間にはトレードオフ関係が成立する。

なお、ここで留意したいのは移動費の比例定数γの多寡は、最適配置に影響しないことである。しか

し、式（5）に示す平均費用が$\frac{\gamma}{n}$の関数として表現できることから、単位コストγを$\frac{1}{n}$倍すれば、施設がn個ある場合と移動費は同じとなる。

3 投票配置

①コンドルセ投票

　民意を反映する評価手法としてコンドルセ投票[8][9][10]を考える。コンドルセ投票は、選択肢のペアごとに1対1の多数決（一対比較）を行い、すべての選択肢に対し多数決で勝利する候補を当選者（コンドルセ勝者）とする方法である。利用者の個別合理性に基づく判断であり、ボトムアップ型の決め方とみなせる。利用者はそれぞれの配置を一対比較し自分が支払う費用（管理費と移動費の合計）が低い方に投票すると仮定する。本章では、コンドルセ勝者となる施設配置を投票配置と呼ぶ。

　2つの選択肢において管理費は同じだとすると、移動費だけが投票の選択に影響を与える。この場合、2つの施設の中点から左側の利用者は移動費が小さい左側施設の方に投票し、右側の利用者は右側の施設に投票することになる。図7・12から理解できるように、$x(<\frac{L}{2})$に対し、xにある施設への投票数は$\frac{(x+\frac{L}{2})}{2}$となり、$\frac{L}{2}$より小さい。中央に近い施設ほど多くの投票を獲得できる。

　選択肢を2か所に固定せず、選択肢を直線上のすべての地点とし、投票配置をx_1^Vとする。上記から推察できるように、一対比較では、中心に位置する施設は他の場所の施設より多くの投票を得ることができる。そのため、$x_1^V=\frac{L}{2}$、つまり中央値となり、結果として、最適配置と一致する。なお、この結果は中位投票者定理[15]からも導かれる。施設利用者は施設までの距離が近い方が良く、自分の居住地を中心に単峰型選好を有するからである。

②等間隔配置

　施設配置の選択肢はすべての地点のペアとする。

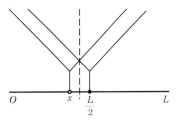

図7・12　中央値の優位性

この場合、投票配置x_1^V、x_2^Vは、$x_1^V=\frac{L}{4}$、$x_2^V=\frac{3L}{4}$となり、最適配置x_1^*、x_2^*と一致する。このことを証明する。

　図7・11に示す配置場所で直線都市を3区分する。この区分を基準にすると、他の配置パターン（施設の場所が重ならない前提）の2施設の位置は、以下の3ケースに限定できる：

①中央閉区間$(\frac{L}{4}, \frac{3L}{4})$に2施設

②端部閉区間$(0, \frac{L}{4})$もしくは、$(\frac{3L}{4}, L)$に2施設

③中央閉区間に1施設、端部閉区間に2施設

　中央閉区間の幅が$\frac{L}{2}$となるから、ケース①では他のパターンは過半を獲得できない。2つの端部閉区間の幅の合計の長さが$\frac{L}{2}$であるから、ケース②でも他のパターンは全体の過半を獲得できない。中央閉区間だとどの場所でも、$\frac{L}{4}$を獲得できる。左右の端部閉区間だとどの場所でも、$\frac{L}{4}$未満しか獲得できない。したがって、ケース③でも過半を獲得できない。以上から、$x_1^V=\frac{L}{4}$、$x_2^V=\frac{3L}{4}$となる。

　施設数を一般化し、n施設を考える。施設配置の選択肢はすべての地点のn個の組み合わせである。上記の議論と同様な理由から、投票配置x_i^Vは等間隔となり最適配置と一致し、式（4）から$x_i^V=x_i^*(i=1, ..., n)$となり、移動費の比例定数γの多寡は、投票配置にも影響しない。

③投票配置の効率性

　これまでの議論では、社会最適化と民意という異なる意思決定方法ではあるが結果が一致した。ここでは、結果が必ずしも一致しない状況として、次の

3選択肢を考える：

　①中心配置：都市中心に1施設がある場合

　②分散配置：$(\frac{L}{4}, \frac{3L}{4})$に施設がある場合

　③集約配置：$\frac{L}{4}$のみに施設がある場合

　中心配置は施設数1の投票（最適）配置、分散配置は施設数が2の投票（最適）配置であり、集約配置は、地理的に非対称となる。費用関数の幾何学的形状は、分散配置はW字型、集約配置、中心配置はV字型となる。集約配置では、施設近傍の利用者の費用は小さいが反対側では極端に高くなる。中心配置では費用に対する場所の影響は緩和される。さらに、分散配置では、より影響は小さくなる。

　まずは、3組の一対比較を行い、最適配置と投票配置との乖離に関する規模や性質を吟味する。

(i) 中心配置 vs 分散配置（図7·13(a)、7·14(a)）

　1施設と2施設の最適配置という2つの選択肢での多数決を考える。中心配置の管理費をFとし、分散配置の管理費をGとする。ただしGは2か所の施設の合計であり、分散配置の管理費が高くなるのが通常なので、$F \leqq G$とする。管理費の差$G-F$が小さければ、あるいは移動費γが大きければ、より移動距離を縮減できる分散配置が有利となる。

　分散配置が選挙で勝利するためには、図7·13（a）に示すように、分散配置の費用関数が中心配置の費用関数を下回るアンダーカットで対応するしかない。その条件は

$$F + \frac{\gamma L}{4} > G \Leftrightarrow G - F < \frac{\gamma L}{4} \qquad \text{…式 (6)}$$

　一方で、平均費用で分散配置が優れる条件は、式（2）から$\phi_1^* = F + \frac{\gamma L}{4}$、式（3）から$\phi_2^* = G + \frac{\gamma L}{8}$を用いて次のようになる。

$$F + \frac{\gamma L}{4} > G + \frac{\gamma L}{8} \Leftrightarrow G - F < \frac{\gamma L}{8} \qquad \text{…式 (7)}$$

　管理費FとGとの大小関係に応じて最適配置と投票配置が定まる。一対比較での組み合わせから、乖離ありが2種類、乖離なしが2種類の、合計4種類

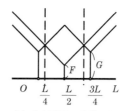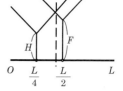

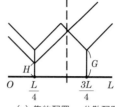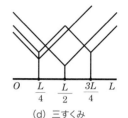

(a) 中心配置 vs 分散配置	(b) 中心配置 vs 集約配置
(c) 集約配置 vs 分散配置	(d) 三すくみ

図7·13　3選択肢の費用関数

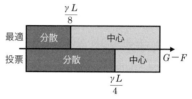

(a) 中心配置 vs 分散配置

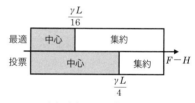

(b) 中心配置 vs 集約配置

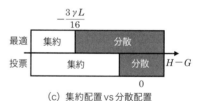

(c) 集約配置 vs 分散配置

図7·14　管理費の差による最適配置と投票配置

が考えられる。2つの不等式（6）と（7）を組み合わせ、管理費の差$G-F$に関する場合分けにより、投票と最適との関係は次のように3種類に整理できる。

(a) $G - F \leqq \frac{\gamma L}{8}$：投票と最適がともに分散配置

(b) $\frac{\gamma L}{8} < G - F < \frac{\gamma L}{4}$：投票が分散配置、最適が中

心配置

(c) $\frac{\gamma L}{8} < G - F$：投票と最適がともに中心配置

　以上の結果から3点が読み取れる。第一に、管理費差 $G-F$ を固定したとき、移動費 γ が縮減または人口減で市場 L が縮小すると、区間 (a) から区間 (b)、区間 (c) へシフトする。第二に、区間 (b) のみで意思決定の結果が異なり、経済的効率の良い1施設を建設する中心配置ではなく、効率の悪い2施設を有する分散配置が選挙結果となる。すなわち民意が施設の過剰供給を導く。最後に、齟齬の規模に関する上限は $\frac{\gamma L}{8}$ であり、$G-F$ が $\frac{\gamma L}{4}$ 未満で達成される。

(ii) 中心配置 vs 集約配置（図7・13(b)、7・14(b)）

　地価などの違いから場所によって管理費が異なることが想定できる。そこで、施設数を1とし、中心配置と集約配置とを比較する。集約配置として場所 $\frac{L}{4}$ にある施設の管理費を H とする。市民サービスの平等性を考えれば空間の偏在が少ない中心配置が優れる。しかし、既存施設活用、さらには空いた未利用財産の処分となる集約配置での管理費の方が小さくなる。そのため、$H \leq F$ となり、集約配置が有利となる。また、移動費 γ が大きければ、場所性に優れる中心配置が有利となる。

　集約配置が過半を得るためには、図7・13 (b) からわかるように、中心配置の施設をアンダーカットするしかない。中心配置が選挙で勝つための条件は、

$$H + \frac{\gamma L}{4} > F \Leftrightarrow F - H < \frac{\gamma L}{4} \qquad \cdots 式（8）$$

　しかも、結果的にすべての利用者から支持を得る、すなわち満場一致が求められるため、集約配置が選挙で勝つためのハードルは極めて高い。

　次に、平均費用で2選択肢を比較する。中心配置での平均費用は、式 (2) から、$\phi_1^* = F + \frac{\gamma L}{4}$ である。集約配置での平均費用は、$x = \frac{L}{4}$ を式 (1) に代入し管理費を整理することで、

$$\frac{S\left(\frac{L}{4}\right) - FL}{L} = H + \frac{5\gamma L}{16}$$

となる。したがって、中心配置の平均費用の方が小さくなる条件は、

$$F + \frac{\gamma L}{4} < H + \frac{5\gamma L}{16} \Leftrightarrow F - H < \frac{\gamma L}{16} \qquad \cdots 式（9）$$

　したがって、管理費の差 $F-H$ に依存し変化する関係は不等式 (8) と (9) を結合することで次のように3種類に整理できる。

(a) $F - H \leq \frac{\gamma L}{16}$：投票と最適がともに中心配置

(b) $\frac{\gamma L}{16} < F - H < \frac{\gamma L}{4}$：投票が中心配置、最適が集約配置

(c) $\frac{\gamma L}{4} \leq F - H$：投票と最適がともに集約配置

　この結果から3点が読み取れる。第一に、移動費 γ の縮減や人口減で市場 L が縮小すると、区間 (a) から区間 (b)、区間 (c) へとシフトする。第二に、区間 (b) で経済合理性に優れないが空間的に偏りのない中心配置が選挙で選ばれる。直線都市では中心と周辺という地域差が発生するが、この地域差に起因した結果である。最後に、齟齬の規模の上限は $F-H$ が $\frac{\gamma L}{4}$ の場合で、$\frac{3\gamma L}{16}$ となる。

(iii) 集約配置 vs 分散配置（図7・13(c)、7・14(c)）

　集約配置での施設が分散配置のどちらかの施設の位置に一致しており、既存2施設を1施設に集約すべきかどうかを決めていく、スクラップアンドビルドをすべきかどうかを判断する状況である。施設数が少なく既存施設を活用できるため、$H \leq G$ となり集約配置が有利となる。ただし、移動費 γ が大きければ、分散配置が有利となる。

　図7・13 (c) から、集約配置が選挙に勝つ条件は、

$$G > H \Leftrightarrow H - G < 0 \qquad \cdots 式（10）$$

　集約配置の平均費用は、前述したように $H + \frac{5\gamma L}{16}$ となる。また、分散配置の平均費用は $G + \frac{\gamma L}{8}$ である。したがって、集約配置の平均費用が小さくなる条件は、

$$G + \frac{\gamma L}{8} > H + \frac{5\gamma L}{16} \Leftrightarrow H - G < -\frac{3\gamma L}{16} \qquad \cdots 式（11）$$

2つの不等式（10）と（11）を組み合わせることで、管理費の差$H-G$に依存する関係は次のように3種類に整理できる。

(a) $H-G \leqq -\dfrac{\gamma L}{2}$ ：投票と最適がともに集約配置

(b) $-\dfrac{\gamma L}{2} < H-G < 0$ ：投票が集約、最適が分散配置

(c) $0 \leqq H-G$ ：投票と最適がともに分散配置

この結果から3点がわかる。第一に、移動費γが小さく人口減などで市場Lが縮小すると、区間（a）から（b）、（c）へ移動する。第二に、区間（b）のみで意思決定結果が異なり、経済的に非効率な集約配置が選挙で選ばれる。集約される地域では施設へのアクセスは確保され、かつ管理費の負担も軽減する。一方で、反対側地域では管理費負担は軽減するが施設へのアクセスは大きく悪化する。いわゆる地域エゴが発生していると言えよう。最後に、齟齬はHの値がGの値に近くなるにつれて大きくなり、その規模の上限は$\dfrac{\gamma L}{2}$となる。

場合分け（i）～（iii）から、次の2点が読み取れる。第一に、どの場合でも齟齬は1種類に限定される。第二に、管理費差の値によっては、中心配置、分散配置、集約配置それぞれが非効率だとしても投票で選ばれることがある。民意が経済的に合理的な結果を必ずしも導かない。

④コンドルセ・パラドックスの検討

中心配置、分散配置、集約配置の3選択肢があるときのコンドルセ投票を考える。一対比較から選択肢が1個増えただけだが、投票配置は必ずしも存在しなくなる。

単純化のため$\dfrac{\gamma L}{4}=1$と単位化する。投票において、式（6）から$G-F<1$ならば分散配置が中心配置に勝利する。また、式（8）から$F-H<1$ならば中心配置が集約配置に勝利する。さらに、式（10）から$H-G<0$ならば集約配置が分散配置に勝利する。例えば、$H=\dfrac{2}{3}$であれば、上記の3つの不等式が成り立つ。そのため、「分散が中心に勝ち、中心が集約に勝ち、集約が分散に勝つ」という循環となる（図7・13(d)）。すなわち、堂々巡りとなり最終結果が求められない三すくみの状態に陥る。これはコンドルセ・パラドックスと呼ばれる。

大相撲での巴戦では、優勝を争う相星の力士3人が勝ち残りで相撲を行い、2連勝した力士が優勝となる。他の2人の力士に続けて勝つまで対戦するため、コンドルセ・パラドックスでは延々と巴戦が続くことになる。

一対比較だけで最終的な勝者を決めていくトーナメント方式を考える。コンドルセ・パラドックス状態では、トーナメントの組み合わせが影響する。3選択肢のトーナメントのパターンは図7・15のように3種類となる。図7・15 (a)に示すように、最初の投票で単一施設としての場所を決める場合、中心配置と集約配置の二択から、中心が勝ち上がる。しかし最終の投票では、分散配置が勝者となる。図7・15 (b)のように、最初の投票において対称性の観点から配置案を絞る場合は、中心対置と分散配置の二択で分散が勝ち上がるが、最終勝者は集約配置となる。図7・15 (c)では、最初に配置場所が重なる選択肢を整理するとして分散配置と集約配置の選挙を行うと集約が勝ち残るが、最終的には中心配置が選ばれる。このように、トーナメントでは組み合わせが最終結果に影響を及ぼす。

なお、選好関係を矢印で示した図7・16から理解できるように、三すくみは2種類ある。しかし、ここでは、(a)のような1種類に限定できる。実際、選好関係として「中心が分散より優れ、分散が集約より優れ、集約が中心より優れる」(b)と仮定する。

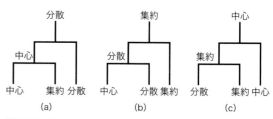

図7・15　トーナメントによる結果

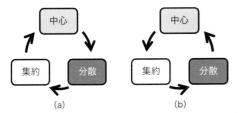

図7·16　2種類の三すくみ（矢印の先の方が優れている）

式 (6)、(8)、(10) の右側の不等式に着目すると、これら3つの不等式が逆向きに成り立つ。これら逆向きの不等式3つを足し上げると、$0 > \frac{\gamma L}{2}$ となり、右辺が正であることから矛盾する。そのため、この選好関係は成立しない。

4　齟齬の発生とイノベーションへの期待

　一対比較での多様なパターンでの齟齬、さらには三すくみ発生などから理解できるように、多数決による投票は必ずしも効率性を追求できる社会システムにはならない。特に、選択肢が増えていくと投票という民主的政策決定プロセスには様々な課題が伴う。

　したがって、民主主義の根幹である投票制度を維持し持続可能な交通インフラを実現するために、技術革新（イノベーション）への期待は高まる。しかし、すべてのモビリティ向上は民意による合意形成を必ずしも効率化に向かわせない。このことを7.3節で示していく。

7.3　医療高度化時代の施設集約化

1　医療を取り巻く環境

　医療施設を取り巻く大きな社会変化が2点ある[1][2][3]。第一に、病院の再編である。未曽有の少子高齢化を迎え、認知症対策や介護支援専門員との連携など医療ニーズが高まる一方で医療資源が不足するため、効率化による医療費抑制が不可欠となる。専門的な知識が求められる医療では、1人の患者に複数の医師による治療が必要なことも多い。医療経験を積むことで医師のスキルは向上し、診療科の機能集約が進む。高機能な医療設備は高価でありそのような医療機器を扱える医師数は限られ、医療施設の集約化が必要となる。2020年には全都道府県が「地域医療構想」を策定し、集約化を検討している。

　第二に、医療のデジタル化である。IoT、人工知能、ビッグデータ、ヘルスケアのセンシング、ロボットなどの最新技術を駆使する医療の高度化はめざましい。遠隔医療を用いた在宅診療の実現は、移動負担の大きい高齢者、さらには医師不足の過疎地域からの期待が高い。最新医療機器による病院間の連携では、医師不足である地域でも遠隔地にいる専門医の診断や治療が受けられる。茨城県では医療分野におけるICTの活用を推進している[4]。デジタル化が進めば、利用者と病院とのやり取り情報を蓄積していくことが可能となる[1][2][3]。病気前後の健康・医療データの突合、さらには、健康以外の個人の生活情報、そして地域情報と組み合わせることで、利用者へより迅速でより正確な医療サービスを提供でき、さらには、治療法や創薬の研究開発にもつながる。

2　モデルの一般化

①医療施設再編における3つの選択肢

　7.2節のモデルを一般化する。再編前の状況は図7·17(a)のように、直線都市上の地理的に対称な場所に2病院があると想定する。なお、病院間でデジタル化が進んでいないとする。再編案として次の3選択肢を想定する。

(a) 中心配置（図7·17(b)）：既存の2病院を廃止し直線都市の中心に病院を新設する。

(b) 分散配置（図7·17(c)）：2病院を維持する。デジタルを活用して分業体制とし2病院はそれぞれ異なる機能を持つ垂直的差別化を行うと仮定する。

(c) 集約配置（図7·17(d)）：機能を既存の1病院に集約する。地理的対称性から、図7·17(a)の左右どちらに集約されるとしても良い。

これらの選択肢は7.2節で考察した配置に対応しており、集約配置においては直線都市の地理的対称性が再編により失われる。F_1、F_2、F_3をそれぞれ中心配置、分散配置、集約配置の管理費とする。ただし、施設数が複数ある分散配置での管理費F_2は2か所の施設の合計である。

それぞれの配置に対し、7.2節で定式化したモデルを以下の2点で拡張する。

(a) モビリティ向上：自宅と病院とのモビリティ向上と、病院間モビリティ向上、これら2種類を同時にモデルに組み込む。後者は垂直差別化を支援するためであり、分散配置のみに提供される。

(b) 施設位置：既存の2病院が中心$\frac{L}{2}$の点対称の位置にあるとする。2病院がそれぞれ$x, L-x (0 \leq x \leq \frac{L}{2})$に位置するとし、$x = \frac{L}{4}$とすると、7.2節で提示した、分散配置や集約配置に帰着する。施設位置を一般化し、線分都市の市街地が拡大した場合（$\frac{L}{4} \leq x \leq \frac{L}{2}$）、縮小した場合（$\frac{L}{4} \leq x \leq \frac{L}{2}$）を、同一モデルで表現する。

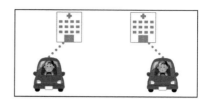

(a) 再編前

(b) 再編後：中心配置

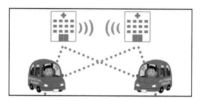

(c) 再編後：分散配置

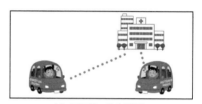

(d) 再編後：集約配置

図7·17　再編後の選択肢

②モビリティ向上のモデル化

モビリティ向上に関しては、2種類のパラメータを導入し次のようにモデル化する（図7·18）。

(i) 自宅と病院とのモビリティ向上 α ($0 \leq \alpha \leq 1$)

自動運転バスなどのスマートモビリティの導入や、オンライン診療などの在宅医療の前進を表現する。前者では医療サービスに対し対面ニーズが旺盛であることを踏まえて、自宅から病院への物理的移動を想定する。患者が病院まで動くことでフレイル化のリスクが下がる。また人と人とのコミュニケーション機会が増え、買い物や食事などにより地域経済が潤うこともある。在宅医療と比べ地域の人を呼び込む場づくりにもなりまちづくりでのメリットが大きい。後者では、これまで病院に行かなければ受けられなかった医療サービスが、在宅で受けられること

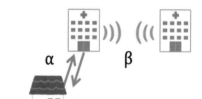

図7·18　モビリティ向上のパラメータ

想定する。例えば、生体データを収集するウェアラブルデバイスが開発され浸透している。異変が生じればネットワークで病院に通知される安心機能もあり、通院機会を減少させる。

自宅と病院とのモビリティ向上を示すパラメータ α ($0 \leq \alpha \leq 1$) を導入する。$\alpha = 0$ は自宅と病院とのモビリティに向上がない状態であり7.2節の定式

化に対応する。自動運転のレベルアップのように自宅から病院へのモビリティが向上するとαは増加する。図7・19に見るように、移動を示すV字やW字の費用関数の傾きが緩やかになる。通院負担が減少すれば、移動費より管理費が支配的となり、最適でも投票でも集約が進むことが期待できる。

(ii) 病院間モビリティ向上 $\beta\ (\frac{1}{2} \leq \beta \leq 1)$

離れた病院の医師同士が、高解像度のカメラやスマートグラスで撮影した様態、エコー画像、バイタルデータ等を利用したリアルタイムの双方向コミュニケーションをもとに、診療や処置にあたる。パソコンやスマートフォンとの親和性が高くないなど対面での受診要求が強い利用者も、遠隔医療を通して最寄り病院で対面のサービスを受けられる。また、救急医療やワクチン接種においては電子カルテの情報共有などで、効率的な連携が実現する。これまでの機能を維持しながら、多機能化していく状況である。

病院間モビリティ向上を示すパラメータ$\beta\ (\frac{1}{2} \leq \beta \leq 1)$を導入する。パラメータ$\beta$は最寄りの病院へ通院する頻度であり、$\beta$が大きくなると遠くの病院へ行く頻度が減る。例えば、$\beta = \frac{1}{2}$の場合は、どちらの病院にも同じ頻度で通院する（図7・20）。$\beta = \frac{3}{4}$の場合の費用関数は4回に3回は最寄り病院に行けばよく、4回に1回は遠い病院に行く必要があることを表している。$\beta = 1$では遠隔医療で病院間が完全につながりどちらの病院でも共通のサービスを受けられる状況である。そのため、常に近くの病院へ行くことになる。幾何学的には、$\frac{1}{2} < \beta < 1$の費用関数は図7・20に示す$\beta = 1$のW字と$\beta = \frac{1}{2}$のW字との間に位置し、$x = \frac{L}{2}$では同じ値となり、βが小さくなると傾きは緩やかになる。なお、$\beta < \frac{1}{2}$の場合は、最寄り病院よりも遠い病院へ行く頻度のほうが高く、現実的でないため本研究では扱わない。

パラメータαに対応する自宅と病院とのモビリティに関しては、新型コロナウイルス感染症対策としてオンライン受診の初診利用が認められ、さらに診療報酬の引き上げによってオンライン受診の普及を加速化させる動きがある。パラメータβに対応する病院間モビリティ向上に関して、例えば会津若松市スーパーシティ構想では、パーソナル・ヘルス・レコードにより、医療データを統合的に管理しようとしている。このような抜本的あるいは先進的な動向がある。

3 最適配置と投票配置の比較
①最適配置

ϕ_1、ϕ_2、ϕ_3をそれぞれ、中心配置、分散配置、集約配置における利用者1人あたりの費用と定義す

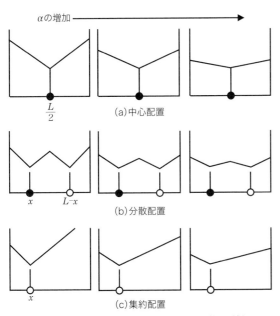

図7・19 自宅・病院間モビリティ向上と費用関数の関係

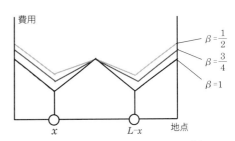

図7・20 病院間モビリティ向上と費用関数の関係

る。これらは、最寄り施設までの平均距離を求めることで、次のように表現できる。

$$\phi_1 = F_1 + \frac{1-\alpha}{4} L \gamma \qquad \cdots 式（12）$$

$$\phi_2 = F_2 + \frac{1-\alpha}{2L}\left\{ 4\beta x^2 - 2Lx + \left(\frac{3}{2}-\beta\right)L^2 \right\}\gamma \cdots 式（13）$$

$$\phi_3 = F_3 + \frac{1-\alpha}{2L}(2x^2 - 2Lx + L^2)\gamma \qquad \cdots 式（14）$$

利用者1人あたりの費用ϕ_1、ϕ_2、ϕ_3は、モビリティ向上を示すパラメータ α、βと施設位置xの関数で表現される。

(a) 中心配置 vs 分散配置

分散配置の方が優れる条件は、式（12）と式（13）から$\phi_2 < \phi_1$より、

$$F_2 - F_1 < \frac{1-\alpha}{2L}(L-2x)\{(L+2x)\beta - L\}\gamma \cdots 式（15）$$

(b) 集約配置 vs 中心配置

中心配置の方が優れる条件は、式（12）と式（14）から不等式$\phi_1 < \phi_3$を整理し、

$$F_1 - F_3 < \frac{1-\alpha}{4L}(L-2x)^2\gamma \qquad \cdots 式（16）$$

(c) 集約配置 vs 分散配置

集約配置が優れる条件は、式（13）と式（14）から$\phi_3 < \phi_2$より

$$F_3 - F_2 < \frac{1-\alpha}{2L}(L-2x)(L+2x)\left(\beta - \frac{1}{2}\right)\gamma \cdots 式（17）$$

なお、$\alpha = 0$、$\beta = 1$、$x = \frac{L}{4}$とすると式（15）、（16）、（17）の結果は、それぞれが7.2節で求めた式（7）、（9）、（11）に帰着する。

②投票配置
(i) 中心配置 vs 分散配置

既存病院が端寄りの場合（$0 \leq x \leq \frac{L}{4}$）、中心配置が分散配置に勝つためには $x = \frac{L}{4}$地点での費用が分散

配置よりも低い必要がある。一方で、既存病院が中心寄りの場合（$\frac{L}{4} \leq x \leq \frac{L}{2}$）には、選挙での勝利には全票獲得が必要となる。これら2つの場合分けを考慮すると、分散配置の方が優れる条件は

$$F_2 - F_1 < \begin{cases} \dfrac{1-\alpha}{2}(L-2x)(2\beta-1)\gamma & \left(0 \leq x \leq \dfrac{L}{4}\right) \\ \dfrac{1-\alpha}{2}(\beta L + 2x - L)\gamma & \left(\dfrac{L}{4} \leq x \leq \dfrac{L}{2}\right) \end{cases}$$
$$\cdots 式（18）$$

(ii) 集約配置 vs 中心配置

$x = \frac{L}{2}$での優劣、つまり集約配置が全票を取れるかで結果が定まる。そのため中心配置が優れる条件は、

$$F_1 - F_3 < \frac{1-\alpha}{2}(L-2x)\gamma \qquad \cdots 式（19）$$

(iii) 集約配置 vs 分散配置

$x = \frac{L}{2}$での費用関数の値で結果が決まる。集約配置が優れる条件は、

$$F_3 - F_2 < 0 \qquad \cdots 式（20）$$

なお、式（18）、（19）、（20）で$\alpha = 0$, $\beta = 1$, $x = \frac{L}{4}$を代入すると、それぞれが、7.2節で導いた式（6）、（8）、（10）に一致する。

最適配置の式（15）の右辺と投票配置の式（18）の右辺、同様に式（16）の右辺と式（19）の右辺、式（17）の右辺と式（20）の右辺とを比較すると、それぞれ一致しない。このため、投票が必ずしも経済的にも優れた結果を導くとは限らないことが確認できる。

③最適と投票との齟齬
(i) 中心配置 vs 分散配置

式（15）の右辺から式（18）の右辺を引いた差分δ_{21}は次のようになる：

$$\delta_{21} = \begin{cases} -\dfrac{1-\alpha}{2L}(L-2x)^2\beta\gamma & \left(0 \leq x \leq \dfrac{L}{4}\right) \\ -\dfrac{1-\alpha}{L}2x^2\beta\gamma & \left(\dfrac{L}{4} \leq x \leq \dfrac{L}{2}\right) \end{cases} \cdots 式（21）$$

式（21）から$\alpha \geq 0$, $\beta \geq \frac{1}{2}$の時、つねに $\delta_{21} \leq 0$となる。齟齬は、「投票が分散、最適が中心」のみ

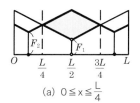
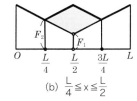

(a) $0 \leqq x \leqq \dfrac{L}{4}$　　(b) $\dfrac{L}{4} \leqq x \leqq \dfrac{L}{2}$

図7・21　中心配置vs分散配置の場合分け

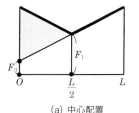
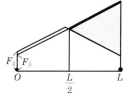

(a) 中心配置　　　　　(b) 集約配置

図7・22　アンダーカット

で発生する。

なお、齟齬は施設位置に依存する。図7・21(a)から施設が端寄りに位置する$0 \leqq x \leqq \dfrac{L}{4}$においては、投票において$x = \dfrac{L}{4}$地点で中心と分散の費用関数が交わるので、$x$が増加するにつれて分散の費用関数の下側面積が増加する。よって、平均費用という目的関数ベースでの齟齬は$x = \dfrac{L}{4}$で最大となる。図7・21(b)から施設が中央寄りの$\dfrac{L}{4} \leqq x \leqq \dfrac{L}{2}$では、投票において中心の費用関数が分散の費用関数をアンダーカットするので、xの増加とともに齟齬は解消していき、平均費用での齟齬は$x = \dfrac{L}{4}$、すなわち2つの施設が第1四分位数と第3四分位数に位置するときに、最大となる。

(ii) 集約配置 vs 中心配置

式（16）の右辺から式（19）の右辺を引いた差分δ_{13}は次のようになる。

$$\delta_{13} = -\frac{(1-\alpha)}{4L}(L-2x)(L+2x)\gamma \qquad \cdots 式（22）$$

$\alpha \geqq 0,\ \beta \geqq \dfrac{1}{2}$の時、常に$\delta_{13} \leqq 0$となり、齟齬は、「投票が中心、最適が集約」のみで発生する。

なお、投票では、中心配置の費用関数が集約配置の費用関数をアンダーカットするので、式（22）から平均費用での齟齬は$x = 0$で最大となる（図7・22 (a)）。

(iii) 集約配置 vs 分散配置

式（17）の右辺から式（20）の右辺を引いた差分δ_{32}は次のようになる：

$$\delta_{32} = -\frac{1-\alpha}{2L}(L-2x)(L+2x)\left(\beta - \frac{1}{2}\right)\gamma \quad \cdots 式（23）$$

$\alpha \geqq 0,\ \beta \geqq \dfrac{1}{2}$の時、常に$\delta_{32} \geqq 0$となる。齟齬は、「投票が集約、最適が分散」のみで起こる。

投票では、集約の費用関数が分散の費用関数をアンダーカットするので、式（23）から平均費用での齟齬は$x = 0$で最大となる（図7・22(b)）。

3選択肢の組み合わせは3通りで、それぞれに対し最適と投票の2通りがあるため、齟齬パターンは6種類考えられる。しかし、上記の結果から、モビリティ向上を表すパラメータの多寡、さらには既存施設の位置に依存せず3種類に限定できる。

─────

結果1

モビリティ向上のパラメータが$\alpha \geqq 0,\ \beta \geqq \dfrac{1}{2}$の時、齟齬は次の3種類に限定される。

(a) 投票が分散配置、最適が中心配置、

(b) 投票が中心配置、最適が集約配置、

(c) 投票が集約配置、最適が分散配置。

─────

式（21）〜（23）の右辺の絶対値が齟齬の度合いを示す。式（21）〜（23）に基づいて3パターンの齟齬を図化すると、図7・23のようになる。ただし、$\gamma = 1$とする。7.2節で示した図7・14を一般化したこの図から、モビリティ向上や施設場所に関して以下の3点が読み取れる。

第一に、齟齬の大きさは、αの減少関数となる。自宅と病院とのモビリティ向上が進む（パラメータαが増加する）と、病院との距離抵抗は小さくなり病院立地の影響力は弱くなる。そのため配置の違いという場所の意味は小さくなり、齟齬は小さくなる。

第二に、齟齬の大きさは、βの増加関数となる。

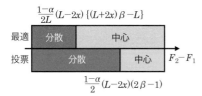

(a) 中心配置 vs 分散配置

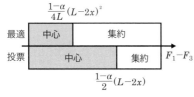

(b) 集約配置 vs 中心配置

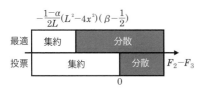

(c) 集約配置 vs 分散配置

図7・23　選択肢の比較

病院間モビリティ向上が進まない（パラメータ $\beta=\dfrac{1}{2}$）場合、分散配置の間にいる利用者は両方の病院に行く機会が多く、分散配置と他の配置で移動費に差異がない。しかし、病院間モビリティ向上が進む（パラメータ β が増加する）と、片方の近い病院だけに行くことになる。そのため、分散配置では利用者間で費用差が開く。中心配置と比較すると中心部の利用者との費用差は開き、齟齬は拡大する。

　最後に、齟齬の大きさは既存病院の位置 x に依存する。既存施設が中心に位置する（$\dfrac{x}{L}$ が増加する）ほど、分散配置や集約配置は中心配置に近づき配置に関する地理的違いが小さくなり齟齬は小さくなる。

　両モビリティ向上は、全体の目的関数値を着実に改善する。しかし、第一の結果と第二の結果を合わせると、自宅と病院とのモビリティ向上は、合意形成間の齟齬を改善する一方で、病院間モビリティ向上は合意形成間の齟齬を拡大させる。モビリティ向上でも、齟齬への影響は正反対となる。病院間モビリティ向上が集約化の流れを阻む可能性があるということである。この点を強調したい。

4　起こりうる状況のさらなる検討

①三すくみ

　7.2節でも説明したように、コンドルセ勝者の存在しない三すくみの選好順序は2種類あるが、一般化した状況でも、1種類に限定できる。実際、「中心が分散より優れ、分散が集約より優れ、集約が中心より優れる」と仮定すると、不等式 (18)、(19)、(20) が逆向きに成り立つ。これら逆向きの不等式3つを足し上げると、

$$0 > \begin{cases} \dfrac{1-\alpha}{2}2\beta(L-2x)\gamma & \left(0 \le x \le \dfrac{L}{4}\right) \\[2mm] \dfrac{1-\alpha}{2}\beta L \gamma & \left(\dfrac{L}{4} \le x \le \dfrac{L}{2}\right) \end{cases}$$

　右辺が正であることから矛盾するため、このような三すくみは生じない。

結果2

　コンドルセ投票の三すくみの選好順序は、「分散が中心より優れ、中心が集約より優れ、集約が分散より優れる」のみである。

　結果1と結果2から、齟齬3種類、三すくみ1種類に限定できる。齟齬なし3種類を加えると結果は7種類に絞れる。

②現実的な管理費を踏まえた検討

　医師不足や働き方改革から限られた医療資源をより有効活用し、一方で医療サービスの高度化を目指さなければならない。そのためには、既存2病院をそれぞれ高度化するよりも片方の既存病院、あるいは新しく建設する施設へ集約する方が機材導入費や人件費が低く抑えられる。また集約と新規建設とを比べると集約の方が管理費は低くなる。したがって、管理費は分散、中心、集約の順で低くなるよう $F_2 > F_1 > F_3$ と設定することが妥当である。この管理費条件で分析を進める。

　まず、$F_2 > F_3$ であるから、式 (20) から3選択肢

のコンドルセ投票では「分散配置」は選ばれない。よって、齟齬「投票が分散、最適が中心配置」と「投票も最適も分散配置」の2種類は起きない。

さらに、齟齬「投票が集約、最適が分散」が成り立つと仮定する。すると、不等式（18）、（19）、（20）が逆向きに成り立つ。これら逆向きの不等式3つを足し上げると、

$$F_3 - F_2 < \frac{1-\alpha}{2L}(L-2x)\left(L(1-\beta) + \frac{L}{2} + (1-2\beta)x\right)\gamma$$

ここで、$\beta \leqq 1$ および $x \leqq \frac{L}{2}$ に注意すると、右辺は正の値をとり矛盾となる。これは「投票が集約、最適が分散」という齟齬は生じないことを意味する。

以上の結果から、結果1と結果2を組み合わせることで、起こりうる状況は4種類に限定できる。しかし、これ以上は絞れない。実際、この4種類はパラメータの大きさによりそれぞれ発生する。齟齬「投票が中心配置、最適が集約配置」は分散の運営費 F_2 が極端に大きい場合に生じる。実質的に、集約配置と中心配置のどちらかしか選ばれないためである。「投票も最適も中心配置」は、分散の運営費 F_2 が極端に大きく、F_1 が F_2 よりわずかに大きい場合、立地条件の良さから投票でも最適でも中心配置が選択される。「投票も最適も集約配置」については F_2 と F_1 がともに極端に大きい場合に生じる。また、7.2節で例を示したように、三すくみ「分散が中心より優れ、中心が集約より優れ、集約が分散より優れる」は、$\alpha = 0$, $\beta = 1$, $x = \frac{L}{4}$ で発生する。

結果3

管理費が $F_2 > F_1 > F_3$ ならば、次の4種類のみが生じる：

(a) 三すくみ「分散が中心より優れ、中心が集約より優れ、集約が分散より優れる」、

(b) 投票が中心配置、最適が集約配置、

(c) 投票も最適も中心配置、

(d) 投票も最適も集約配置。

5 医療施設体制に及ぼす可能性

7.2節で示した線分都市モデルに、2種類のモビリティ向上を組み込み、分散配置や集約配置に関する施設位置を一般化した。特に、投票と最適との間に生じる齟齬や多数決のパラドックスに及ぼす影響を抽出した。

まず、病院間モビリティの向上が集約化の流れを阻むことを示した。次に、医療高度化の費用構造という限定された局面でも、ハコモノ行政と揶揄される病院新設という非効率な選択肢が選ばれうることを明らかにした。

7.4　合意形成の観点を通した医療サービス向上

感染症対策も相まって地域住民の医療サービスに対する関心は高い。今後、先例のない未曾有の超高齢社会に起因する患者増、医療ニーズ変化に対応しなければならない。医療関係者の人手不足、感染症対策など厳しい条件の下で、限られる医療資源を有効活用するためにも、医療機関の集約化、医療情報の共有化など、地域全体で医療を支える体制の構築は必要不可欠である。

茨城県つくばみらい市ではみらい平駅や市役所から市外の病院への自治体またぎバスを2021年より運行している（図7・24）。病院建設や誘致という過度な地域間競争に加わるより、既存病院へのアクセス改善を優先し、医療サービスの充実化を試みている。産業競争力懇談会の推進テーマでは、新しいテクノロジーを活用した医療機関へのアクセス改善が意識されている。茨城県境町は、西南医療センターと境町中心地区とを結ぶ公道で自動運転バスの定期運行を2020年より実施している（図7・25）。医療サービス向上をめざし、広域連携やスマートモビリティの導入などの地域の足づくりは時代の流れである。

医療の計画では住民合意が前提であるが、限られた予算をできるだけ効率的に使うためには、時とし

図7・24　病院前を走る自治体またぎ病院バス［→口絵30］

図7・25　病院前を走る自動運転バス［→口絵31］

て住民に痛みを強いるような政策の実行が求められる。医療施設の縮減は、総論賛成各論反対となりがちであり、具体化するに従い反発は大きくなり、合意形成が難しくなる。結果として、国の補助金など公的支援に頼ることとなり、非効率な体制は維持され地域は依然として自立できなくなる。

　このような社会からの脱却を狙い、本章では、社会的最適と投票が選択する施設配置モデルを通して、医療サービスならではのモビリティ向上が医療施設体制に及ぼす影響を分析した。特に、自宅と病院とのモビリティ向上が民意と経済合理性との齟齬を解消させる一方で、病院間モビリティ向上は齟齬を拡大させることを示した。したがって、アクセス改善を優先する、境町の自動運転バス、つくばみらい市の自治体またぎ病院バスの導入は民意と効率性とが整合する政策であると言えよう。

■出典・参考文献

1）日経ヘルスケア（2020）「医療・介護を革新する ヘルスケアビジネス最前線」日経BP
2）木村広道（2019）「医療4.0を支える医療産業イノベーションの最前線」日経BP
3）三津村直貴（2019）『AI医療とヘルスケア』技術評論社
4）茨城県保健福祉部（2016）「茨城県地域医療構想」
5）産業競争力懇談会（2018）『2017年度推進テーマ「地域社会の次世代自動車交通基盤」最終報告』
6）産業競争力懇談会（2019）『2018年度推進テーマ「地域社会の次世代自動車交通基盤」最終報告』
7）つくば市（2020）『つくば市未来構想―つながりを力に未来をつくる―』
8）Hansen, P., and Thisse, J. F. (1981), 'Outcomes of voting and planning: Condorcet, Weber and Rawls locations', *Journal of Public Economics*, pp.1-15.
9）Alesina, A., and Spolaore, E (1997), 'On the number and size of nations', *The Quarterly Journal of Economics*, pp.1027-1056.
10）高森賢司、小林隆史、大澤義明（2013）「庁舎建設候補地の比較分析」『都市計画論文集』pp.915-920
11）小林隆史、堀隆一、大澤義明（2022）「ついで型施設投票モデル」『都市計画論文集』57（3）、pp.1018-1024
12）西村詩央里、大澤義明（2023）「バス便はなぜ高頻度となるのか」『応用地域学研究』26、pp.22-32
13）髙瀬陸、小林隆史、大澤義明（2022）「デジタル化が医療施設集約に及ぼす影響」『応用地域学研究』25、pp.15-26
14）Rydell, C. P. (1971), 'A note on the principle of median location', *Journal of Regional Science*, 11(3), pp.395-396.
15）井堀利宏（1998）『公共経済学』新世社

生徒会選挙にデジタル投票

大澤 義明

選挙ポスターによる景観悪化や選挙カーの連呼には古さを感じる。一方で、選挙をデジタルの世界へという動きがある。つくば市および株式会社voteforとの連携により2021年10月、2022年9月に茗溪学園中学校高等学校の生徒会選挙において、インターネット投票を実施した（口絵43）。インターネット投票が国政選挙に導入されれば、高齢者や障害者を中心に距離抵抗克服や三密回避による投票率向上が期待でき、さらには人員削減による大幅なコスト縮減に貢献できる。

インターネット投票では、他の情報を紐付けることで選挙活動の検証や新たな選挙の仕組みを構築できる。例えば、茗溪学園生徒会選挙では、立ち会い演説会前後で投票を行い、票の移動量を特定することで、演説会の効果検証を行った。国政選挙においても、世代や性別と紐付けることで世代や性別ごとの得票数から、選挙結果が各世代の票をどの程度反映できたのかを見える化できる。インクルーシブが重視される社会であり、世代別の意見が組み込まれた投票結果は政策決定に影響を与えるに違いない。さらなる発展形としてこれまでの場所依存の選挙区から世代別選挙区への移行も考えられる。生活圏の広域化、デジタル化の進展から、有権者を固有の地域へ割り付ける地理的選挙区の意味は小さく、世代ごとの声を確実に議員数に反映できる世代別選挙区により、地域の横ならび意識や不毛な地域間競争も回避できる。財政逼迫や脱炭素のような息の長い政策を考えるためにも、デジタルネイティブである若い世代の意見を抽出する意義は大きい。

投票が政策を動かすのであれば若い世代はさらに能動的となり、正の循環により閉塞感の漂う日本の社会も変わるかもしれない。生徒会インターネット選挙に直接関わり自由闊達な高校生と触れることで、インターネット投票を単なるデジタル化で終えることなく、選挙制度を進化させるDXへ昇華させなければと意を強くした。

公共交通のサブスク

淺見 知秀

公共交通のサブスク（定期乗車券）は古くからあり、日本では明治19年からある。近年はMaaSの登場によってサブスクが再び注目を浴びている。また欧州ではコロナ禍を経て、減少した旅客の回復、環境負荷低減を目的に、国や都市単位で"低廉"な価格のサブスク運賃を導入するケースがある。例えばベルギーの首都ブリュッセルには、24歳以下が年間12ユーロで市内公共交通乗り放題になる定期券がある。オーストリア（年間1,095ユーロ、2021年11月〜）やドイツ（月9ユーロ、2022年〜）は低廉な国内公共交通乗り放題定期券がある。

運賃値下げが主流の諸外国とは対照的に、我が国では、運賃値上げが主流になりつつある。値上げによって、コロナ禍で減少した旅客はさらに減ってしまわないだろうか。旅客が減少する公共交通は持続可能なのか。そのような懸念がある中、国内で類例のない低廉なサブスク運賃が自動車社会の地方都市に2つ存在する。

筑波大学は大学〜つくば駅間エリア定期券を9割引（4,200円/年、2005年〜）、栃木県小山市は市内バス全線定期券を7割引（28,000円/年、2019年〜）で提供している。筑波大学は月350円と超低廉で、かつ筑波大学の財政負担が減少（大学直営バス時との比較）している点が特徴である。小山市は民間・公共バス区別なく1枚の定期券で市内すべてのバスが乗り放題になる点、運賃収入、利用者が増加している点が特徴である（増便の影響もある）（口絵44）。

低廉な価格が実現できたのは、地域に一定の責任を有する公的主体である筑波大学・小山市がバス運行会社に運賃値下げ分の収入保証をしているためである。また両地域は、自動車利用減少が確認され、自動車社会において、自動車以外の移動の選択肢を提供することに一役買っている。日本において「公的主体のリーダーシップ」によって低廉なサブスク運賃を実現し、サービスが継続している事例である。

医療 MaaS

堀越 卓

地方では少子高齢化や財政難を背景に医療格差がより顕著となってきている。市民感情としては、市内に病院があると充実しており、ないと不十分と捉える。とりわけ総合病院の有無は市民感情に大きな影響を与える。

茨城県つくばみらい市は、2005年につくばエクスプレスが開通したことで東京通勤圏に含まれ、人口が1万人以上増加し、5万人を越えた。2022年都道府県地価調査で東京圏上昇率1位となり、子育て世代に人気が高く現在でも人口が増えている。しかし、市内に総合病院がない、県内では数少ない自治体のひとつである。隣接するつくば市・取手市・守谷市・常総市に総合病院があるため、市民から総合病院誘致の要望は多い。

2019年に私は社会人向けプログラムである筑波大学大学院社会工学学位プログラム地域未来創生教育コースに入学した。修士論文では、医療サービス向上のために、病院を誘致するのではなく交通を改善する「医療MaaS」の政策に関して研究に着手した。実際の道路網を使った自動車到達圏分析を行った結果、30分到達圏の昼間人口カバー率は95%を超える。これは病院を有する自治体を上回る結果となった。同時に道路等インフラ整備や速度緩和を行えばさらに良い結果になることから、医療サービスがより向上することも数値化した。このことから、施設の誘致だけが課題解決の答えではないと示すことができた。

現在、つくばみらい市では総合病院を誘致するのではなく、病院へ直通の病院バスを運行している（口絵45）。私は大学院を修了し職場（つくばみらい市役所）へ復帰後の2021年から病院バスを担当し、研究の成果を活かし新たな病院バスを運行させた。また、医療MaaSの研究は査読付き学会誌にも採択された。論文という学術界と病院バス運行という社会実装の両面から医療に関わることができ、非常に嬉しく思う。

カシマース

中田 浩二

私は鹿島アントラーズに1998年に入団し、2014年に現役を引退した。現在はアントラーズのクラブ・リレーションズ・オフィサーとして、ステークホルダーと調整を繰り返す毎日である。Jリーガー引退後のキャリアとして、Jチームのコーチや監督という現場での選択肢もあったが、クラブ経営など社会システムを俯瞰的に勉強したいと思い、フロントを選んだ。

2018年度筑波大学大学院博士前期課程社会工学学位プログラムに入学し、都市計画という生活の場を対象とする研究室に所属した。これまで生活してきた町、遠征で訪問した町、普段何気なく見てきた風景が、都市計画やモビリティ、市場メカニズムなどの理屈があって長い時間で形成されてきたことを理解できた。北海道天塩町、茨城県つくばみらい市での地元高校生とのまちづくりワークショップではファシリテーターの役割も担い、モビリティに関して若い世代と議論できた。

修士論文では、試合などイベント時のカシマスタジアム周辺の交通渋滞（口絵46）をネガティブからポジティブに変えていく視点で研究を進めた。「鹿島」と「MaaS」との掛け合わせである「カシマース」プロジェクトを研究室の学生たちとブレストした。地元鹿行地域の特性を活かすため、風力に応じたEV充電ダイナミックプライシング、空き家や空き地など遊休地を活かしたまちなか駐車場、サポーターのライドシェア・マッチングシステムなどを提案できた。

2020年3月に大学院修了後、まちや交通を見る目がすっかり変わってしまった。交通渋滞の改善についても、ハードおよびソフト両面で日頃から考えるようになった。2022ワールドカップで訪問した中東カタールでは、電柱地中化などの景観、道路や土地利用などの都市インフラを観察するようになってしまった。都市計画やまちづくりの領域で得た視点を、スタジアム経営に活かすとともに、今後もJリーガーのキャリア形成の新たな道を切り開いていきたい。

終章 新たな挑戦と仲間づくり

笹林 徹

筑波大学とトヨタの社会工学における共同研究の背景として、モビリティカンパニーへの変革を目指すための未来志向研究の必要性の高まりがある。

そのような意味から、トヨタにおいてこの共同研究を担当するのは、「未来につながる研究」を推進する未来創生センターである。その研究領域は、産業用ロボットの技術応用により主に身体の不自由な方や高齢の方を支援するパートナーロボットから、ロボットをコントロールするプラットフォーム技術、あるいは街のインフラ技術などに及び、それ以外にも、新たな技術領域への挑戦に対する自由度の高い組織である。常に人間中心で考える概念を重視することから、社会科学の視点も取り入れる。

序章において、モビリティの概念として、「moveには、人・モノの移動に加え、心が動くという意味があり、モノを超えて人の心・社会を動かす」ことを目指すと述べたが、そのような新たな挑戦のためには、世の中の様々な知見から学ぶことが重要であり、上述の未来創生センターでは、「共創」というコンセプトのもと、外部研究機関との共同研究を進めている。新たな挑戦を仲間づくりとともに進めるものであり、筑波大学はそのネットワークの1つである。

筑波大学との共創は、文字通り「共に創る」を目指すことから、必ずしもあらかじめ決められたテーマを特定の研究者と進めるというスタイルを取らず、大まかな課題意識をもとにした双方の分野横断的な意見交換から始まることもある。新たな挑戦への自由度が高い組織と上述したが、それを外部研究機関との共創においても実践することを目指している。

例えば、筑波大学附属病院の医師でもある医療系の研究者から、人々の移動に関する話題として「運転免許返納後の高齢者の通院が困難となっている」という地方部の地域医療の社会問題の提起があると、その高齢者自身が十分な医療を受けられないという医師目線の問題のみならず、その高齢者の通院の付き添いのために、同居または近隣に住む家族が仕事を休む、時には遠方の家族が仕事をやめて親元へ帰るといったことから生じる労働力損失、さらには十分な医療を受けられないことによる健康状態悪化が招く医療費の増大という経済問題にまで話が及ぶ。

そのような社会的損失を回避するためにモビリティはどうあるべきかという視点で、社会工学としては、高齢者を含めた移動手段としての地域の公共交通の現状分析や、人々の移動に関するデータ解析、技術を活用した利用者にとっての公共交通の利便性向上のあり方、そして将来的には自動運転車が都市構造や交通体系をどのように形作るべきかといったテーマが生まれる。

さらには医療サービスの新たな形として、簡単な医療設備を備えた巡回医療サービス車両が地域を訪問するという形態や、新型コロナウイルス感染症（COVID-19）の感染拡大に伴って注目を集めた在宅での遠隔診療の可能性という、必ずしも移動を伴わない解決策にまで話が及ぶことになる。

遠隔診療については、医療の観点からすると、「通院の代わりの遠隔診療」という枠にとどまらない。在宅時等の日常における身体の状態（バイタルデータ）のセンシングが可能となれば、従来のような通院時の検査のみでは必ずしも表れてこない患者の正

確な症状把握が可能となり、患者ごとにより適切な治療を行うことが可能となる。さらに、自覚症状のない病状悪化の予兆を、センシングによって日常生活の中で検知できれば、事前の対処も可能である。

これらの事例が積み重なることによって、医療は、発症後の対症療法はもちろんのこと、予防分野においても対応の幅が広がることになる。

この実現のためには、バイタルデータのセンシング技術、AIによる解析技術などの他、データ管理における個人情報保護や、社会受容性など、研究の領域はさらに広がる。

一方、地域医療の課題解決には、家族、交通、遠隔診療だけでなく、コミュニティによる共助が重要な役割を果たすと考えた時に、人間社会におけるコミュニティの役割についての考察が必要となる。ここここでは簡単に、社会工学の共同研究の一環として行われたコミュニティの変遷についての考察を紹介する（図1）。

人間のコミュニティが生まれた狩猟社会まで遡ると、その形態と役割は大きく変遷している。狩猟社会や農耕社会において、コミュニティは地域に密着

しており、コミュニティの集団運営はそのまま地域運営であった。

ところが、工業社会になると、人々の生活において、コミュニティは、自らが居住する地域コミュニティから職場コミュニティの比重が高くなった。交通が発達し、職住分離が進み、さらに女性の社会進出が進むと、この傾向は顕著になり、職場コミュニティの強大化と地域コミュニティの弱体化が進んだ。この影響を受けたのが、地域に取り残された高齢者である。核家族化が進んだこともあり、高齢者は公共交通の不便な地方部においては特に不便な生活を強いられるケースが多くなり、現在に至る。

その後、情報社会の到来後は、ITやロボットが大きく進化したことなどによって人員の合理化が進み、非正規雇用者の増加などから、職場コミュニティも弱体化傾向にあるといえる。つまり、社会から取り残される不安を抱える人々は高齢者とは限らない状況が生まれつつあるのである。

一方で、少子高齢化による財政難＋社会保障費の増大から、公共部門による福祉の限界も見えており、その状況に起因する社会の先行き不安感から脱却す

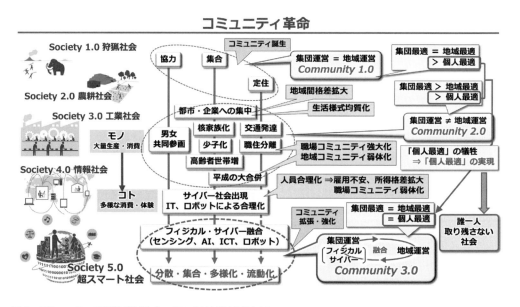

図1　コミュニティの考察（著者作成、イラストは内閣府資料より）

る意味でも、行政に頼らない新たな社会サービス産業の創出や、コミュニティによる共助の重要性が今後大きくなるといえる。

それでは、今後の超スマート社会Society 5.0においてコミュニティは復活を果たすことが可能であろうか。その時のカギとなるのが、フィジカル空間とサイバー空間が融合した世界における新たなつながりと、それを通じた社会サービスやコミュニティの誕生である。

フィジカルの世界では、信頼関係のあるつながりを維持し続けられる範囲は、その人の行動力にもよるが限られており、特に誰かの手助けが必要なことが多い高齢者や障がい者などは制約が多い。

それに対し、サイバーの世界においては、空間や時間を超えたコミュニケーションが容易であり、日常的には会えない知人とも緩やかにつながる関係を維持しやすい。また、信頼を保証する仕組みやサービス業者等が介在するという前提は不可欠だが、物やサービス、情報のやりとりなどにおいて、初めての店や人との取引・交流が安心して行える可能性も広がる。

このように、既知のネットワークを超えたものも含め、つながる選択肢の数や種類が増えることにより、生活が便利になり安心感も増す。今後、技術面で、自動運転車やロボットによる物理的な行動のサポートや、周囲や相手の状況の認知とそれに基づくコミュニケーションのサポートなどが高度になると、人々の可能性はますます広がっていく。

こうなると、もはや従来の自動車産業の範疇を大きく超えた領域といえるが、モビリティを、物理的な移動としてだけでなく、人と社会のつながりと捉え、「可動性（モビリティ）を社会の可能性に変える」ことを目指すことによって、今後の新たな挑戦の方向性が見えてくる。

なお、その際の留意点として、人間中心というコンセプトのもとで開発された技術であっても、それが高度化すると、その技術に対する受容性や適応力

の差によって格差が生まれる、または広がるという皮肉な構図も想定される。

人々は、身体機能や認知機能、価値観等において多様な個性があり、それに対して最大公約数的な技術を開発するのみでは、現在直面する様々な社会課題に対応することはできない。そのような観点で技術はどうあるべきか、工学視点と社会科学視点の融合する社会工学の重要性は高まる。

このように、自動車産業が直面する「100年に一度の大変革の時代」には、CASEという技術と同時に、それを超えた英知が求められる。

その際、社会の多様性を考慮すると、英知においても多様性が求められることから、社会工学以外の研究者も参画する筑波大学未来社会工学開発研究センターの枠組みをベースに、未来を担う若者の意見からも学ぶ観点から、学生との交流も含めた仲間づくりは引き続き重要な意味を持つ。

最後に、これまで共同研究を支えていただいた本書籍の著者である鈴木先生、吉瀬先生、藤川先生、村上先生、谷口先生、川島先生、大澤先生と学生の皆様、大澤研究室の髙田様、そして未来社会工学開発研究センターに参画いただいているサイバニクス、睡眠医科学、医工連携、データサイエンス等の各領域研究の先生方、および同センターの事務局の皆様に、この場を借りて厚く御礼申し上げるとともに、引き続きご指導賜るようお願い申し上げます。

筑波大学における
社会工学からの学び

菊池 弘一（トヨタ自動車（株））

筑波大学とトヨタによる包括的連携共同研究の枠組みのトヨタ側の推進役として2020年より2年間関わらせていただきました。

社会工学とは何か、それが弊社の開発とどのようにつながるのか、弊社もクルマ会社からモビリティカンパニーへの変革の最中、その接点はどこにあるのか？という不安が初めに脳裏に浮かんだことを記憶していますが、これは全くの杞憂でした。

社会工学の各先生方から研究内容を教えていただくにつれ、社会を定量的に研究するという学問もさることながら、研究視点の多様性に正直驚きの連続でした。さらには、各先生方の連携が学部学類の範囲を超え、いわゆる学際的なコミュニケーションが普通に行われていることにも感銘を受け、この風土が地域ごとの違いや時代変化という複雑な社会を科学する上での大切な基盤であることは自然と理解でき、それをしっかりと維持されていることが筑波大学の大きな強みであることを目の当たりに感じました。

また、多くの研究室の学生とのコミュニケーションの場を提供いただき、世代を超えた社会を見る目線の違いにも驚かされましたし、さらには先生方の柔軟な対応や最後は科学的な分析に落とし込む指導力は、弊社でも若い世代の意見を上手く取り入れていくことがますます求められる時代への大切なヒントをいただいたと感じます。

未来は予測するものではなく、デザインしていくモノとの考え方もあります。社会工学は社会をデザインしていく学問そのものであり、様々な角度から広く社会を見る、論理的かつ定量的に分析する、部門を超えて連携するということは、変化の激しいともいわれる時代、未来に挑戦し続ける意味で弊社でも共通し学ぶ点も多く、改めてこのような機会にめぐり会えたことに感謝申し上げます。

索引

著者略歴

■編著者

大澤 義明（おおさわ・よしあき／はじめに、7章、コラム⑨）

筑波大学システム情報系教授、学術博士。1959年青森県生まれ。1987年、筑波大学大学院社会工学研究科都市地域計画学専攻修了。熊本大学助手、筑波大学講師、助教授を経て、2002年より現職。2001年日本OR学会文献賞、2008年日本都市計画学会論文賞を受賞。著書に『巨大地震による複合災害—発生メカニズム・被害・都市や地域の復興』（筑波大学出版会、2015年）など。

■著者

川島 宏一（かわしま・ひろいち／6章）

筑波大学システム情報系教授、博士（社会工学）。1959年生まれ。国土交通省、世界銀行、佐賀県、（株）公共イノベーションを経て、2015年より現職。予算情報の全開示を起点に公民協働を推進した「協働化テスト」が国連公共サービス賞を日本初受賞（2010年）。

笹林 徹（ささばやし・とおる／序章、終章）

トヨタ自動車株式会社 未来創生センター所属。1969年生まれ。1992年一橋大学経済学部卒業（学士）。トヨタ自動車に入社後、渉外部門で自動車産業・エネルギー政策渉外、宣伝・広報部門でイベントやモータースポーツを通じたクルマファンづくり、内閣府 総合科学技術・イノベーション会議事務局出向で科学技術関係予算の集計等を担当し、2018年より現職。

鈴木 勉（すずき・つとむ／1章、コラム④）

筑波大学システム情報系教授、博士（工学）。1964年生まれ。1989年、東京大学大学院工学系研究科都市工学専攻修士課程修了。筑波大学講師、助教授を経て、2005年より現職。著書に『コンパクトシティ再考：理論的検証から都市像の探求へ』（学芸出版社、2008年）、『リスク工学概論』（コロナ社、2009年）、『都市のリスクとマネジメント』（コロナ社、2013年）など。

谷口 守（たにぐち・まもる／5章、コラム⑤）

筑波大学システム情報系教授、博士（工学）。1961年生まれ。1989年京都大学大学院工学研究科博士後期課程単位取得退学。京都大学助手、筑波大学講師、岡山大学教授を経て2009年より現職。2022年日本都市計画学会石川賞を受賞。著書に『入門 都市計画』（森北出版、2014年）など。

藤川 昌樹（ふじかわ・まさき／3章）

筑波大学システム情報系教授、博士（工学）。1963年生まれ。1990年東京大学大学院建築学専攻単位取得退学。神戸芸術工科大学助手、筑波大学講師を経て、2007年より現職。著書に『近世武家集団と都市・建築』（中央公論美術出版、2002年）、『結城の町並み』（共著、結城市・結城市教育委員会、2020年）など。

村上 暁信（むらかみ・あきのぶ／4章）

筑波大学システム情報系教授、博士（農学）。1971年生まれ。1999年、東京大学大学院農学生命科学研究科博士課程修了。東京大学助手、東京工業大学講師等を経て、2016年より現職。著書に『白熱講義 これからの日本に都市計画は必要ですか』（共著、学芸出版社、2014年）など。

吉瀬 章子（よしせ・あきこ／2章）

筑波大学システム情報系教授、工学博士。1962年生まれ。1990年、東京工業大学大学院理工学研究科経営工学専攻博士後期課程単位取得退学。筑波大学準研究員、同大学講師、同大学准教授を経て、2007年より現職。1992年INFORMS（米国OR学会）計算機技術部門賞、1993年同学会ランチェスター賞、2007年日本OR学会文献賞、2023年同学会業績賞を受賞。

■共著者・コラム執筆者

嚴 先鏞（おむ・そんよん／1章）
筑波大学システム情報系 准教授、博士（工学）

高野 祐一（たかの・ゆういち／2章、コラム⑧）
筑波大学システム情報系 准教授、博士（工学）

張 凱（ちょう・がい／2章）
順豊エクスプレス、博士（社会工学）

劉 一辰（りゅう・いっしん／3章）
明海大学不動産学部 准教授、博士（環境学）

李 雪（り・せつ／3章）
秋田県立大学システム科学技術学部 助教、博士（学術）

グエン・ヒュー・クワン（4章）
筑波大学システム情報工学研究群、修士（環境科学）

武田 陸（たけだ・りく／5章）
八千代エンジニヤリング株式会社、修士（社会工学）

香月 秀仁（かつき・ひでと／5章）
独立行政法人都市再生機構、修士（社会工学）

石橋 澄子（いしばし・すみこ／5章）
筑波大学システム情報工学研究群

髙瀬 陸（たかせ・りく／7章）
フューチャーアーキテクト株式会社、修士（サービス工学）

小渕 真巳（おぶち・まさし／トヨタ×社会工学①）
トヨタ自動車株式会社 未来創生センター

黒須 久守（くろす・ひさもり／トヨタ×社会工学②）
トヨタ自動車株式会社 未来創生センター

小嶋 和法（こじま・かずのり／トヨタ×社会工学③）
トヨタ自動車株式会社 未来創生センター

菊池 弘一（きくち・ひろかず／トヨタ×社会工学④）
トヨタ自動車株式会社 新事業企画部（元 未来創生センター所属）

雨宮 護（あめみや・まもる／コラム①）
筑波大学システム情報系 准教授、博士（社会工学）

山本 幸子（やまもと・さちこ／コラム②）
筑波大学システム情報系 准教授、博士（工学）

藤井 さやか（ふじい・さやか／コラム③）
筑波大学システム情報系 准教授、博士（工学）

千葉 磨玲（ちば・まりん／コラム⑥）
防災科学技術研究所 共創コーディネーター、博士（理学）

野口 宇宙（のぐち・たかひろ／コラム⑦）
慶應義塾大学経済研究所マーケットデザイン研究センター 研究員、修士（サービス工学）

淺見 知秀（あざみ・ともひで／コラム⑩）
国土交通省 水管理・国土保全局課長補佐、博士（社会工学）

堀越 卓（ほりこし・すぐる／コラム⑪）
つくばみらい市都市計画課、修士（社会工学）

中田 浩二（なかた・こうじ／コラム⑫）
鹿島アントラーズ FC C.R.O、修士（社会工学）

※略歴・役職は発行時のものです。

スマートモビリティ時代の地域とクルマ
社会工学アプローチによる課題解決

2023 年 9 月 20 日　　第 1 版第 1 刷発行

編著者‥‥‥‥大澤義明

著　者‥‥‥‥川島宏一、笹林徹、鈴木勉、谷口守、藤川昌樹、
　　　　　　　村上暁信、吉瀬章子

発行者‥‥‥‥井口夏実
発行所‥‥‥‥株式会社 学芸出版社
　　　　　　　京都市下京区木津屋橋通西洞院東入
　　　　　　　電話 075-343-0811　〒 600-8216
　　　　　　　http://www.gakugei-pub.jp
　　　　　　　E-mail info@gakugei-pub.jp
編集担当‥‥‥神谷彬大

装　丁‥‥‥‥上野かおる
ＤＴＰ‥‥‥‥㈱フルハウス
印刷・製本‥‥モリモト印刷

ⓒ 大澤義明ほか　2023
ISBN 978-4-7615-3294-9　Printed in Japan

＊本書の最新情報は、下記の学芸出版社ウェブサイトをご確認ください。
https://book.gakugei-pub.co.jp/gakugei-book/9784761532949/

MaaS 入門　　まちづくりのためのスマートモビリティ戦略

森口将之 著
2300円＋税

日本にもやってきた MaaS ブーム。だが日本では自動車業界の新規ビジネスのネタとして紹介されることが多い。本書は、世界と日本の動きをもとに、各種の公共交通の利便性向上で脱マイカー依存を実現し、都市と地方を持続可能にする強力な政策ツールとしての MaaS の活かし方を徹底解説。交通・ICT・地方創生関係者、必読の 1 冊。

MaaS が地方を変える　　地域交通を持続可能にする方法

森口将之 著
2300円＋税

地域の足が危機に瀕する地方こそ、ICT の力で多様な公共交通による移動を最適化する MaaS は有効であり、ニーズや期待が一層高まっている。政策ツールとして MaaS を活かすことで脱マイカー依存やコンパクトシティを実現し、持続可能な地域を目指す各地の取り組みをレポート。

MaaS が都市を変える　　移動×都市 DX の最前線

牧村和彦 著
2300円＋税

多様な移動を快適化する MaaS。その成功には、都市空間のアップデート、交通手段の連携、ビッグデータの活用が欠かせない。パンデミック以降、感染を防ぐ移動サービスのデジタル化、人間中心の街路再編によるグリーン・リカバリーが加速。世界で躍動する移動×都市 DX の最前線から、スマートシティの実装をデザインする。

ウェルビーイングを実現するスマートモビリティ
事例で読みとく地域課題の解決策

石田東生・宿利正史 編著、地域の未来を変えるモビリティ研究会 著
2300円＋税

モビリティを賢く使いこなし、人々がアクティブに暮らせる街のつくり方をプロが解説。多様なプレイヤーの共創、利用者の行動変容の仕掛け、オープンデータの構築、持続可能な事業設計など、MaaS 等の新しいサービスを活用するためのポイント、それが街にもたらす効果を多数の事例から解説。行政・交通・観光・IT 事業者必読。

世界のコンパクトシティ　　都市を賢く縮退するしくみと効果

谷口守 編著、片山健介・斉田英子・髙見淳史・松中亮治・氏原岳人・藤井さやか・堤純 著
2700円＋税

世界で最も住みやすい都市に選ばれ続けるアムステルダム、コペンハーゲン、ベルリン、ストラスブール、ポートランド、トロント、メルボルン。7 都市が実践する広域連携、公共交通整備、用途混合、拠点集約等、都市をコンパクトにするしくみと、エリア価値を高め経済発展を促す効果を解説。日本へのヒント、現地資料も充実。

コンパクトシティの拠点づくり
魅力的な場をつくる都市計画とデザイン

野嶋慎二・松浦健治郎・樋口秀 編著
3600円＋税

魅力的な拠点をどのように計画・設計・管理していくのか。市民・企業の居場所づくりや、立地適正化計画・公共施設再編計画等による個々の施設づくりをどうやって生活を豊かにする都市再生に繋げるのか？地方都市で少しずつ作られている魅力的な拠点や計画を紹介し、市民の拠り所をどこにどう作るのか、その方法を提案する。